高校思想政治教育治理研究丛书

高校思想政治教育治理能力研究

张小飞 李 琳 等著

团结出版社

图书在版编目（CIP）数据

高校思想政治教育治理能力研究/张小飞，李琳著. -- 北京：团结出版社，2022.9
ISBN 978-7-5126-9615-0

Ⅰ.①高… Ⅱ.①张… ②李… Ⅲ.①高等学校－思想政治教育－研究－中国 Ⅳ.① G641

中国版本图书馆 CIP 数据核字（2022）第 159924 号

出　　版：	团结出版社
	（北京市东城区东皇城根南街 84 号　邮编：100006）
电　　话：	（010）65228880　65244790（出版社）
	（010）65238766　85113874　65133603（发行部）
	（010）65133603（邮购）
网　　址：	http://www.tjpress.com
E-mail：	zb65244790@vip.163.com
	tjcbsfxb@163.com（发行部邮购）
经　　销：	全国新华书店
印　　装：	三河市东方印刷有限公司
开　　本：	170mm×240mm　16 开
印　　张：	21.25
字　　数：	310 千字
版　　次：	2022 年 9 月　第 1 版
印　　次：	2022 年 9 月　第 1 次印刷
书　　号：	978-7-5126-9615-0
定　　价：	68.00 元

（版权所属，盗版必究）

丛书编委会

主　编：冯　刚

副主编：吴满意　吴增礼　张小飞　吴成国

编　委（以姓氏笔画为序）：

王习胜　王　振　邓卓明　代玉启　白永生　冯　刚　成黎明　严　帅
李　明　李　琳　吴满意　吴增礼　张小飞　吴成国　张　智　罗仲尤
赵　君　胡玉宁　钟一彪　秦在东　徐先艳　谈传生　龚　超　鲁　力
谢成宇　谢守成

北京师范大学思想政治工作研究院
湖南大学马克思主义学院
电子科技大学马克思主义学院　　　　　　　组编
西南石油大学马克思主义学院
重庆交通大学思想政治教育质量评价中心

《高校思想政治教育治理研究》丛书
前　言

新时代高校思想政治教育治理研究从初步兴起到不断发展，逐渐成为高校思想政治教育研究的重要内容构成，是思想政治教育研究因事而化、因时而进、因势而新的发展结果，也是思想政治教育研究聚焦教育规律、思想政治工作规律、学生成长规律的发展结果。总的来说，遵循国家治理体系和治理能力现代化建设的战略部署，适应新时代思想政治教育治理理念政策的创新发展，回应思想政治教育实践的现实需求，是新时代高校思想政治教育治理研究兴起的三大重要因素。[①]

首先，开展高校思想政治教育治理研究是遵循国家治理体系和治理能力现代化建设战略部署的必然要求。

习近平总书记在中央全面深化改革领导小组第十二次会议上指出："要高度重视思想政治工作，改革推进到哪一步，思想政治工作就要跟进到哪一步。"[②] 今天，我们处在全面深化改革的历史阶段。2013 年 11 月，十八届三中全会通过的《中共中央关于全面深化改革若干重大问题的决定》指出，全面深化改革的总目标是完善和发展中国特色社会主义制度，推进国家治理体系和治理能力现代化。2017 年 10 月，党的十九大报告提出："必须坚持和完善中国特色社会主义制度，不断推进国家治理体系和治理能力现代化，坚决破除一切不合时宜的思想观念和体制机制弊端，突破利益固

---

① 冯刚等：《新时代高校思想政治教育治理论》，中国社会科学出版社 2021 年版，第 41 页。
② 《习近平主持召开中央全面深化改革领导小组第十二次会议强调：把握改革大局　自觉服从改革大局　共同把全面深化改革这篇大文章做好》，《人民日报》2015 年 5 月 6 日。

化的藩篱，吸收人类文明有益成果，构建系统完备、科学规范、运行有效的制度体系，充分发挥我国社会主义制度优越性。"①可见，中国特色社会主义进入新时代，治理的意义和价值也愈加显现，特别是党的十八届三中全会将"完善和发展中国特色社会主义制度，推进国家治理体系和治理能力现代化"作为全面深化改革的总目标后，有关国家治理现代化的论题更是成为学界关注的焦点。对思想政治教育治理现代化，乃至高校思想政治教育治理现代化的理论诉求蕴含其中。②

2019年10月，党的十九届四中全会通过了《中共中央关于坚持和完善中国特色社会主义制度、推进国家治理体系和治理能力现代化若干重大问题的决定》，总结了国家制度和国家治理体系的优势，强调要加强制度理论研究和宣传教育，提出"加强和改进学校思想政治教育，建立全员、全程、全方位育人体制机制"。《决定》拓展了高校思想政治教育治理研究的视域，也使高校思想政治教育治理现代化研究有了直接的理论遵循。③2021年7月，中共中央、国务院印发《新时代加强和改进思想政治工作的意见》提出，要"加强学校思想政治工作，加快构建学校思想政治工作体系，实施时代新人培育工程，完善青少年理想信念教育齐抓共管机制，培养德智体美劳全面发展的社会主义建设者和接班人"。这些都对构建新时代高校思想政治教育治理体系提出了新要求，也对加强新时代高校思想政治教育治理的研究提出了新任务。

其次，开展高校思想政治教育治理研究是适应新时代思想政治教育治理理念政策的创新发展，推动高校思想政治教育高质量发展的客观需要。

党的十八大以来，以习近平同志为核心的党中央高度重视思想政治工作，把高校思想政治工作摆在突出位置，作出一系列重大决策部署，出台了一系列新时代高校思想政治教育政策制度，它们是开展高校思想政治教

---

① 《习近平谈治国理政（第三卷）》，外文出版社2020年版，第17页。
② 冯刚等：《新时代高校思想政治教育治理论》，中国社会科学出版社2021年版，第40页。
③ 冯刚等：《新时代高校思想政治教育治理论》，中国社会科学出版社2021年版，第40页。

育治理的重要依据。比如中共中央、国务院通过《关于加强和改进新形势下高校思想政治工作的意见》，对"构建教书育人、科研育人、实践育人、管理育人、服务育人、文化育人、组织育人长效机制"提出了明确要求；教育部印发《高校思想政治工作质量提升工程实施纲要》着力推动"十大育人体系"质量提升；教育部等八部门印发和实施《关于加快构建高校思想政治工作体系的意见》，对构建高校思想政治教育治理体系做出了明确的工作部署。文本上的政策规范必须要转化为现实中的工作行为，即高校思想政治教育治理实践是实现政策制度从文字要求转化为行动规范的基本方式，而"只有进行系统的高校思想政治教育治理研究，为实践提供科学的理论指导，才能用最适宜的治理手段、最合理的治理方式，通过最便捷的治理途径，达致最满意的治理效果，让新时代思想政治教育政策制度释放出最大的治理效能。所以，开展高校思想政治教育治理研究是贯彻落实新时代高校思想政治教育政策制度，实现其创新发展的内在要求"[①]。所以，在"十四五"规划和实现二〇三五年远景目标的大背景下，进一步关注和研究新时代高校思想政治教育治理的基础理论、重点内容、动力系统、评价方式、政策环境等不仅是推进国家治理现代化的题中应有之义，也是高校思想政治教育高质量发展的现实需要，对加强和改进高校思想政治教育、丰富思想政治教育学科内涵具有十分重要的理论和现实意义。

最后，开展高校思想政治教育治理研究是回应新时代高校思想政治教育实践发展的现实需求。

习近平总书记指出："一种理论的产生，源泉只能是丰富生动的现实生活，动力只能是解决社会矛盾和问题的现实要求。"[②] 新时代思想政治教育环境、条件的变化，推动着高校思想政治教育工作的调整优化、守正创新。当前，世界百年未有之大变局加速演进，我国经济社会发展模式面临深刻调整，现代信息技术深刻改变着我们的生产生活方式、思维方式，这些增加了高

---

① 冯刚等：《新时代高校思想政治教育治理论》，中国社会科学出版社2021年版，第45页。
② 《习近平谈治国理政（第三卷）》，外文出版社2020年版，第63页。

校思想政治教育治理实践的复杂性，要求高校思想政治教育治理实践更加具有系统性、整体性和协同性。高校思想政治教育治理实践的复杂性和系统性，要求它的现代化进程需要以理论研究为基础，探究重要的基本问题，厘清重要的基本概念，并且以具体实践为导向，聚焦实践前沿，把握实践需求。开展新时代高校思想政治教育治理研究正是回应思想政治教育实践发展的现实需要。

"如何实现高校思想政治教育的有效治理不仅仅是实践课题，也是理论课题，具体涉及治理什么、为什么需要治理、如何治理、治理效果怎么样等一系列问题。"① 高校思想政治教育治理作为一个理论课题，涉及的重点问题包括：高校思想政治教育治理为什么要实现现代化，高校思想政治教育治理现代化的理论支撑和实践基础是什么，高校思想政治教育治理需要实现什么样的现代化，新时代高校思想政治教育治理体系治理能力的基本特征是什么等。② 其中，高校思想政治教育治理的基本内涵、基本特征、价值要义等是研究重点。高校思想政治教育治理作为一个实践命题，需要有丰厚的科学理论作指引。思想政治教育治理实践的复杂性和系统性，要求它的现代化进程必须以思想政治教育实践为导向，聚焦实践前沿，把握实践需求，并寻求与之相对应的科学理论作支撑。③ 高校思想政治教育治理实践的运行研究是高校思想政治教育治理研究的重要组成部分。其中，高校思想政治教育治理的载体运用、方法创新、危机应对、队伍建设、质量评价、外部环境等应该是研究的重点内容。

综上所述，立足新时代，开展高校思想政治教育治理研究具有重要的理论价值和现实意义，是思想政治教育学科发展的新增长点。本丛书旨在从不同侧面对上述问题做出探索性研究，为构建高校思想政治教育治理体系和治理能力在学理和实践体系方面提供参考。丛书包括《高校思想政治教育治理引论》《高校思想政治教育治理能力研究》《高校思想政治教育数据治理研究》《高校思想政治教育治理生态研究》《高校思想政治教育治理

---

① 冯刚等：《新时代高校思想政治教育治理论》，中国社会科学出版社 2021 年版，第 43 页。
② 冯刚：《推进新时代思想政治教育治理体系现代化》，《中国教育报》2020 年 3 月 19 日。
③ 冯刚：《推进新时代思想政治教育治理体系现代化》，《中国教育报》2020 年 3 月 19 日。

前　言

评价研究》5本分册，分别从基本理论、治理能力、数据治理、环境治理和治理评价等方面开展深入研究。《高校思想政治教育治理研究》系列丛书的编写，邀请了思想政治教育学界理论与实践方面的相关专家学者共同参与，其中既有马克思主义学院长期从事思想政治教育研究的资深专家，也有在大学生思想政治教育一线工作的中青年骨干，还有来自高校思想政治工作不同战线的相关负责同志。因此，丛书的编写工作不仅注重对理论问题的深入探讨，也注意在理论与实践的良性互动下，不断总结与提升高校思想政治教育相关实践经验，坚持理论与实践相统一，坚持思想政治教育学科与多学科协同研究相促进，不断推动高校思想政治教育治理研究的持续深入发展，从而为培养理论研究的学术团队和实践领域的行家里手，推动高校思想政治教育治理的高质量发展做出贡献。

丛书主要对高校思想政治教育治理的理论基础、治理能力、数据治理、治理生态、治理评价等基本问题做了初步研究和探索，并没有涵盖高校思想政治教育治理涉及的所有问题，期待学界对高校思想政治教育治理问题给予更多的关注，有更多学界同仁参与到这一问题的研究中，共同推动思想政治教育学科内涵式发展，实现思想政治教育研究的理论创新，推动高校思想政治教育治理的实践创新，为提高高校思想政治教育的育人治理和效能，建设中国特色世界一流大学，推动国家治理现代化贡献力量。

冯　刚

目 录

导 论 ·· 001
    一、高校思想政治教育治理能力建设的目标导向 ·········· 001
    二、高校思想政治教育治理能力建设的基本思路 ·········· 003
    三、思想政治教育治理能力提升的科学思维 ················ 007

第一章 高校思想政治教育治理能力的内涵释义 ············ 011
  第一节 高校思想政治教育治理能力的基本内涵 ············ 011
    一、主客双向互动为其核心能力 ······························· 012
    二、多元协调共治为其运行基础 ······························· 013
    三、空间协同联动为其统筹依据 ······························· 015
    四、实践动态反思为其发展保障 ······························· 017
  第二节 高校思想政治教育治理能力的主要特征 ············ 019
    一、坚持与时俱进,树立系统理念 ····························· 020
    二、坚守教育初心,树立人本理念 ····························· 021
    三、坚定"三全"育人,建立协同机制 ······················· 023
    四、崇尚德法结合,树立法治思维 ····························· 025
  第三节 高校思想政治教育治理能力的内在延展 ············ 027
    一、政策领悟能力 ··· 028
    二、基层组织效力 ··· 029
    三、多元共治合力 ··· 031
    四、执行创新动力 ··· 033

第二章 高校思想政治教育治理能力的理论基础 ············ 036
  第一节 马克思主义思想政治教育理论 ·························· 036
    一、马克思主义思想政治教育方法理论 ····················· 036

二、马克思主义思想政治教育关系理论 ⋯⋯⋯⋯⋯⋯⋯⋯⋯⋯⋯⋯ 040
　　三、马克思主义思想政治教育作用理论 ⋯⋯⋯⋯⋯⋯⋯⋯⋯⋯⋯⋯ 043
　　四、马克思主义思想政治教育内容理论 ⋯⋯⋯⋯⋯⋯⋯⋯⋯⋯⋯⋯ 047
　第二节　习近平关于国家治理的重要论述 ⋯⋯⋯⋯⋯⋯⋯⋯⋯⋯⋯⋯⋯ 051
　　一、关于国家治理的基本原则 ⋯⋯⋯⋯⋯⋯⋯⋯⋯⋯⋯⋯⋯⋯⋯⋯ 051
　　二、关于国家治理的目标导向 ⋯⋯⋯⋯⋯⋯⋯⋯⋯⋯⋯⋯⋯⋯⋯⋯ 053
　　三、关于国家治理的领导核心 ⋯⋯⋯⋯⋯⋯⋯⋯⋯⋯⋯⋯⋯⋯⋯⋯ 055
　　四、关于国家治理的战略部署 ⋯⋯⋯⋯⋯⋯⋯⋯⋯⋯⋯⋯⋯⋯⋯⋯ 058
　第三节　中国古代国家治理思想 ⋯⋯⋯⋯⋯⋯⋯⋯⋯⋯⋯⋯⋯⋯⋯⋯⋯ 060
　　一、古代中国国家治理的思想理念 ⋯⋯⋯⋯⋯⋯⋯⋯⋯⋯⋯⋯⋯⋯ 060
　　二、古代中国国家治理的制度设置 ⋯⋯⋯⋯⋯⋯⋯⋯⋯⋯⋯⋯⋯⋯ 063
　　三、古代中国国家治理的方式方法 ⋯⋯⋯⋯⋯⋯⋯⋯⋯⋯⋯⋯⋯⋯ 066

第三章　高校思想政治教育治理能力的发展历程 ⋯⋯⋯⋯⋯⋯⋯⋯⋯⋯⋯ 069
　第一节　新中国成立至改革开放前高校思想政治教育治理能力的曲折
　　　　　探索期 ⋯⋯⋯⋯⋯⋯⋯⋯⋯⋯⋯⋯⋯⋯⋯⋯⋯⋯⋯⋯⋯⋯⋯ 070
　　一、高校思想政治教育治理能力探索时期（1949—1956）⋯⋯⋯⋯ 070
　　二、高校思想政治教育治理能力偏航期（1956—1966）⋯⋯⋯⋯⋯ 073
　　三、高校思想政治教育治理能力停滞期（1966—1976）⋯⋯⋯⋯⋯ 075
　第二节　改革开放至党的十八大前高校思想政治教育治理能力恢复与
　　　　　常态化发展期 ⋯⋯⋯⋯⋯⋯⋯⋯⋯⋯⋯⋯⋯⋯⋯⋯⋯⋯⋯⋯ 076
　　一、高校思想政治教育治理能力的恢复期（1978—1992）⋯⋯⋯⋯ 076
　　二、高校思想政治教育治理能力的发展时期（1992—2002）⋯⋯⋯ 082
　　三、高校思想政治教育治理能力整体建设时期（2002—2012）⋯⋯ 084
　第三节　党的十八大以来高校思想政治教育治理能力的不断深化与
　　　　　完善时期 ⋯⋯⋯⋯⋯⋯⋯⋯⋯⋯⋯⋯⋯⋯⋯⋯⋯⋯⋯⋯⋯⋯ 090

第四章　高校思想政治教育治理能力的现实境遇 ⋯⋯⋯⋯⋯⋯⋯⋯⋯⋯⋯ 100
　第一节　高校思想政治教育治理能力的环境分析 ⋯⋯⋯⋯⋯⋯⋯⋯⋯⋯ 101
　　一、高校思想政治教育治理能力生成的宏观环境 ⋯⋯⋯⋯⋯⋯⋯⋯ 101
　　二、高校思想政治教育治理能力生成的中观环境 ⋯⋯⋯⋯⋯⋯⋯⋯ 109
　　三、高校思想政治教育治理能力生成的微观环境 ⋯⋯⋯⋯⋯⋯⋯⋯ 110
　第二节　高校思想政治教育治理主体的现实状况 ⋯⋯⋯⋯⋯⋯⋯⋯⋯⋯ 111
　　一、高校思想政治教育治理主体系统的改变 ⋯⋯⋯⋯⋯⋯⋯⋯⋯⋯ 111

二、高校思想政治教育治理主体能力的现状 ········· 113
　　三、高校思想政治教育治理主体观念的变化 ········· 117
第三节　高校思想政治教育治理活动的现实呈现 ········· 119
　　一、高校思想政治教育治理目标的时代变化 ········· 119
　　二、高校思想政治教育治理结构的现状分析 ········· 123
　　三、高校思想政治教育治理机制的逻辑演进 ········· 126
第四节　高校思想政治教育治理载体的现实运用 ········· 130
　　一、高校思想政治教育治理的活动载体运用 ········· 130
　　二、高校思想政治教育治理的管理载体运用 ········· 132
　　三、高校思想政治教育治理的传媒载体运用 ········· 135

第五章　高校思想政治教育治理能力的体系框架 ········· 138

第一节　高校思想政治教育治理的思想引领力 ········· 138
　　一、思想引领力的内涵与特点 ········· 138
　　二、思想引领力的体系构成 ········· 140
　　三、思想引领力的意义与价值 ········· 142
第二节　思想政治教育治理的社会服务力 ········· 144
　　一、社会服务力的内涵与特点 ········· 144
　　二、社会服务力的体系构成 ········· 146
　　三、社会服务力的意义与价值 ········· 148
第三节　思想政治教育治理的协同合作力 ········· 150
　　一、协同合作力的内涵和特点 ········· 150
　　二、协同合作力的体系构成 ········· 152
　　三、协同合作力的意义与价值 ········· 154
第四节　思想政治教育治理的现代技术力 ········· 156
　　一、现代技术力对提升思想政治教育治理能力的意义 ········· 157
　　二、现代技术力的特征 ········· 159
　　三、现代技术力的体系构成 ········· 160

第六章　高校思想政治教育治理能力体系的科学构建 ········· 164

第一节　高校思想政治教育治理能力体系构建的理论遵循 ········· 165
　　一、马克思关于人的自由全面发展的理论 ········· 166
　　二、人与社会和谐发展的理论 ········· 168
　　三、以人民为中心的思想理论 ········· 170

四、人类命运共同体的思想理论……………………………………171

第二节　高校思想政治教育治理能力体系构建的基本原则……………173
　　一、系统性和局部性相结合的原则…………………………………174
　　二、动态性和静态性相结合的原则…………………………………176
　　三、协同性和联动性相结合的原则…………………………………176
　　四、主体性和适应性相结合的原则…………………………………178

第三节　高校思想政治教育治理能力体系构建的基本方法……………179
　　一、理论分析与实践应用……………………………………………179
　　二、典型示范与全面推广……………………………………………180
　　三、相互借鉴与自我创新……………………………………………181
　　四、专业评审与对象参与……………………………………………183

第四节　高校思想政治教育治理能力体系构建的实践路径……………184
　　一、高校思想政治教育治理能力的思想保障………………………185
　　二、高校思想政治教育治理能力的制度保障………………………186
　　三、高校思想政治教育治理能力的实践机制………………………190
　　四、高校思想政治教育治理能力的效能转化………………………191

第七章　高校思想政治教育治理主体的能力提升……………………194

第一节　高校思想政治教育治理主体的系统构成………………………194
　　一、以政府、高校党委为代表的治理决策主体……………………195
　　二、以高校行政部门为代表的治理执行主体………………………197
　　三、以高校思想政治教育课程和课程思政课教师为代表的治理引导
　　　　主体……………………………………………………………199
　　四、以高校学生为代表的治理反馈主体……………………………201
　　五、以社会、家庭为代表的治理协同主体…………………………203

第二节　高校思想政治教育治理主体的能力要求………………………205
　　一、强化高校思想政治教育治理主体的政策领悟力………………205
　　二、提升高校思想政治教育治理主体的基层组织力………………208
　　三、汇聚高校思想政治教育治理主体的多元协同力………………209
　　四、加强高校思想政治教育治理主体的执行创新力………………211

第三节　高校思想政治教育治理主体能力的提升方法…………………213
　　一、优化治理主体系统，形成多元主体协同综合治理格局………214
　　二、完善治理主体队伍，构成多种育人力量汇聚治理生态………216

三、优化治理主体要素，推进各要素多维度的系统化治理……218

四、完善治理主体机制，为实现治理系统化提供有力保障……220

第八章 高校思想政治教育治理能力的分类建设……224

第一节 思想政治引领能力……224

一、以党的创新理论为政治导向……225

二、以社会主义核心价值观为思想引导……228

三、以立德树人为实践目标……230

第二节 协同合作能力……231

一、学校、家庭、社会协同教育的能力……232

二、德、智、体、美、劳教育协同的能力……234

三、思政课程与课程思政协同育人的能力……237

第三节 社会服务能力……239

一、社会控制能力……239

二、社会协调能力……241

三、社会动员能力……243

第四节 信息技术能力……245

一、有的放矢，提升网络育人本领……246

二、内外结合，优化网络育人环境……248

三、整体联动，促进信息技术深度融合……250

第九章 高校思想政治教育治理能力的效果评价……254

第一节 高校思想政治教育治理能力效果评价的特点、原则……254

一、高校思想政治教育治理能力的效果呈现……255

二、高校思想政治教育治理能力效果评价的特点……258

三、高校思想政治教育治理能力效果评价的原则……262

第二节 高校思想政治教育治理能力效果评价的指标体系……266

一、高校思想政治教育治理能力效果评价指标体系的系统构建……267

二、高校思想政治教育治理能力效果评价指标体系的建构依据……269

三、高校思想政治教育治理能力效果评价指标体系的主要内容……272

第三节 高校思想政治教育治理能力效果评价的实施……279

一、高校思想政治教育治理能力效果评价的主体……279

二、高校思想政治教育治理能力效果评价的方法……281

三、高校思想政治教育治理能力效果评价的过程……284

四、高校思想政治教育治理能力效果评价的应用 288

第十章 高校思想政治教育治理能力的运行保障 290

第一节 提升高校思想政治教育治理能力的运行保障理念 290
一、形成高校思想政治教育治理能力现代化理念 290
二、树立高校思想政治教育治理能力系统化理念 294
三、坚持高校思想政治教育治理精准化理念 296

第二节 完善高校思想政治教育治理能力的运行保障制度 297
一、以全过程民主推进高校制定规章制度的权威性 298
二、以强化顶层设计完善高校制定规章制度的科学性 299
三、以动态化跟进保障高校运行规章制度的可持续性 301

第三节 创新高校思想政治教育治理能力的运行保障模式 303
一、发挥思想政治教育整体功能构建"大思政"工作格局 303
二、利用思想政治教育时空优势打造"动态闭环"工作样态 305
三、整合思想政治教育优质资源形成"共建共享"工作合力 307

第四节 加强高校思想政治教育治理能力的运行保障监督 308
一、突出政治监督，落实立德树人根本任务 309
二、强化日常监督压实领导干部主体责任 312
三、健全监督体系构建齐抓共管监督格局 313

参考文献 316

后 记 321

导　论

党的十八届三中全会吹响了全面深化改革的号角，以习近平同志为核心的党中央提出了"完善和发展中国特色社会主义制度，推进国家治理体系和治理能力现代化"① 的全面深化改革总目标。教育改革作为全面深化改革的重要环节，必须遵循全面深化改革的目标要求，不断提升教育治理体系和治理能力现代化水平。因此，在治理视域下深化对高校思想政治教育治理能力的研究，既是适应新时代全面深化改革的目标要求，又是实现高校思想政治教育高质量发展的题中之义。

一、高校思想政治教育治理能力建设的目标导向

思想政治教育治理能力作为国家治理能力的重要体现，其建设具有非常明确的目标导向，是国家治理现代化目标的重要构成。

首先，高校思想政治教育治理能力建设要依据国家治理体系和治理能力现代化的目标要求，奋力写好思想政治教育治理体系和治理能力这篇大文章。党的十九届四中全会提出了坚持和完善中国特色社会主义制度、推进国家治理体系和治理能力现代化的总体目标，即到我们党成立一百年时，在各方面制度更加成熟更加定型上取得明显成效；到二〇三五年，各方面制度更加完善，基本实现国家治理体系和治理能力现代化；到新中国成立一百年时，全面实现国家治理体系和治理能力现代化，使中国特色社会主义制度更加巩固、优越性充分展现。要实现总体目标，必须各领域同向发力，

---

① 《中共中央关于全面深化改革若干重大问题的决定》，人民出版社2013年版，第3页。

相向而行，整体推进国家治理体系和治理能力现代化。思想政治教育治理作为教育治理的关键环节，对于保证教育治理体系和治理能力现代化的正确方向具有决定性作用，思想政治教育治理能力则决定这种作用发挥的程度和大小。从国家治理体系和治理能力现代化目标要求出发，新时代思想政治教育治理能力建设需要完善思想政治教育治理体系，为治理能力的提升提供制度前提和政策保障，进而通过治理能力的提升实现从治理体系现代化到治理能力现代化的转化。

其次，高校思想政治教育治理能力要发挥治理体系的优势，把思想政治教育治理体系转化为思想政治教育治理效能。思想政治教育治理体系是思想政治教育治理的"道"，为思想政治教育治理提供核心理念、基本原则和普遍规律，思想政治教育治理能力则思想政治教育治理的"术"，蕴含着实施治理体系的谋略与技巧、手段和方法，是"道"的实现手段和外在表征。党的十九届四中全会强调，要把我国制度优势更好转化为国家治理效能，这就为思想政治教育治理能力建设提供了明确的目标导向，即将思想政治教育治理体系优势转化为思想政治教育治理效能优势，实现思想政治教育治理的现代化。要实现这一转化，就要在思想政治教育治理能力建设要紧紧扣住"培养什么人、怎样培养人和为谁培养人"这一教育的时代之问，把培养"堪当民族复兴重任的时代新人"这一根本任务作为能力建设的价值追求，重视思想政治引领力建设，确保思想政治教育活动的正确政治方向，增强多元主体的协同能力，充分发挥思想政治教育的公共服务功能，把握现代信息技术能力，创新思想政治教育治理方式，切实做到用现代化治理能力确证现代化治理体系，把思想政治教育治理体系优势转化为思想政治教育治理能力优势，实现思想政治教育治理能力的现代化。

再次，高校思想政治教育治理能力建设要适应高等教育高质量发展需要，提升思想政治教育治理改革创新能力。今天，我国高等教育进入了普及化发展阶段，建成了世界上最大规模的高等教育体系，高等教育的整体实力得到显著提升，高等教育的整体水平进入全球第一方阵。面对贯穿新发展理念，构建新发展格局的要求，高等教育必须围绕高质量发展这一主题进行整体谋划，统筹推进。高质量发展作为我国高等教育发展的一种样态，表征的不仅是从数量扩张到质量优先、从模仿学习到创新引领的转化，同时包含从单一行政化管理到科学系统化治理的转化，这种转化需要建构科学规范的制度体系，为治理体系优势向治理效能优势的转化提供制度前提。在建构科学高效的治理体系的同时，需要高校治理不断适应新的形势进行改革创新，高校思想政治教育治理自在其中。高校思想政治教育治理应当着力于治理体系的建构、治理主体的能力提升、治理环境的优化、治理机制的建设等方面的工作，破除各种妨碍治理现代化建设的因素，做到因时而进，因时而化，形成高校思想政治教育治理的良好局面。

二、高校思想政治教育治理能力建设的基本思路

思想政治教育治理作为高校治理现代化的重要组成部分，具有独特的治理形态。新时代加强思想政治教育治理能力建设，需要在总结过去思想政治教育治理能力建设经验的基础上，结合新的时代特点、中国发展定位、教育主体条件、学生发展要求，重点关注党的十八大以来新时代思想政治教育发展方向，从新时代高校思想政治教育的实际出发，对高校思想政治教育的治理体系、治理主体、治理载体等发生的新变化作出研判，使思想政治教育治理能力建设的内容更加科学化、规范化。

（一）建构完善的高校思想政治教育治理体系

党的十九届四中全会将"加强和改进学校思想政治教育，建立全员、全程、全方位育人机制"纳入中国特色社会主义制度建设之中，为高校思想政治教育的制度化建设指明了方向。制度化建设就是建构完善的治理体系，事关思想政治教育治理的根本性、全局性、稳定性问题，是对思想政治教育治理理论和实践探索的凝练和升华。

习近平总书记指出，国家治理体系和治理能力是一个国家的制度和制度执行能力的集中体现，两者相辅相成[①]。思想政治教育治理体系是党和国家关于思想政治教育的制度在治理中的具体化和实体化，是提升思想政治

---

① 《习近平谈治国理政（第一卷）》，外文出版社2018年版，第105页。

教育治理能力的功能体系结构，是思想政治教育治理能力提升的制度保障和政策前提。思想政治教育治理体系包括思想政治教育治理的组织领导体系、政策法规体系、主体建设体系、制度保障体系、评价反馈体系等。思想政治教育治理能力是在思想政治教育治理制度体系框架内开展思想政治教育治理活动的能力，这种能力既具有所有治理都应该具有的能力要求，又具有同思想政治教育本质特征相适应的能力要求，包括思想引领力、协同合作力、社会服务力、现代技术运用力等。从制度化的维度，思想政治教育治理体系是确立政府、学校、教师、学生主体地位的制度，是对教育目标、教育方式、教育活动的制度安排，是对包括保障机制、协调机制、监督机制、评价机制在内的机制设计，对于增强思想政治教育治理的权威性、稳定性和可预见性具有基础性作用，对于提升思想政治教育治理能力具有先导性作用。

新中国成立以来，我国一直重视高校思想政治教育治理体系和治理能力建设，取得了明显成效。党的十八大以来，以习近平同志为核心的党中央高度重视思想政治教育治理体系和治理能力现代化建设，在高校思想政治教育方面推出了许多卓有成效的政策和措施，有力推动了高校思想政治教育的高质量发展。但在新的历史时期，高校思想政治教育的教育环境和教学对象都发生了深刻的变化，思想政治教育治理体系在适应新的需要上还存在许多亟待改进的地方，如思想政治教育治理体系各领域如何进一步协调、治理主体参与治理的内生动力如何进一步发挥、治理体系向治理效能如何进一步转化等问题都需要进一步探索。

（二）培育高素质的思想政治教育治理主体

思想政治教育治理主体是在思想政治教育实践过程中，推进思想政治教育治理体系和治理能力现代化的参与者与践行者，是思想政治教育治理能力的实现者。思想政治教育治理主体的能力实现受到治理主体结构、规模、素质等条件影响，要培育高素质的思想政治教育治理主体，必须从主体结构、主体规模和主体素质三个方面着手，通过培养高素质的治理主体实现这里能力的提升。

思想政治教育治理主体的结构由多方面构成，涉及思想政治教育不同的部门职能，治理主体的每一个要素的实际情况都会影响到治理主体的能力水平。按照分工明确化的要求划分，可将思想政治教育治理主体划分为以下四类：一是以政府、高校党委为代表的治理决策主体。政府对思想政治教育治理进行宏观指导，高校党委严格落实党委领导下的校长负责制，是思想政治教育治理的领导和决策主体。二是以高校行政部门为代表的治理执行主体。思想政治教育贯彻党的教育方针和目标，在实践活动中各个部门协同联动，共同治校，形成了"学校党委领导，党委副书记分管、校党委其他职能部门共同参与，以马克思主义学院为主渠道、以学工群团等组织为主阵地"[①]的思想政治教育治理执行主体。三是以思政课教师等为代表的治理引导主体。思政课教师队伍责任重大，是引导和帮助学生提升思想品德、坚定政治信仰，树立正确的世界观、人生观、价值观，"扣好人生第一粒扣子"的重要指导者和引路人。四是以高校学生为代表的治理反馈主体。高校思想政治教育以满足学生思想道德与法治的需求为存在依据。所以，作为内化于心的思想政治教育的治理主体，学生有权利将思想政治教育效果外化于行。

思想政治教育治理主体的规模由不同部门职能的治理主体数量决定。以思政课教师和辅导员为例，《新时代高等学校思想政治理论课教师队伍建设规定》和《普通高等学校马克思主义学院建设标准》都要求按照师生比1∶350的比例配置专职思政课教师，制订计划加快配齐坚强专职教师队伍。根据《普通高等学校辅导员队伍建设规定》的要求，辅导员作为大学生日常思想政治教育和管理的组织者、实施者、指导者应当按总体上师生比不低于1∶200的比例设置专职辅导员岗位，按照专兼结合、以专为主的原则，足额配备到位。思想政治教育治理主体的规模是评判高校思想政治教育治理效果的主要参数，也是决定治理效果的重要因素。

在学校思想政治理论课教师座谈会上，习近平总书记对全国思政课教师提出了"六个要"的基本要求，即政治要强、情怀要深、思维要新、视

---

① 冯刚：《大学生思想政治教育工作概论》，北京师范大学出版社2020年版，第1页。

野要广、自律要严、人格要正。① "这'六个要'言简意赅但内涵丰富,是新时代思政课教师素质提升的根本遵循。"② 高校辅导员角色定位的多重性以及工作内容的多元化,要求辅导员具备较高的综合素质。高校思想政治教育治理主体是包含思想政治理论课教师和辅导员的综合性多元主体,无论是高校内部各个治理主体还是高校外参与高校思想政治教育治理的主体,过硬的思想政治素质皆为其核心素质,同时还需要具备宽广扎实的知识素质和健康向上的身心素质,这是实现高校思想政治教育治理的主体素质前提,也是提升思想政治教育治理能力的根本保障。

(三)善用丰富的思想政治教育治理载体

思想政治教育治理作为一项专业化的治理活动,要充分发挥治理实践的效能和治理主体的价值,需要一定的载体才能发挥其治理作用。思想政治教育治理载体的运用和创新必须适应国家治理体系和治理能力现代化的需要,客观上需要在用好传统载体的同时用好网络、文化、活动等多种载体,不断推进思想政治教育治理能力现代化、系统化、精准化。

思想政治教育治理必须应用好管理载体。新时代高校思想政治教育治理虽然从理念和方式上与传统的管理有显著区别,但治理仍然离不开管理,管理是治理的载体之一,是治理实现自身目的的重要依托方式。"强调治理,并不是不需要管理。"③ 传统意义上的管理习惯于自上而下的约束性式管理,其显著优势是可以借助于行政权力推进管理目标的实现,但不足之处则在于不利于调动被管理者的主动性和积极性。思想政治教育治理对管理载体的应用,不是简单套用管理的模式,而是赋予管理以新的理念,变单向管理为多元主体共同参与的治理,在保留管理的传统优势的同时,增添民主协商、协同发力、共治共享的管理元素,实现从管理向治理的转化。

思想政治教育治理必须应用好文化载体。北京师范大学冯刚教授认为,

---

① 习近平:《思政课是落实立德树人根本任务的关键课程》,《求是》2020年第17期。
② 张小飞:《新时代思想政治理论课教师素质提升的内在逻辑》,《马克思主义与现实》2019年第4期。
③ 冯刚、高山等:《新时代高校思想政治教育治理理论》,中国社会科学出版社2021年版,第150页。

"文化是特定地区、特定人群习以为常的生活方式，也是每个人每天所思、所用、所创造的鲜活的劳动生产生活实际，比如饮食文化、茶文化、服饰文化等。人们生活在这样一种熟知的文化氛围中，潜移默化地接受了这种喜闻乐见的生存方式的影响，成为影响自身思想和行为的重要因素。"① 文化作为人们的生活方式和劳动生产实际，既源于实践又反作用于实践，既源于生活又回归于生活。思想政治教育治理作为一项特定的实践活动，本质上属于人的文化活动，需要在实施过程中充分利用各种文化载体，将治理有机融入各种文化活动和文化资源的利用之中，实现以文化人、以文育人的目的。

思想政治教育治理必须应用好活动载体。所谓思想政治教育治理活动载体是指治理主体为达到一定的治理效能，有意识、有计划、有组织地开展各种思想性的各种活动，包括精神文明创建活动、先进榜样学习活动，社会调查活动、志愿服务活动等。在活动载体的应用过程中，要讲求实效，因地制宜，注重挖掘活动的思想政治教育元素，将思想政治教育治理与各类活动进行有效嫁接，提升治理的有效性和针对性。

思想政治教育治理必须应用好网络载体。网络是大众传媒的最新表现形式，是人类生活空间的拓展和文化传播的时代性跨越与转变，如何应用好网络是新时代思想政治教育治理面临的新的时代课题。面对这种虚拟存在的载体，思想政治教育治理要借力发力，充分利用互联网信息技术快速发展的优势，结合 5G、VR 大数据、人工智能等信息技术整合校内媒体资源，打造校园融媒体平台，实现校内数据资源互通、互联、互享，通过人文情感的渗透方式，达到以情感人、以情育人的效果。

三、思想政治教育治理能力提升的科学思维

思想政治教育治理能力提升是一个系统性工程，既需要外在的制度设计，也需要发挥主体的内在精神动力，需要主体具有科学的思维方式。习近平总书记指出，"学习掌握唯物辩证法的根本方法，不断增强辩证思维能

---

① 冯刚：《新时代文化育人的理论考察》，《学校党建与思想教育》2019 年第 5 期。

力,提高驾驭复杂局面、处理复杂问题的本领。"① 在新时代,思想政治教育治理面临着更加复杂的形势,承担着更加艰巨的任务,需要思想政治教育治理主体充分运用辩证思维,增强战略思维能力,强化系统思维能力,提升创新思维能力和运用精准思维能力,统筹推进思想政治教育治理能力的提升,开创思想政治教育治理新局面。

战略思维就是站位更高、视野更广、思考更深,用全局视野分析问题,善于把握事物总体发展趋势和方向的思维方式。战略思维是国家治理体系和治理能力现代化建设中的前瞻性思维,是指导思想政治教育治理各项工作的统筹性思维。党的十九届四中全会通过的《中共中央关于坚持和完善中国特色社会主义制度推进国家治理体系和治理能力现代化若干重大问题的决定》中指出:"坚持和完善中国特色社会主义制度、推进国家治理体系和治理能力现代化,是全党的一项重大战略任务。"② 思想政治教育治理内含于这一战略任务之中,因此,思想政治教育治理能力必须满足国家治理能力现代化对思想政治教育治理能力现代化提出的要求和期待,用战略思维对思想政治教育治理能力现代化进行宏观谋划,坚持以人民为中心的发展思想,从中国特色社会主义现代化建设的战略高度展开,回归育人的教育本质,着力加强人才培育,确保高校坚定社会主义办学方向,做到党的事业后继有人的关键环节。

系统思维要求把研究对象的各部分看作相互联系的有机系统,在动态变化的过程中探究和把握系统的整体和部分之间的关系,以及系统内部各要素之间的相互关系,把握系统的变化规律,使系统运行的整体效果达到最佳。在横向上,思想政治教育治理涉及广泛,涵盖学校、社会、家庭。在纵向上,从中央到地方再到高校,从高校党委行政再到各个二级院系和部门,构成了一个纵向序列的治理主体体系。从内容来看,思想政治教育治理涉及高校思想政治工作方方面面,中共教育部党组印发的《高校思想政治工作质量提升工程实施纲要》中将高校育人分为"十大育人体系",包

---

① 《习近平总书记系列重要讲话读本(2016年版)》,学习出版社、人民出版社2016年版,第280页。
② 《中共中央关于坚持和完善中国特色社会主义制度推进国家治理体系和治理能力现代化若干重大问题的决定》,人民出版社2019年版,第42页。

括课程育人质量提升体系、科研育人质量提升体系、实践育人质量提升体系、文化育人质量提升体系、网络育人质量提升体系、心理育人质量提升体系、管理育人质量提升体系、服务育人质量提升体系、资助育人质量提升体系、组织育人质量提升体系等。由此，高校思想政治教育治理需要整合各类教学资源，充分发挥不同治理主体的积极性，实现协同育人，共同治理的目的。

创新思维是超越常规、开拓进取的思维过程，是推动事物发展、社会进步不可或缺的思维方式。思想政治教育治理不能是一成不变的治理模式，而是应做到与时俱进与不断创新，以追求更好的治理效能，实现思想政治教育治理能力的现代化。面对社会加速转型，人们的思想观念和价值取向正发生着深刻的变化的时代特征，思想政治教育治理能力的提升必须进行思维创新和模式创新以适应新的时代要求。在实施治理过程中要坚持以人民为中心的发展思想，既要发挥人作为治理主体的实践功能，形成全员参与模式，又要考虑人作为治理客体的评价权利，在提升受教育者思想政治素质的同时，引导受教育者的行动目标尽可能与治理目标相契合。同时，在全面依法治国背景下，思想政治教育治理需要通过完善相关制度体系，使思想政治教育各种活动在制度的框架下高效开展，实现从过去"一元主体"向"多元联动"的转化，突破过去"大政府、小社会"的治理格局，形成协商与互动的共治善治局面。

精准思维代表一种严谨求实的工作方式，强调思考问题和解决问题需要通过深入细致分析客观事物来把握其本质和规律，准确找到解决问题的方式方法。习近平总书记在2022年春季学期中央党校（国家行政学院）中青年干部培训班开班式上的重要讲话中强调："要强化精准思维，做到谋划时统揽大局、操作中细致精当，以绣花功夫把工作做扎实、做到位。"[①] 思想政治教育治理能力事关思想政治教育治理体系的贯彻落实，需要在精准定位、精准施策、精准推进、精准落实中提升思想政治教育治理能力。首先，精准把握思想政治教育治理能力的内涵是思想政治教育治理能力提升的基础性工作。只有明确思想政治教育治理能力的基本内涵，才能明确思想政

---

① 《在中央党校（国家行政学院）中青年干部培训班开班式上的讲话强调 筑牢理想信念根基树立践行正确政绩观在新时代新征程上留下无悔的奋斗足迹》，《人民日报》2022年3月2日。

治教育治理能力的基本特征、构成要素、价值要义，才可能精准定位思想政治教育治理能力为何要提升、怎么提升、提升到什么程度等一系列问题。其次，思想政治教育治理能力的提升要有明确的目标导向，才可以精准施策，精准施治。再次，思想政治教育治理能力的提升要抓住推进国家治理现代化的重大战略机遇，准确找到提升的时空定位，及时满足各项现代化的要求，做到精准落实，精准见效，进而不断提升思想政治教育治理能力现代化水平，为高校培养堪当民族复兴重任的时代新人作出应有的贡献。

第一章
高校思想政治教育治理能力的内涵释义

高校思想政治教育治理是在国家治理现代化背景下,治理主体根据思想政治教育的培养目标和根本任务,遵循思想政治教育的实践发展规律以及学生的成长规律的前提下,协同和利用高校思想政治教育空间的各类教育资源,采用科学的治理理念与方式优化高校思想政治教育治理体系的结构与运行,持续提升和改善思想政治教育治理效能的动态过程,囊括了高校思想政治教育治理理念的民主化、治理主体的多元化、治理空间的协同化和治理过程的动态化。因此,要对高校思想政治教育治理能力的内涵进行准确把握,需要从以下三个方面递进阐发与认知:高校思想政治教育治理能力的内涵、高校思想政治教育治理能力的特征以及高校思想政治教育治理能力的表现。

第一节 高校思想政治教育治理能力的基本内涵

学界对于高校思想政治教育治理能力的概念尚无定论,研究成果颇少,然而根据前文对于高校思想政治教育治理内涵的基本阐释,我们可以对其定义作如下的基本解读:高校思想政治教育治理能力是指,在国家治理能力与治理体系现代化的背景之下,高校思想政治教育治理主体按照育人需要和社会需求,在思想政治教育治理理论的指导下,通过一系列科学规划与合作,有效完成各项思想政治教育任务的过程中展示出的综合素质或能力。这种综合素质或能力体现为主客双向互动、多元协商共治、空间协同联动以及实践动态反思等方面的内在意蕴。

一、主客双向互动为其核心能力

首先，主客双向互动意味着主客体身份的动态互换和相互作用，是高校思想政治教育治理的核心能力。从认识论的角度来看，主体即是进行对象性活动的行为者，那么随着对象性活动的转变，主体的身份也随之改变。就高校思想政治教育治理整体空间场域而言，政府、社会、高校、家庭其实都是治理主体的构成要素之一，彼此之间相互影响、互为作用。政府部门制定国家思想政治教育工作的部署与政策，高校和社会组织予以执行，执行过程中会发现问题，于是反馈给政府部分，有关治理组织再据此调整相关政策与方案，以此更好地推动思想政治教育治理能力现代化的提升。高校为社会培养符合国家和社会需求的高素质人才，在这个过程中，需要借助于社会组织和力量展开协同培育，如爱国主义教育、中华优秀文化的传承、就业实践基地的共建等等。社会治理力量的参与是对高校治理主体的有力补充，给予高校治理提供了更丰富的实践活动支持和价值理念的践行机会，同时高校与社会治理主体的有效互动为社会育人氛围的营造形成了良好的推动与塑造。此外，家庭治理的力量也可以通过恰当的方式进入到高校治理和社会治理当中，构建无缝式思想政治教育治理空间场域，进一步提升高校思想政治教育治理主体的整合力与辐射力。由此可见，在提升高校思想政治教育治理能力的过程中，各类治理主体在不同的治理环节和过程中，双向互动的能力导向是有效沟通、加强协作的核心能力之一。

其次，主客双向互动具有更加深层次的逻辑导向与价值意义。一是无论是政府、社会、高校、家庭，抑或是高校内部的教育者与受教育者，高校思想政治教育治理的主客体在相互交往当中不是一种单一的互动，更多体现为主体间性。我们认为，治理主客体本身在不同的阶段和对象性活动中就会身份互换，互相作用，在彼此的交往互动中呈现出的是人际关系与价值理念的统一，强调的是主体之间的沟通、理解与统一，不同治理主体在交往互动当中更加了解他人，通过了解他人后更加了解自我，从而与他人形成更加良好的互动与作用。二是主客双向互动这种思想政治教育治理活动的交往实践最终要实现的目的就是要完成受教育者的社会化。政府、社会、高校、家庭的目标都是通过一系列的思想政治教育治理环节以及与高校内外部社会成员的互动，使得受教育者能够最终实现自我社会化的目标，从中可以看出，要达成这个目标，有效的互动式治理交往是提升高校思想政治教育治理能力的核心要素。此外，线上空间的互动交往同样重要，因为在虚拟空间之中，这种主客双向互动囊括了人机互动、人际互动与自我互动三种模式。物理技术支撑是网络互动治理的物质基础，人际互动是构成网络社会空间的运行系统，自我互动则是网络思想政治教育治理的价值指向，实现从信息到知识再到精神的共享，而这三者互相交叉、融合互通。

故而，无论是现实空间中各类高校思想政治教育治理主体之间的主客互动，还是虚拟空间的人际互动，最终都是要实现活动本身与互动预期在价值追求方面的一致性，交往互动的治理能力是一种能够满足主客体交往的意愿与需求能力，也是根据交往情景、环境的变换，不断提升自身的认识、实践、反思等方面的能力，更是一种高校思想政治教育治理主体协助加速受教育者社会化进程的重要能力。

二、多元协调共治为其运行基础

高校思想政治教育治理能力的提升需要以多元协商共治作为其运行能力强化的基础。传统意义上，高校思想政治教育治理主要指涉高校内部的治理系统，囊括了思想政治理论课专职教师、辅导员、班主任以及各类教辅队伍和学校各级党委等。然而，随着社会的发展、时代的变迁，尤其是步入新时代以来，伴随着信息技术与互联网与社会生产生活的深度融合，思想政治教育治理的环境与场域已经呈现出愈加复杂和不断扩展的态势，仅仅依靠高校内部治理空间难以应对国家治理现代化和培育时代新人的需求。于此，高校思想政治教育治理能力的提升与发挥还需要基于高校外部整个治理空间的扩充，将社会、学校、家庭都纳入到高校思想政治教育治理体系当中，既有利于增强高校思想政治教育的整体合力，又有益于推动思想政治教育治理能力的现代化特质彰显。

一个社会的现代化有很多指征，其中之一就是随着科学技术的进步和大工业的发展，各种社会活动日趋复杂，据此社会上就会形成各种专门化的功能互补的组织，各自承担着愈加专门化的功能，但彼此之间的联系却日益紧密。由此可见，专业化的多元合作是现代化社会的趋势与需求，那么这也应该成为高校思想政治教育治理结构优化的指标之一，多元协商共治的结构是治理理念民主化的载体和体现，多元协商共治的能力是推动高校思想政治教育管理走向治理的助推力之一，应该从以下几个方面得以改善与加强：

首先，高校思想政治教育治理工作的开展需要多方协助。毛泽东曾经指出，"思想政治工作，各个部门都要负责"[①]。在当前国际形势日趋复杂和国家现代化进程加快的历史方位下，思想政治教育更加不是高校一己之力就能胜任的事情，政府相关部门制定和宣传政策，各级党委领导下开展执行，其他社会组织、团体或机构也有结合自身职能开展的思想政治教育的社会责任和需求，教育者与受教育者自身更应该有满足社会现代化发展对于人才综合素养培养与提升的自觉意识。所有高校思想政治教育治理场域的多元力量共同推进，才能发挥整体治理能力的优势。

其次，高校思想政治教育治理工作的开展需要多元监督。在思想政治教育治理各项工作的实施过程中，每种治理力量的自我监督和对其他治理组织与个人的相互监督是确保整个思想政治教育治理体系有效运行的保障。高校思想政治教育治理能力现代化的表征之一就是治理主体广泛和民主的参与，使更多的治理者、教育者与受教育者参与到各项治理活动和环节当中，发挥所有成员的能动性月创造力，从而激发整个思想政治教育治理体系的内生动力，形成强大的监督与治理合力，优化整体体系的治理生态。同时，多元协商共治势必还需要保证治理程序的公正化与治理思维的法治化水平的不断提升，确保摒除以前"管理"当中人治因素过多的影响，提升"治理"

---

① 《毛泽东文集（第七卷）》，人民出版社1999年版，第226页。

当中蕴含的协商、沟通、规范、法治的要素，多元协商共治的治理方式可以在提升治理过程的法治性、公平性的同时，激发多元主体的参与性，树立治理组织的公信力，增强治理效果的影响力。

再次，高校思想政治教育治理工作的开展需要多元反馈。思想政治教育治理，在本质上就是人与人之间基于思想政治教育活动开展的互动式交往，教育者与受教育者之间有信息的输出和输入，交往空间保持着信息的流动与反馈。现代化的高校思想政治教育治理体系是一个系统，从系统论的角度而言，其具有开放性与变化性，并且最终通过一系列的变化而达到一个动态的平衡状态，这种动态平衡靠什么来维持，很大程度上就是信息的流通与反馈。

质言之，治理的最终目的是达到"善治"，"善治"是使公共利益最大化，是政府、社会、公民共同参与公共事物的合作与管理，高校思想政治教育治理的善治就是通过多元协商共治的方式，培养出符合国家治理体系和治理能力现代化所需的合格人才，而这需要多维度多层级多环节的有效反馈、协商，并在此基础之上构建科学的评价指标体系，甚至专业的评价机构来推动整个治理体系的优化与完善，从而达到高校思想政治教育治理能力现代化的提升。

三、空间协同联动为其统筹依据

"在现代高度组织起来的社会，复杂的系统几乎无所不在；任何一种社会活动都会形成一种系统，这个系统的组织建立，有效运转就会成为一项系统工程。"[1] 习近平总书记指出："治理和管理一字之差，体现的是系统治理、依法治理、源头治理、综合施策。"[2] 高校思想政治教育治理体系是一个统摄了多维度多层级的复杂性系统工程，囊括了多环节多领域的综合性互动交往治理空间，统筹、协同、联动系统性、综合性的复杂治理空间场域是高校思想政治教育治理的重要能力之一。就治理主体而言，除了高校内部

---

[1] 钱学森：《论系统工程》，湖南科学技术出版社1982年版，第108页。
[2] 中共中央宣传部：《习近平总书记系列重要讲话读本（2016年版）》，学习出版社、人民出版社2016年版，第224页。

的思想政治理论课教师、辅导员、班主任、相关教辅行政部门人员等，还包括校外的思想政治教育主管部门、社会机构组织，乃至时代楷模、最美奋斗者等模范人物等治理力量；从育人环节来看，课程、科研、实践、文化、网络、心理、管理、服务、资助、组织等都能够被统筹进思想政治教育治理的各个环节和活动当中，思想政治教育治理同样也对于诸多环节给予协助与指导；就治理场域而言，除了思想政治理论课教学空间之外，日常的思想政治教育乃至社会空间的思想政治教育都具有不可忽视的治理作用。综而观之，高校思想政治教育治理是一个需要多方统筹、多头协调的复杂过程，无论是当前所提倡的大中小思政课一体化建设，还是在国家治理现代化背景下提出的整合政府、学校、社会、家庭等所有的力量协力共治，这都需要整体化、系统化、社会化的空间化思维来统筹工作的开展和政策的实施。

此外，还需要特别注重网络空间与高校思想政治教育治理空间的联动与统筹。习近平总书记在网络安全和信息化工作座谈会上指出，"依法加强网络空间治理，加强网络内容建设，做强网上正面宣传，培育积极健康、向上向善的网络文化，用社会主义核心价值观和人类优秀文明成果滋养人心、滋养社会，做到正能量充沛、主旋律高昂，为广大网民特别是青少年营造一个风清气正的网络空间"[①]。新时代高校思想政治教育治理的对象中有被称为互联网原住民的"00后"，网络空间是思想政治教育治理信息化场域的延展，更是受教育者日常生活场域的延伸，因此提出富有针对性的网络空间的治理策略是国家治理现代化背景下应该思考的重要命题。

首先，要首先明确数字化生存给思想政治教育治理带来的影响。中国互联网信息中心于2022年2月25日发布的第49次《中国互联网络发展状况统计报告》显示，截至2021年12月，我国网民规模达10.32亿，较2020年12月增长4296万，互联网普及率达73%。信息技术与互联网给人们的生产生活带来了深刻的变化，给思想政治教育治理也带来了极大的影响。一方面，多媒体技术、慕课、微课、雨课堂等丰富了思政课教学的平

---

① 《在网络安全和信息化工作座谈会上的讲话》，《人民日报》2016年4月26日。

台和方式，能结合教学目标给学生带来更加丰富的体验，网络空间也能够实现与传统课堂教学空间无缝对接，教师可以给学生提供更好的服务和体验；另一方面，虚拟空间的开放性、虚拟性、泛娱乐性会让受教育者面临海量的信息轰炸以及各类非主流的社会思潮的影响，大学生群体三观尚在形成当中，对于一些社会问题的看法容易受到不良价值观念的引导，难以客观看待与辨析。如何在网络空间之中占领意识形态高地，有力地抵制不良思潮，有效地传播社会主义核心价值观，发挥思想政治教育治理的正向主导作用，是高校提升思想政治教育网络治理能力需要认真思考的课题。其次，高校思想政治教育治理空间与网络空间融合具有内在契合性。思想政治教育本质而言就是教育者与受教育者之间基于一系列思想政治教育教学活动所进行的双向互动交往，其目的就是引导受教育者形成并践行社会主义核心价值理念，成为中国特色社会主义建设所需的合格人才，这是一个个体社会化的过程。网络空间的催生，其实也是基于时代的发展和社会的需求，对于实体空间的进一步拓展，在这个数字化、信息化的空间之中，仍然体现的是各种信息交流主体的互动交往，是对现实社会交往的延伸和衔接，思想政治教育治理互动必然属于整个虚拟空间社会交往的重要因素之一。

对于高校思想政治教育治理而言。网络空间赋予了更多突破时间与空间的信息化治理方式和平台，而思想政治教育治理实践也为网络空间的主流价值引领和网络生态的健康发展提供了保障。因此，统筹处理好高校思想政治教育治理内外部空间结构的完善和场域的融合，是提升思想政治教育治理能力的创新发展的基础和依据。

四、实践动态反思为其发展保障

高校思想政治教育治理能力蕴含的另一层内涵即是治理是一个多元双向互动的过程和体系，通过信息的传递与反馈实现系统的生态平衡和良性发展，从而在治理的实践过程中能够有效发现问题并且针对性地解决十分重要。

一是具有发现和分析治理过程中出现各类问题的能力。当前，在思想政治教育场域之中，无论是线上还是线下，都时不时充斥着一些历史虚无主义的观点，诋毁英雄、戏说历史、歪曲事实，试图贬损中国优秀传统历史文化的同时大肆鼓吹西方文化，尤其是借助网络媒体来进行各种各样泛娱乐化现象的渗透。在意识形态领域，挑起各种国际国内事端，激化社会矛盾，借此来试图解构社会主义主流意识形态。面对这样类似历史虚无主义思潮的冲击和意识形态领域的挑战，高校思想政治教育治理组织必须具有敏锐的政治洞察力和社会观察力以及舆论控制力和引导力，占领各类治理场域的高地，加强防范、监控和引导，将不良价值观念的影响力最小化。此外，高校思想政治教育治理是一个双向互动交流的过程，如果思想政治教育话语的力度与效度不够，那么治理效果肯定会大打折扣。对于思想政治理论课而言，思政课的教学内容肯定是具有严密的逻辑体系，让学生具有系统化的知识体系，然而如果教学语言过于学术化，缺乏吸引力和针对性，那么学生的接受度自然不高。因此，思想政治理论课教师需要提升对马克思主义经典的理解力，要学会用简要的语言把原理与要点深入浅出讲明白，同时从百年党史、新中国史、社会主义发展史、改革开放史中寻找与教材要点相契合的史料和故事，结合多媒体和信息技术，以更加生动的方式来呈现和教授，激发和引导学生的思考与互动，因而思政课教学话语的传播力和渗透力必然有所提升。此外，面对互联网上一些蓄意挑起事端和炒作的事件和社会热点问题，思想政治教育治理者应该主动发声，分析事件背后的真相，积极控制和引导舆论导向，不能出现"沉默的螺旋"，甚至因为一些偏激言论而引发"蝴蝶效应"，需要增强对于网络传播规律的了解以及网络舆论领袖的培育，增强高校思想政治教育的网络治理能力。

二是具备健全高校思想政治教育治理制度建设的能力。首先，就整个思想政治教育治理体系而言，要确保政府、社会、高校、家庭在参与育人过程中的权责分配是否清晰，各司其职的同时能够互相促进，而且治理制度具有可操作性和弹性。同时，可以考虑成立党委负责下的专门党政联席会议或者思想政治教育治理委员会，牵头重大决策的制定、重大项目的执行、资金筹措和使用等，要注意各类治理主体都要有代表参与，体现出政策制定的公开性和民主性。其次，注重高校思想政治教育治理政策制度的执行力。例如，在高校内部，校党委、宣传部、学工部、党团机构、各二级学院等都要切实配合思想政治教育治理工作，切实履行相关职责，形成教学育人、实践育人、管理育人、心理育人、服务育人等环节的一体化。在此过程中，需要注意结合实际情况提高受教育者的参与性，让学生享有一定程度的参事议事权，这样才能真正体现以学生为中心的治理理念，受教育者的主体性激发对于切实提升高校思想政治教育治理能力具有不可忽视的作用。再次，在高校思想政治教育治理的实践过程中，需要注重保障机制构建能力的提升。无论是就高校外部还是内部的思想政治教育治理场域而言，在各项育人环节和项目的实施是一个非常复杂综合性运行体系，诸如在进行整体思想政治教育治理的架构和布局时，需要根据不同的治理目标和治理层次与维度进行协同育人的开展，网格式项目实践的运行保障必不可少；思想政治理论课堂教学与治理，专职教师需要其他教辅人员和部门的支持，形成思想政治理论课教学空间与日常思想政治教育治理空间的联动；在实践和文化育人等项目环节，需要确保相关设施和资源的到位，为了确保整个系统的正常运行，需要在制度执行、人事调配、物资分配和财力支持等方面予以保障，同时还要关注各个环节反映出的问题，制定出事前、中、后的预案和监督评估方案，建立科学的思想政治教育治理的综合激励和评价机制。总之，在整个的高校思想政治教育治理的实践过程中，所有保障机制的设立与能力的提升，都是为了确保治理过程平稳运行的基础上，加强整个治理体系的有效性、内生性和创造性。

第二节　高校思想政治教育治理能力的主要特征

高校思想政治教育治理是在国家治理体系和治理能力现代化的背景之下提出的一个重要课题，其治理能力的核心特征自然与"现代化"息息相关。那么，何谓高校思想政治教育治理能力现代化的特征？我们可以从是否坚持与时俱进，树立系统理念、坚守教育初心，树立人本理念、坚定"三全"育人，建立协同机制、崇尚德法结合，树立法治思维来予以考察，这四个维度有从整体治理体系的制度化进行解读，也有对治理体系的具体环节加以阐发，可以全方位地展现高校思想政治教育治理能力现代化的相关特征。

一、坚持与时俱进，树立系统理念

"思想政治教育治理体系的现代化进程，离不开系统完备、科学规范、运行有效的制度机制建设。"① 高校思想政治教育治理能力的现代化彰显首先就在于其制度化的建设程度，是否构建出一个多维度多层级、相互衔接和协调的综合性系统，能否体现出规律性、持续性、适应性与可调节性，能否保证思想政治教育和工作的规范运行和有序开展等。

整体而言，高校思想政治教育治理体系是一个系统化的工程，科学规范性应当是其最基本的现代化特征。高校思想政治教育治理能力的现代化提升，需要明确治理体系的建设和制度执行与实践是建立在思想政治教育教学规律之上，在科学的治理理念引导之下，运用恰当且规范的治理方法来实施高校思想政治教育治理。在国家现代化进程当中，高校思想政治教育治理如果能够充分挖掘和尊重思想政治教育的规律，治理理念、内容、手段、评价越是科学化和规范化，那么思想政治教育治理就越能够摆脱"经验式"的管理方式，无论是在学科理论构建和规范制定，还是治理目标设定和任务实施层面的现代性程度就越高。同时，高校思想政治教育治理体系的科学规范性还体现在制度的弹性，例如在不同环节和层面的治理制度为刚性规约，其余则是柔性准则，在不同的治理场域之下，哪些制度政策可以有一定的调整幅度以应对突发状况和紧急情况，当然所有制度的制定需要在宪法和部门法规的框架之下进行等。在制度政策执行的过程中，还需要实时观测治理的效能，也就是是否真正做到以人为本，满足了受教育者的相关需求，并且激发主体参与思想政治教育治理的互动交往之中并以主流价值理念来引导自身在社会空间中的行为践行。要注重思想政治教育治理效率化与效能化的统一与结合，注重治理投入与治理产出的合理性，是否最终是以人的全面发展为根本目标指向和使命。

具体而言，在高校思想政治教育治理的具体环节也需要强化其科学规范性，例如治理方法、治理评估等。随着大数据、云计算等信息技术的使用，网络空间的变革与重构也对于高校思想政治教育的网络治理带

---

① 冯刚：《推进新时代思想政治教育治理体系现代化》，《中国教育报》2020年3月19日。

来了新要求、新样态与新挑战，信息技术与思想政治教育治理的深度融合是提升思想政治教育治理能力现代化的重要维度与手段。遵循网络空间主体互动规律，依托大数据等技术的方法与理念，能够创新高校思想政治教育治理模式，增强教育教学活动对于学生的吸引力和感召力。例如，可以充分挖掘数据搜集、定量分析、应用开发等方面的巨大潜能，变革思想政治教育参与方式，捕捉大学生的网络数据痕迹，描绘思想政治教育网络数据新图式，打造班班通、校校通、家校通、校企通的思想政治教育智慧教学、智慧管理、智慧服务和智慧科研等[①]。网络空间赋予参与主体平等化、开放式、自由化的虚拟交往场域，每个主体都有获取信息和表达思想的权力，故而思想政治教育治理空间需要结合大学生群体的认知特点和成长规律，打造学生群体友好的网络空间教育教学界面，注重虚拟场域的互动交往与咨询服务，增强网络思想政治教育治理空间感染力、规范性与价值性，发挥虚拟空间之中各类治理主体协同育人的效应。此外，在当前百年未有之大变局的时代背景下，新时代高校思想政治教育治理面临的国内外挑战日益增多，那么提高其应对风险的评估能力也是整体能力提升的重要维度之一，例如如何辨别各类风险因子，运用何种方法来识别和分析高校思想政治教育治理体系面临的内外部风险，是否要对各类治理风险进行针对性的风险等级和指标体系的评估与建立等，这对于提升整体高校思想政治教育治理体系的科学规范性具有十分重要的意义。

二、坚守教育初心，树立人本理念

人本共治性应当说是高校思想政治教育治理实现人的自由全面发展这个根本目标的能力关照之一。人本共治强调个体的尊严、价值和创造力应该得到维护、重视和激发，正如马斯洛的需求层次理论中最高层级的需求其实是来自于个体的自我实现，人的潜能的发挥就是基于人的本性的回归。

---

① 李颖、靳玉军：《网络空间视域下高校思想政治教育治理的创新发展研究》，《重庆大学学报（社会科学版）》2020 年第 3 期。

由此，在高校思想政治教育治理实践的过程中，认知能力的获得与提升不仅仅是治理者应该关注的重点，自主性、创造性、责任心乃至情感和动机等内生动力的激发与驱动应该同样得到关注，从而促使智力因素与非智力因素的相互作用，进一步提升高校思想政治教育治理效能的同时，真正做到以人为本的善治。

第一，深入挖掘人本共治与高校思想政治教育治理能力现代化的内在契合性。人本共治的最终目的是关照人的本性和内心，关注不同层级的发展需要，那首先就要对于人的本质更加了解。人是这个世界上最复杂也是最奇特的存在，劳动工具的使用促使自我意识的发展，开始不断地认识和改造自然与社会。随着社会分工的不断加大以及工业革命、信息革命等产业革命的出现，人们对于自我发展的需求不再局限于物质资料的满足与丰富，开始更加关注精神和思想的追求，不仅向外发出时代之问、世界之问，也向内询问自我发展的意义和境界。高校思想政治教育治理能力现代化其实落脚点是在每一个治理参与主体的现代化能力提升之上，而每一个治理参与主体的现代化表征则是其自由全面的发展。由此，国家现代化需求之下的高校思想政治教育治理现代化不仅是为了培养社会主义发展需要的合格建设者与接班人，也是对于个人现代化历史方位下全面发展需求的呼应。思想政治教育治理通过治理理念、治理主体、治理空间和治理实践等多维度多层级的优化与调整，能够更好地发挥凝心聚力、价值引领的作用，激发主体自我认同、面对问题的意识与能力，这一方面可以转化为其参与社会劳动和不断提升创造社会财富的能力，另一方面对于促进个人自我实现和社会交往和谐起到十分重要的作用。

第二，人本共治的治理能力有助于主体的社会公共精神的培育。高校思想政治教育治理的过程其实就是个体社会化的过程，受教育者最终要走向社会，参与到各种各样的公共活动和交往当中。社会上的每一个人其实都是社会公共产品的提供者和消费者，个体的社会公共精神越强，那么提供的公共产品或服务就越优质，体验感越好，社会就会更趋向于良性发展。高校思想政治教育治理组织在具体工作中，需要将社会个体的身份文化认同以及公共意识和精神的培育纳入到各个治理环节之中，将国家治理体系和治理能力现代化的需求纳入到治理目标和项目之中，让受教育者从一开始就以中国特色社会主义现代化的公民标准来要求自己，把学习职业规划和个人发展与国家现代化需求相结合，培养现代化公民的自觉意识。包含政府、社会、学校、家庭在内的整个思想政治教育治理体系应该根据人自我实现的阶段性需要有计划、分层次地培训主体的公共理性、德行和技能，不断启发受教育者为努力实现个人发展和国家善治的协调发展。

第三，治理主体双方的人本主义关怀是高校思想政治教育治理能力提升的抓手之一。人本共治强调以人为本，但这个"人"不仅仅指涉受教育者，对于教育者同样适用。就高校而言，思想政治教育治理队伍发展的人本性关照十分重要，队伍是由人构成，包括思政课教师在内的思想政治教育治理队伍也是生活在各类社会场域之中，拥有各种各样复杂的社会关系和综合性的发展需求。无论是职业发展还是生活追求，那么要提升思政队伍的教育与治理能力，首先应该对于队伍成员的成长与发展给予更多的关注和回应，提供更多的提升素养和能力的机会，不断提升队伍成员的获得感与幸福感，通过物质奖励与精神激励相结合的方式，强化队伍成员自发、积极投入思想政治教育治理工作的自觉性与主动性。另一方面，以学生群体为代表的治理对象同样需要进行进一步人本性的关怀，例如更加精确把握当代大学生的身心发展规律和时代发展需求，在设置治理项目、教学活动时将学生参与纳入其中，对于重大决策或者制度建设与改革可以根据实际情况引领学生的参与，激发其参与公共事务的意识和自觉，提升面对困惑、解决问题的能力。

三、坚定"三全"育人，建立协同机制

高校思想政治教育治理体系作为一个系统工程，开放协同性是其现代化治理能力的重要表现。具体而言，就是要坚持做好"全员育人、全程育人、全方位育人"，建立起多维度、多层面、多领域的协同育人机制，形成育人"合力"。首先，从系统学原理来看，一个完全与外界隔绝的系统是很难存在甚至发展的，一个系统需要保持内部的生态平衡乃至发

展壮大，必须要与外界进行物质、能量和信息的交换，这样才能维持整个系统的正常运行，如果想要良性发展，那么从外部获取的能量还需要大于内部所耗散的能量。高校思想政治教育治理体系应当是一个动态开放的系统，从治理的主体、客体、环境、载体，到思想政治教育治理的目标设置、内容设计、效能评估和制度反馈等，都需要根据思想政治教育治理实践的动态过程中各要素进行的实际互动情况来进行灵活的考量和管理。同时，无论是政府、学校、社会还是家庭，各类治理力量的沟通、协商与共治都存在不同程度、层级的物质、能量与信息的持续交换，才能形成齐抓共管的合力，哪一项治理主体都无法在国家治理能力和治理体系现代化的背景下孤立地进行治理实践，其治理效果势必与思想政治教育治理能力现代化的要求相悖甚远。根据系统发展的原理，思想政治教育治理者想要达到治理体系的良性发展以及获取理想的治理效果，还需要加大治理体系所获取的能量，比如降低各层级治理沟通和信息共享的成本，尽可能加大社会资源对于思想政治教育治理活动和实践的投入，努力提升治理队伍的专业性等，确保高校思想政治教育治理制度设计与安排的科学性与有效性。

其次，高校思想政治教育治理能力的协同性与开放性互为基础，相辅相成。如果说系统的生存与发展需要其为一个动态开放的体系，那么开放之后的物质、信息与能量的有序交换与整体运行则需要各要素的大力协同与配合。通过前文对于高校思想政治教育治理和治理能力的内涵阐发，我们已经清楚高校思想政治教育治理体系是一个非常复杂的综合性系统工程，尤其是在当前全面推进国家现代化建设的时代方位下，如果缺乏治理空间内部各要素相互协调的能力，就很难做到治理体系各领域、各维度、各层级的无缝衔接，无论是在内容上、措施上都无法做到顺畅沟通、优势互补，那么整个思想政治教育治理实践过程可能就会出现零散化、封闭化或者重复化的治理现象，这不利于治理体系的良性发展，更无法获得预期的协同效应，只有将治理体系之中的个体生产力融合起来才能产生系统的生产力，发挥更大的生产效能。由此可见，高校思想政治教育治理体系需要将自身建设在一个动态开放系统的基础之上，努力发展其各要素协力共治的能力。

诸如，尽可能将思想政治教育各治理制度的制定、育人项目的设置等向所有治理组织和参与主体开放，让每一个个体都具有立德树人的主人翁意识和治理职责的自觉；突出高校思想政治教育治理的全过程观念，明确各类治理主体在各个阶段的任务，注重各类治理实践环节的衔接性、过渡性与反馈性，实现治理过程的可持续性和可调节性。此外，需要加强各类高校思想政治教育治理场域，例如课程体系、科研体系、文化体系、实践体系、组织体系、服务体系等相互开放与协调，树立立德树人的大思政格局，统筹协调线上与线下等各类平台的建设，显性治理与隐形治理相结合，以多元协调共治的方式推进高校思想政治教育治理现代化能力的提升。需要注意的是，整体治理体系的开放协调能力的建设需要建立在可操作的层面上。高校思想政治教育治理的本质之一就是治理制度的有效性与可操作性，这包括政策制度的制定是否符合实际工作需求，是否经过反复的论证与评估，上位政策的出台是否有下位的制度配套，彼此之间能否相互衔接、协力共治。除此之外，思想政治教育治理政策是否有约束功能的同时也有激励功能的呈现，对于各维度各层级的治理政策是否建立起了一个有针对性、可调节的统一评估机制，一旦治理主体没有达到相应的治理目标，或者治理失范，是否有相应的责任追究机制的设置，评估机制是否具有实际可操作性且科学规范，能够反映实际的治理成效和问题等等。总而言之，开放协同性是高校思想政治教育治理能力现代化的重要特征之一，这不仅关涉到整体系统是否能够科学、有序地持续发展，其能力的发展必定能够卓有成效地解决思想政治教育治理的实际问题，进一步切实推进思想政治教育治理制度的执行。

四、崇尚德法结合，树立法治思维

着力提升全社会公民的思想道德修养与法治素养，是全面建成社会主义现代化强国的战略任务，也是适应新时代社会主要矛盾的变化，促进社会全面进步和人的全面发展的必然要求。由此，高校思想政治教育治理能力的现代化诉求之一就是提升符合社会与个人时代需求的全面育人能力。

正如当代美国社会学家英格尔斯认为,"一个国家,只有当它的人民是现代人,它的国民从心理和行为上都转变为现代的人格,它的现代政治、经济和文化管理机构中的工作人员都获得了某种与现代化发展相适应的现代性,这样的国家才可真正称之为现代化的国家……人的现代化是国家现代化必不可少的因素。它并不是现代化过程结束后的副产品,而是现代化制度与经济赖以长期发展并取得成功的先决条件"①。

首先,高校思想政治教育治理需要具有培养公民积极参与公共事务的能力。在一个社会当中,只有当其社会成员明确了自身的权利与义务,有积极参与社会公共事务的责任感,这个国家才有实现善治的社会基础,质言之,一个国家给予其公民越多参与政治生活和社会事务的民主权利与机会,挑动其参与意识,才能更好地实现国家治理能力和治理体系的现代化。列宁曾经指出,"无产阶级的或苏维埃的民主不是把重心放在宣布全体人民的权力和自由上,而是着重于实际保证那些曾受资本压迫和剥削的劳动群众能实际参与国家管理,实际使用最好的集会场所、最好的印刷所和最大的纸库(储备)来教育那些被资本主义弄得愚昧无知的人们,实际保证那些群众有真正的(实际的)可能来逐渐摆脱宗教偏见等等的束缚"②。诚然,国家治理体系和治理能力现代化的进程也是民主政治不断推进的过程,人民参与政治生活和社会公共事务的渠道和机会都在不断拓展和增加,如何提升公民的参与意识,培养具有社会主义现代化主体意识的新型公民,是思想政治教育治理在全员、全程、全方位育人的制度设计当中需要慎重思考的命题。

其次,高校思想政治教育治理需要具备培养较高道德修养与法治素养的现代化公民的能力。依法治国与以德治国现结合是我国社会主义现代化建设的两个重要抓手,公民的道德与法治素养是一个社会现代化程度的彰显,也能加速推动一个国家的现代化进程。一方面,人无德不立,国无德不兴,道德是立身兴国之本,无论是对个人还是社会都有非常重要的意义。思想政治教育治理的参与主体都需要积极树立马克思主义的

---

① [美]英格尔斯:《人的现代化》,四川人民出版社1985年版,第8页。
② 《列宁全集(第三十六卷)》,人民出版社1985年版,第85—86页。

道德观，大力弘扬社会主义道德，传承中华传统美德和中国革命道德，努力吸收和借鉴人类优秀的道德成果。社会主义的现代化需要每一个公民积极努力提升自己的社会主义道德修养，在崇德向善当中不断提升自我的道德修养。另一方面，法治兴则国兴，法治强则国强，法治建设的程度直接表征了社会现代文明的进度。高校思想政治教育治理参与的主体需要深刻理解社会主义法律的本质特征和运行机制，整体把握中国特色社会主义法治体系，维护宪法权威，培养法治思维，不断提升法治素养，尤其是对于习近平法治思想的深入学习。2020年11月，中央全面依法治国工作会议正式提出习近平法治思想，并将其确立为全面依法治国的指导思想和根本遵循，习近平法治思想的内涵丰富、论述深刻，从国内外和理论与实践相结合的角度回答了政治方向、重要地位、工作布局、重点任务、重大关系和重要保障等方面的问题，对于习近平法治思想的深入学习可以提升思想政治教育治理主体的社会责任感和国家认同感，正确处理在个人学习、生活和工作中的个人利益与集体利益和国家利益的关系，明确自身的权利与义务，能够更加系统地了解在国家现代化进程中公民应该遵循的法律依据、社会规范，强化对法律责任和社会责任的认知与意识，不断推进全面建成社会主义现代化国家提供法治保障。总而言之，只有培育和塑造具有现代化公民意识、道德素质与法治素养的治理主体，高校思想政治教育治理能力才能得到提高，也才能推动国家治理体系和治理能力的现代化的实现。

第三节　高校思想政治教育治理能力的内在延展

在明确高校思想政治教育治理能力的内涵和特征的基础之上，对于其能力表现内蕴的深挖是对高校思想政治教育治理能力这个命题全方位研究的理论前提。我们认为，高校思想政治教育治理能力的内在延展主要彰显于以下四个维度：政策领悟能力、基层组织效力、多元共治合力和执行创新动力。

一、政策领悟能力

高校思想政治教育治理能力的首要表现就是对于思想政治教育者治理相关政策、制度的领悟力。对于国家一系列相关政策制度的精准领悟和切实执行，高校思想政治教育治理主体才能在国家治理能力和治理体系现代化的大时代背景之下找准定位并制定恰当的治理目标，确保与党中央保持精神高度一致。同时，对思想政治教育治理政策的领悟力也决定了高校治理主体在治理过程中发挥主观能动性的程度，治理主体对于相关政策制度的领悟力越强、掌握度越高，那么在组织队伍、协同要素等领域就能够保证大方向正确的前提下发挥更多的主体性和创造性，是提升整体治理能力的重要前提。

首先，具备对政策制度的领悟能力。2013 年 11 月，党的十八届三中全会通过的《中共中央关于全面深化改革若干重大问题的决定》明确，全面深化改革的总目标是完善和发展中国特色社会主义制度，推进国家治理体系和治理能力现代化。这是首次提出"国家治理体系和治理能力现代化"的改革目标。2019 年 10 月，党的十九届四中全会审议通过了《中共中央关于坚持和完善中国特色社会主义制度 推进国家治理体系和治理能力现代化若干重大问题的决定》，总结了我国在相关领域取得的成绩和优势，系统提出了党的领导、民主政治、法治立体、行政体制、经济制度、文化制度、民生制度、社会治理、生态文明等方面推进国家治理体系和治理能力现代化的一系列要求。高校思想政治教育治理主体需要对党和国家发布的大政方针认真研读，深入领会国家在全面推进治理能力和治理体系现代化做出这样顶层设计和全面部署的深层次逻辑，真正把握"坚持什么""完善什么"等重要政治问题，明确其对于党和国家各项制度的梳理和升华，从根本上理解思想政治教育治理能力现代化的政策背景和制度环境。同时，高校思想政治教育治理主体在充分领悟国家大政方针的前提下，还要把握好自身在整体国家治理体系当中所处的位置和应当具备的功能，根据国家治理体系和治理能力现代化的宏观要求制定出高校思想政治教育治理能力现代化提升的政策制度，需要做到与上下位政策体系的衔接与配套，在具体的治理实践当中充分发挥好高校思想政治教育治理能力的优势。

其次，具备对政策制度的执行力。高校思想政治教育治理主体对于政策的领悟力还体现在对于政策制度的高度执行力。一是各层级思想政治教育治理组织能够积极主动执行治理政策。比如，顶层设计者应当优化整体的治理政策，准确传达出国家治理能力和治理体系现代化的要求和需求，制定好对应的思想政治教育治理能力现代化提升的路线图；省级层面的治理主体则是起着上传下达的作用，如果这一环节的政策制度执行不力，那么会很大程度上影响政策执行的效度；基层治理单位是思想政治教育治理政策下达和实施的最终环节，是政策制度落地的关键，其对于整个治理政策的理解和执行关乎是否最终能够获得预期的治理效果。二是在政策制度的执行过程中，需要建立常态化的反馈机制。各层级思想政治教育治理主体根据不同的治理项目开展治理实践互动时，不同的对象会产生不同的治理效果和影响，对于其中有效措施和先进经验应该及时地在整个思想政治教育治理体系中宣传和反馈，结合各种信息手段和方式予以推广和改进，不断推动各级思想政治教育治理方式的创新和改革。当然，还需要建立相应的长效监督机制，面对治理实践过程中反映出来的问题能够给予检查、督导，并借此机会加强对政策的宣讲和指导，将文件中文字之外的内涵传达给执行者，不断提升对思想政治教育治理能力现代化政策的理解力和执行力。

二、基层组织效力

组织力即组织所具有的高效协作以顺利实现目标的一种力量，这种力量既包含着能力在内的各种要素之个体独自的作用，又包含着各要素彼此协作产生的新的合力作用[①]。具备较好的基层组织效力是高校思想政治教育治理能力的重要表现之一，质言之，提升基层组织效力是高校思想政治教育治理能够更好地完成教学、科研和社会服务等各项社会职能的重要基础和保障。具体而言，高校思想政治教育治理主体的基层组织效力体现为两

---

① 王久高：《组织力、政党组织力与中国共产党组织力内涵考辨》，《中国特色社会主义研究》2020第2期。

个指标：党委的领导能力与队伍的构建能力。

一是充分彰显党的领导能力。在国家治理体系和治理能力现代化的背景之下，高校思想政治教育治理体系囊括了多重场域和诸多要素，诸如政府、社会、学校、家庭等，形成了多层级多维度的综合性复杂治理空间，但要素的多样性并不意味着要弱化党的领导，反而这一切要素的调动与部署需要进一步强化党委的统一领导，发挥纵览全局、调动协调的作用。就高校思想政治教育治理场域而言，需要形成党委统一领导，宣传部门牵头，其他各部门协调配合的整体工作机制，在思想政治教育治理的目标、内容、方法等环节的设计以及在具体的实施、执行、反馈的过程中融入党对高校思想政治教育治理工作的领导，根据政策要求和实践需求切实落实校级、院级等各级党委的工作职责和主体责任，实现沟通无阻的一体式纵深化的领导体系，实现党对基层治理空间的全方位领导和统一的工作安排，优化项目设计，完善队伍建设，创建常态化的监督与反馈机制，根据不同分工落实各级各类的领导责任。对于各级党委而言，基层组织效力的挖掘与凝练还需要提升思想政治教育治理执行者对于育人工作的重视度，结合思想政治教育治理参与主体的需求，不断挖掘符合时代发展的育人元素，推动思想政治教育治理各项活动的深入开展与执行。各党支部需要认真了解教育者与受教育者的思想动态和主体需要，发挥党员联系群众、发动群众的优势，调动一切积极要素助推高校思想政治教育治理能力现代化的提升与完善。

二是具有构建专业化队伍的能力。在高校内部思想政治教育治理队伍当中，除了思想政治理论课教师之外，还有不少党政工作干部、共青团干部、心理健康教育人员等，他们之中党员比例较高，可以充分发挥党委对其的领导和组织作用。此外，高校思想政治教育治理的基层组织效力还体现于其能否组建一支专业化的治理队伍。前文提到，高校思想政治教育治理队伍关涉到高校之中多个部门、层级，工作职责不同，类型风格各异，需要对整体治理队伍进行全局性地规划与统筹，根据当前思想政治教育治理的实际情况，制定与治理目标相适应的队伍建设与完善规划，那么这样一个复杂的综合性系统一定需要整体化、空间化、协同化的思维来统摄，才能将各类要素合理分类安排，形成各部门之间的合力共鸣。同时，高校思想政治教育治理主体的基层组织效力不仅体现为宏观的体系构架与人员统筹上，还表现队伍成员的人文关怀上。高校思想政治教育治理能力的现代化，其中很重要的一个落脚点就是主体的现代化能力提升，无论是思政课教师、辅导员、党政人员、心理健康教育人员抑或是后勤相关人员，只要参与到高校育人的各个环节当中，学校都有责任和义务为其全面发展而提供相应的平台和支持，体现出以人为本的价值理念。例如，根据专业人才的培养规划，为其提供定期培训和进修的机会与平台；根据不同职位和职责要求，建立常态化的专题培训和日常培训，内容可以涉及知识学习、政策解读、技能提升等方面。诚然，高校思想政治教育治理队伍的个体本身也是社会人，除了对于职业发展的要求之外，也有对于美好生活的热切追求，因此治理队伍的专业化建设也不能忽视队伍成员的实际需求，应多给予人本化的关怀与指导，增强高校思想政治教育治理队伍的组织力与向心力。

三、多元共治合力

高校思想政治教育治理体系是一个多要素协同共治的综合性系统工程，关涉到治理主体、客体、环体、介体，囊括了思想政治教育治理过程的目标确立、内容设计、项目实施、信息反馈、制度保障等各个育人环节，因此多元共治合力必然为高校思想政治教育治理能力现代化的重要表征之一。就当前高校思想政治教育治理实际情况而言，多元共治合力需要在以下两个方面得以更多的彰显和体现。

第一，高校思想政治教育治理主体的多元共治合力。对于高校外部场域而言，需要加强高校与政府、社会、家庭领域治理组织与个人的顶层设计，明确各级各类的分工和职责，实现整体治理空间的纵向协同。对于高校内部系统来说，不同部门、治理队伍之间也需要统一的规划与统筹，牵头部门、重点环节、保障机制等都需要在治理实践之初就做好整体性的计划与协调，不断促进各类治理力量的内生动力和协同自觉，发挥各自的功能优势，实现高校思想政治教育治理能力的全面提升。例如，高校行政部门在制定整体思想政治教育治理方案之时，可以按照教学、科研、社会服务的社会职能来设计，然后根据这个门类来采取治理方案的网格式细化，据此来调动与协调相应的治理要素，当然在这个过程中尽可能纳入各类治理队伍的意见，使治理构思更加完善；思政课专业教师、其他科目专业教师、辅导员与班主任占据了思想政治教育治理的课堂空间和日常生活空间，他们之间的协同发力会对受教育者的价值引领和实际践行有着非常大的指导作用等；其他教辅和后勤等部门的配合与协调对于高校思想政治教育治理项目的顺利进行提供了非常重要的保障。如此，治理主体协同共治的力量才能推动治理能力的有效提升。

第二，高校思想政治教育治理载体的多元共治合力。现代思想政治教育载体是指那些伴随现代社会发展需要而产生的具有鲜明时代特征的载体，主要包括文化载体、活动载体、传媒载体、管理载体四种基本形式[①]。在高校思想政治教育治理能力现代化的需求之下，载体的运用需要脱离以往以管理载体为主的传统方式，加入多元协同的治理理念，实现各类载体的现代化性能提升以及综合性运用的模式。在互联网和信息技术不断融入生产生活的新时代，高校思想政治教育治理体系的活动载体与传媒载体应该碰撞出新的火花，自媒体、流媒体、融媒体、全媒体等不同种类的媒体类型拥有各自的优势与功能，高校思想政治教育治理项目的设计需要考虑其与标语、图片、报纸、主题活动的单一或复合匹配度与是适配度，实现活动载体与传媒载体的高度融合与互补，以更恰当的方式承载思想政治教育治理的内容。此外，管理载体囊括了诸多形态，比如课堂、社团、党支部、团支部乃至学生社区等，如何将这些传统的管理载体创生出新的时代特色与现代化特性，是提高思想政治教育治理载体多元共治合力的重要抓手，将文化、活动与传媒载体与管理载体的融合运用，结合信息化手段与方式，例如，课堂教学与 VR 技术的融合，实践项目与微课堂的结合，等等，通过载体的复合化使用增强全面育人的渗透性与受教育者的正向体验感。诚然，在此过程中需要注意的是，各类载体还需要与网络文本相互协调与融合。

---

① 张耀灿、郑永廷、吴潜涛、骆郁廷：《现代思想政治教育学》，人民出版社 2006 年版，第 400—409 页。

网络科技融入高校思想政治教育治理，这其实就是一个网络人际互动的过程，其中介系统的载体即网络文本。网络文本本质而言就是一套符码系统，这套系统对于参与思想政治教育治理双方而言，其所指和能指不尽相同，原本现实空间中的清晰的语言表达系统在网络空间之中，因为其特性可能展示出模糊、不连续的符号意义，那么思想政治教育治理主体在进行载体协同的技术性嵌入时，需要提前做好受教育者当前关于网络文本的"学情"研究，尽量强化网络思想政治教育治理实践中网络文本的积极功能，并且结合治理目标，努力提升治理对象在线互动交往的正向获得感和期待感。

四、执行创新动力

在国家治理体系和治理能力现代化的背景之下，高校思想政治教育治理过程中彰显出的高效的执行能力与相应的创新动力也是其是否符合时代发展和国家需求的表现之一，是提高和完善高校思想政治教育治理能力的重要抓手。

首先，法治精神融入治理举措之中。法治的发展是一个社会文明程度的标志，体现出人类对于政治文明的追求，国家的社会、经济、文化等方面的发展与改革都需要在法治的框架中运行，现代文明的建设更是离不开法治精神的指引。在过去的高校思想政治教育的管理和实施当中，法治理念的缺乏、人治因素的干扰是思想政治教育效果欠佳的重要因素之一。故而，高校思想政治教育治理能力的现代化需要更进一步融入法治精神。一是强化"以人为本"的执行理念与准则，时刻牢记整个高校思想政治教育治理的目标最终是实现新时代"立德树人"，各层级、各部门的治理主体需要尊重受教育者的权力，在执行治理政策的过程中，一切以学生主体的发展与需求为宗旨，只要有利于受教育者的身心健康与全面发展，那么各部门、各人员就应该切实执行、相互配合，同时要保障受教育者对于参与整个思想政治教育治理过程当中的发言权、参与权和监督权等。二是完善育人环节的治理规范。正如完善社会主义民主，必须推进民主的程序化，让公民能够更好地参与政治生活，保证一系列选举、决策、监督等权力的实施和履行。民主政治发展得越完善，其程序化程度就越高。同理，高校思想政治教育治理要想达到预期的效果，符合国家现代化发展的需求，那么治理政治执行的规范性就是一个很重要的维度。前文提到，高校思想政治教育治理体系是一个关涉到政府、学校、社会和家庭的综合性复杂空间系统，是一个纵横交错的网格式系统工程。治理政策的上传下达以及项目实施的规范高效对于最终治理目标的实现具有举足轻重的作用。各个育人环节的思想政治教育实践必须以治理程序为本位，避免行政权力的过多干预，体现了思想政治教育治理的公正性和平等性，减少人治因素导致的治理失误或偏离，进一步提升高校思想政治教育治理能力的现代化程度。

其次，创新理念融入治理实践之中。创新是人类社会进步的基础和动力，更是国家现代化建设的必然要求。在新的历史方位下，高校思想政治教育治理能力现代化的提升，必须将改革创新的理念融入治理发展之中，变管理为治理。高校思想政治教育治理体系本就是一个多要素协同共治的系统工程，要提升其治理能力，就需要在政策制定、制度衔接、手段方式、理论实践等各方面进行改革与创新，突破各层级各部门之间的行政壁垒，推陈出新地构建出现代化发展需求思想政治教育治理模式和框架，不仅需要各类治理主体内部自身的创新，更亟须相互之间通过创新合作而迸发出了治理合力，从而提升现代化思想政治教育治理的能力与效力。此外，随着信息技术的飞速发展，"数字化生存"的网络空间的思想政治教育治理也呼唤着创新理念的有效嵌入。信息技术与教育需求、治理目标的深度融合，满足受教育者网络空间交往需要的同时，利用各类媒介与手段来优化育人效果，是当前高校思想政治教育治理能力创新需要思考的命题。课堂空间与日常空间，实体空间与虚拟空间，校内空间与校外空间，多维治理空间治理的协同发力势必需要创新理念来统摄和关照。

总之，高校思想政治教育治理能力研究是在当前国家治理体系与治理能力现代化时代背景下应运而生的重要课题。《中共中央关于坚持和完善中国特色社会主义制度　推进国家治理体系和治理能力现代化若干重大问题的决定》指出："坚持和完善中国特色社会主义制度，推进国家治理体系和治理能力现代化，是全党的一项重大战略任务。"[①] 位于全新的历史方位下，高校承担着立德树人的根本任务，是为国家培养合格的建设者和接班人的主要阵地，自然需要具备提升思想政治教育治理能力的现代化自觉，一方面为国家治理现代化输送合格的高素质人才，同时在现代化进程中发挥好思想引领、凝聚共识的社会作用。

---

① 《中共中央关于坚持和完善中国特色社会主义制度　推进国家治理体系和治理能力现代化若干重大问题的决定》，人民出版社2019年版，第42页。

第二章
高校思想政治教育治理能力的理论基础

高校思想政治教育治理能力的丰富理论是提升高校思想政治教育工作的重要支撑，也是开展高校思想政治教育治理能力理论研究的重要基础。其中马克思主义思想政治教育理论、马克思主义国家治理理论以及中华民族优秀传统文化中的中国古代国家治理思想是当今高校思想政治教育治理能力的重要理论来源。加强对马克思主义思想政治教育理论、习近平关于国家治理的重要论述、中国古代国家治理思想的研究阐释，是保证高校思想政治教育工作有理可循、有据可依的客观需要，也是提升高校思想政治教育治理能力，确保高校思想政治教育工作坚持正确方向、坚持正确导向的现实需要。

第一节 马克思主义思想政治教育理论

马克思恩格斯在指导无产阶级革命的实践中形成了丰富的思想政治教育理论，在他们的诸多著作中得到了呈现，马克思恩格斯思想政治教育理论在马克思主义中国化的进程中得到了继承和发展，形成了中国特色社会主义思想政治教育理论，这些理论成果成为了中国高校思想政治教育的重要理论来源。

一、马克思主义思想政治教育方法理论

1. 马克思恩格斯关于思想政治教育方法的理论

马克思恩格斯在领导工人运动的过程中非常重视思想政治教育方法的

运用,尤其注重发挥当时社会上最主要的传播媒介——报刊的宣传教育作用。年轻时马克思曾担任《莱茵报》主编,先后发表《关于林木盗窃法的辩论》《摩泽尔记者的辩护》一系列文章,坚决捍卫劳动人民的正当权益。马克思认为:"报纸最大的好处,就是它每日都能甘于运动,能够成为运动的喉舌,能够反映丰富多彩的每日事件,能够使人民和人民的日刊发生不断的、生动活泼的联系。"[①] 同时,在办报实践中,马克思还就怎样才能办好报刊提出了具体要求:"少发些不着边际的空论,少唱些高调,少作些自我欣赏,多说一些明确的意见,多探讨一些具体的现实,多提供一些实际的知识。"[②] 这里,马克思提出的办好报刊要理论联系实际、联系社会现实的具体要求,可以说,也是马克思对搞好无产阶级思想政治教育的具体要求。在对各国人民进行教育的过程中,马克思恩格斯还提出了"教育与生产劳动相结合"的论断。

2. 列宁关于思想政治教育方法的理论

列宁在革命和建设实践中,探讨总结了许多思想政治教育的具体方法,诸如榜样示范法、实践锻炼法、批评与自我批评,以及比较教育法等。当然,其中最著名的,当属他所创立的社会主义意识"灌输论"中的理论灌输法。为了使理论灌输取得很好的实效,列宁还亲自制定了向无产阶级和人民大众进行理论灌输的三大原则: 一是要贴近生活。列宁指出:"少来一些政治空谈。少发一些书生议论。多深入生活。多注意工农群众怎样在日常工作中实际地创造新事物。多检查检查,看这些新事物中有多少共产主义成分。"[③] 二是要通俗易懂。列宁曾明确提出:"我国社会主义者……应该更详细地探讨对俄国历史和现实的马克思主义观点,……进而把这个理论通俗化,把它灌输给工人。"[④] 列宁认为,要"善于用通俗易懂的语言,并且能够借助于日常生活中他们所知道的事实","即使文化水平很低的工人也能理解"[⑤]。列宁曾向全党提出了一个理论灌输的著名公式:"最高限度的马

---

① 《马克思恩格斯全集(第十卷)》,人民出版社1998年版,第115页。
② 《马克思恩格斯选集(第四卷)》,人民出版社2012年版,第403页。
③ 《列宁全集(第三十四卷)》,人民出版社1985年版,第349页。
④ 《列宁全集(第一卷)》,人民出版社1984年版,第284页。
⑤ 《列宁全集(第四卷)》,人民出版社1984年版,第277页。

克思主义=最高限度的通俗和简单明了"①。三是要有针对性。列宁举例说："对马车夫讲话应该不同于对水手讲话，对水手讲话应该不同于对排字工人讲话。"②

3. 毛泽东关于思想政治教育方法的理论

毛泽东关于思想政治教育方法的思想十分丰富，包含诸多的具体的方法和技巧，为思想政治教育提供了方法遵循，在实践中也取得了良好的效果。（1）采取说服教育的方法，反对强迫命令和压服。毛泽东在《关于正确处理人民内部矛盾的问题》一文中指出，"凡属于思想性质的问题，凡属于人民内部的争论问题，只能用民主的方法去解决，只能用讨论的方法、批评的方法、说服教育的方法去解决，而不能用强制的、压服的方法去解决。"③在1957年3月，同文艺界代表谈话时还着重强调，"对人民的教育是一个长期的过程。解决思想问题，不能用专制、武断、压制的办法，要人服，就要说服，而不能压服"④。（2）开展批评与自我批评的方法。为了加强党的作风建设，毛泽东着重使用了开展批评和自我批评这个方法。他指出"批评是批评别人，自我批评是批评自己。批评和自我批评是一个整体，缺一不可，但作为领导者，对自己的批评是主要的。"⑤ "共产党内的矛盾，用批评和自我批评的方法去解决"⑥，这有助于坚强党组织，增强党的战斗力。针对批评他认为，"该是严正的、尖锐的，但又应该是诚恳的、坦白的、与人为善的"⑦。针对自我批评他强调，共产党人的自我批评方法应当是"对于自己工作的缺点错误有完全诚意的自我批评"⑧。（3）抓好典型，表彰先进的方法。毛泽东要求"从军队中、农村中、工厂中及政府机关中，用群众民主选举的方法选出优秀分子，充当战斗英雄、劳动英雄及模范工作者，给予

---

① 《列宁全集（第三十六卷）》，人民出版社1959年版，第467页。
② 《列宁全集（第四卷）》，人民出版社1984年版，第236页。
③ 《毛泽东文集（第七卷）》，人民出版社1999年版，第209—210页。
④ 《毛泽东文集（第七卷）》，人民出版社1999年版，第252页。
⑤ 《毛泽东文集（第二卷）》，人民出版社1993年版，第418页。
⑥ 《毛泽东选集（第一卷）》，人民出版社1991年版，第311页。
⑦ 《毛泽东著作专题摘编（下）》，中央文献出版社2003年版，第921页。
⑧ 《毛泽东选集（第三卷）》，人民出版社1991年版，第874页。

奖励与教育，经过他们去鼓励与团结广大的群众"①。考虑到要充分发挥先进模范的影响力，毛泽东强调，对待已经被选出的劳动模范，"须勤加教育，力戒骄傲"②，将他们培养成为永久的模范人物，弘扬正气，对人民群众产生持久的正面影响。

4. 中国特色社会主义思想政治教育方法理论

邓小平认为，一方面，思想政治教育要建立在依靠群众和相信群众的基础之上，"要把国家的形势和困难、党的工作和政策经常真实地告诉群众"③；另一方面，也"一定要努力帮助群众解决一切能够解决的困难，暂时无法解决的问题，要耐心恳切地向群众解释清楚"④。同时，邓小平也明确指出，思想政治教育要有针对性、要分层次。针对青少年成长的不同阶段，邓小平提出：首先，对于处于中小学学习教育中的青少年，要对他们进行"勤奋学习、遵守纪律、热爱劳动、助人为乐、艰苦奋斗、英勇对敌的革命风尚"的教育。其次，对于进一步成长特别是处于大学学习的青年，要对他们进一步加强"忠于社会主义祖国、忠于无产阶级革命事业、忠于马克思列宁主义毛泽东思想"⑤的教育。另外，对于走上工作岗位的青年，要教育他们"成为有很高的政治责任性和集体主义精神，有坚定的革命思想和实事求是、群众路线的工作作风，严守纪律，专心致志地为人民积极工作的劳动者"。党的十六大以来，胡锦涛提出了"以人为本"和"三贴近"等思想政治教育工作的根本原则。在谈到有关宣传思想工作时，胡锦涛强调："要坚持贴近实际、贴近生活、贴近群众，把宣传思想工作做实做深做活，更好地宣传动员群众、引导教育群众、帮助服务群众。"⑥

5. 习近平关于思想政治教育方法的重要论述

思想政治教育方法是连接教育内容和教育对象之间的桥梁，也是确保

---

① 《毛泽东文集》（第三卷），人民出版社1996年版，第241页。
② 《毛泽东文集》（第三卷），人民出版社1996年版，第246页。
③ 《邓小平文选》（第二卷），人民出版社1993年版，第368页。
④ 《邓小平文选》（第二卷），人民出版社1993年版，第368页。
⑤ 中央文献研究室：《邓小平思想年编》，中央文献出版社2011年版，第123页。
⑥ 胡锦涛：《在全国宣传部长会议上的讲话》，《人民日报》2003年12月8日。

思想政治教育有效的关键要素。习近平总书记关于思想政治教育的重要论述中蕴含着丰富的教育方法，对开展思想政治教育工作具有重要指导意义。他认为掌握正确的工作方法，是做好思想政治教育的重要保证。习近平总书记提出"要通过教育引导、舆论宣传、文化熏陶、实践养成、制度保障等，使社会主义核心价值观内化为人们的精神追求，外化为人们的自觉行动。"①这是根据新时代思想政治教育任务、内容和发展规律，创造性地提出的促进思想政治教育有效开展和质量提升的科学方法。

二、马克思主义思想政治教育关系理论

1. 思想政治教育理论与实践的关系

马克思就思想政治教育或者说科学理论教育有一段非常精彩的阐释。他指出，"批判的武器当然不能代替武器的批判，物质力量只能用物质力量来摧毁；但是理论一经掌握群众，也会变成物质力量。理论只要说服人，就能掌握群众；而理论只要彻底，就能说服人"②。这段精彩阐释，包含了马克思关于思想政治教育两大最基本理论问题的重要观点。一方面是思想政治教育理论与实践的关系问题，必须坚持理论与实践的高度统一；另一方面是思想政治教育的理论品格问题，必须坚持思想政治教育理论的高度的科学性。

2. 关于思想政治教育的两对关系理论

列宁思想政治教育理论主要包括教育与政治的辩证关系理论、政治和经济的辩证关系理论。（1）关于教育与政治的辩证关系理论。一是政治决定教育理论。列宁始终强调无产阶级专政对社会主义教育的决定和制约作用。列宁认为，教育无论对于提高广大人民群众的思想政治觉悟水平还是科学文化水平都至关重要，特别是经济文化相对落后的俄国，一定要高度重视对全体国民进行切实有效的社会主义、共产主义的思想政治理论教育。列宁强调指出，俄共（布）之所以能够战胜强大的敌人，夺取并巩固

---

① 《习近平谈治国理政（第一卷）》，外文出版社2018年版，第164页。
② 《马克思恩格斯选集（第一卷）》，人民出版社2012年版，第9页。

新生的苏维埃政权，一个非常重要的原因是"与党认识到自己的任务是帮助无产阶级起到教育者、组织者和领导者的作用这一点分不开的"[①]。二是教育要为无产阶级政治服务。列宁认为，教育一定要通过启发和培养提高广大人民群众的思想政治觉悟，认清自身肩负的光荣历史使命，从而为最终实现无产阶级的政治任务而服务。列宁明确指出："苏维埃工农共和国的整个教育事业，无论在一般的政治教育方面或者具体的艺术方面，都必须贯彻无产阶级阶级斗争的精神，这一斗争是为了顺利实现无产阶级专政的目的，即推翻资产阶级、消灭阶级、消灭一切人剥削人的现象。"[②]（2）关于政治与经济的辩证关系理论。首先，经济是政治教育的基础。1913年，列宁在《马克思主义的三个来源和三个组成部分》一文中明确指出："经济制度是政治上层建筑借以树立起来的基础。"[③]苏维埃政权建立后，列宁曾明确指示："从事国家的经济建设，收获更多的粮食，开采更多的煤炭，解决更恰当地利用这些粮食和煤炭的问题，消除饥荒，这就是我们的政治。"[④]正是如此，列宁主张思想政治教育必须和经济建设和业务工作结合起来，反对空谈，"因为空话满足不了劳动人民的需要"[⑤]。其次，政治是经济的集中表现。列宁认为，一切政治上层建筑都是为了适应、维护和巩固其经济基础而产生，集中体现反映其经济基础的性质和根本要求。列宁强调指出："无产阶级基本经济利益只能经过用无产阶级专政代替资产阶级专政的政治革命来满足。"[⑥]列宁在《我们的纲领》《怎么办》等一系列著作中明确指出："无产阶级的基本经济利益只能通过无产阶级专政代替资产阶级专政的政治革命来满足。"[⑦]另外，坚持政治与经济的统一。列宁主张，思想政治教育要同经济工作一起做，思想政治教育要服务于经济建设中心工作。列宁在谈到新时期有关思想政治教育工作要求时曾说："整个宣传工作应该建立在经济建

---

① 《列宁专题文集》，人民出版社2009年版，第172页。
② 《列宁专题文集》，人民出版社2009年版，第166页。
③ 《列宁专题文集》，人民出版社2009年版，第69页。
④ 《列宁专题文集》，人民出版社2009年版，第177页。
⑤ 《列宁专题文集》，人民出版社2009年版，第177页。
⑥ 《列宁选集（第一卷）》，人民出版社1995年版，第333页。
⑦ 《列宁选集（第一卷）》，人民出版社1995年版，第333页。

设的政治经验之上"①

3. 解决思想问题同解决实际问题结合

要将解决思想问题同解决实际问题结合起来。毛泽东在分析农村社会主义建设问题时指出,倡导集体利益和个人利益相结合的社会主义精神,"必须根据农民的生活经验,很具体地很细致地去做,不能采用粗暴的态度和简单的方法。它是要结合着经济工作一道去做的,不能孤立地去做"②。他认为:"一切空话都是无用的,必须给人民以看得见的物质福利。"③毛泽东认识到单靠说服教育难以让人民群众真正彻底地扭转观念,帮助人民群众解决实际问题后,群众的思想问题也会随之解决。

4. 思想政治教育目标和主要任务的理论

邓小平提出了"四有新人"的理论。邓小平指出:"过去很长一段时间。我们忽视了发展生产力,所以现在我们要特别注意建设物质文明。与此同时,还要建设社会主义的精神文明,最根本的是要使广大人民有共产主义的理想,有道德,有文化,守纪律。"④他明确提出,要"教育全国人民做到有理想、有道德、有文化、有纪律"⑤的要求。江泽民则在继承前人的基础上,第一次全面、系统地对这一问题进行了阐述:"党的思想政治工作的任务是:以科学的理论武装人,以正确的舆论引导人,以高尚的精神塑造人,以优秀的作品鼓舞人,不断提高全民族的思想道德素质和科学文化素质,努力培养造就有理想、有道德、有文化、有纪律的社会主义公民;发展新型的人际关系,创造良好的社会风尚,充分发挥人民群众的积极性、主动性、创造性,保证党的路线方针政策和国家的法律法规的贯彻执行,保证改革开放和现代化建设的顺利进行。"⑥党的十六大以来,胡锦涛多次强调:"做好思想政治工作是党在宣传思想领域的一项基础性工作,是宣传思想战线的基本职责"⑦。这些论述为思想政治教育治理目标提供了理论遵循。

---

① 《列宁专题文集》,人民出版社2009年版,第177页。
② 《毛泽东文集(第六卷)》,人民出版社1999年版,第450页。
③ 《毛泽东文集(第二卷)》,人民出版社1993年版,第467-468页。
④ 《邓小平文选(第三卷)》,人民出版社1993年版,第28页。
⑤ 《邓小平文选(第三卷)》,人民出版社1993年版,第110页。
⑥ 《江泽民文选(第三卷)》,人民出版社2006年版,第85-86页。
⑦ 《十六大以来重要文献选编(上)》,中央文献出版社2005年版,第539页。

5. 思想政治教育"八个相统一"的重要论述

习近平总书记关于思想政治教育原则重要论述深刻蕴含在关于思想政治教育的重要论述中，他提出思想政治教育要遵循"坚持政治性和学理性相统一，坚持价值性和知识性相统一，坚持建设性和批判性相统一，要坚持理论性和实践性相统一，坚持统一性和多样性相统一，坚持主导性和主体性相统一，坚持灌输性和启发性相统一，坚持显性教育和隐性教育相统一"①的原则。这"八个统一"是习近平在学校思想政治理论课教师座谈会发表的重要讲话中提出的，虽然是针对思想政治理论课讲的，但其中所蕴含的深刻含义具有普遍意义，适用于整个思想政治教育，形成了新时代思想政治教育的原则体系。"八个统一"系统总结了思政课建设的成功经验，为未来深化思政课改革提供了根本遵循，也为思想政治教育工作的接续发展提供了方向指引。

三、马克思主义思想政治教育作用理论

1. 关于国家在学校教育中的重要作用

马克思恩格斯不仅创立了科学的马克思主义理论体系，奠定了现代社会主义思想政治教育的理论基础，同时，马克思恩格斯还直接参与其中，就现代社会主义思想政治教育理论中许多最基本、最重要的理论范式进行了开创性阐释，开启了无产阶级思想政治教育的新篇章。这些最基本、最重要的理论范式，广泛涉及思想政治教育理论与实践的辩证关系、理论品格、地位作用、主体对象、方法途径，以及国家在学校教育中的重要作用等问题。马克思1843年年底撰写1844年年初发表的《〈黑格尔法哲学批判〉导言》，不仅在马克思主义理论的形成过程中有着举足轻重的地位，同时，它还是一篇关于马克思主义思想政治教育的经典文献、开篇之作。②关于国家在学校教育中的重要作用，马克思指出，国家要强力参与到学校教育（当然包

---

① 《习近平主持召开学校思想政治理论课教师座谈会强调　用新时代中国特色社会主义思想铸魂育人贯彻党的教育方针落实立德树人根本任务》，《人民日报》2019年3月19日。

② 刘建军：《〈〈黑格尔法哲学批判〉导言〉一文的思想政治教育意蕴》，《中国人民大学学报》2010年第6期。

括学校思想政治教育)中去。在《1891年社会民主党纲领草案》中,马克思提出:"教会和国家完全分离。国家无例外地把一切宗教团体视为私人的团体。停止用国家资金对宗教团体提供任何资助,排除宗教团体对公立学校的一切影响。"①

2. 列宁关于思想政治教育作用理论

列宁高度重视党对思想政治教育工作的领导与管理,从中央到地方,建立了一套较为完善有效的思想政治教育管理体系,高度重视培养大批优秀的思想政治教育工作者。一是在加强和改善党对思想政治教育的领导方面。列宁认为,思想政治教育必须坚持党的领导,这是由党的性质和任务决定的,也是由思想政治教育本身的特点决定的。列宁明确要求党的思想政治教育机构——政治教育委员会"要重视承认党的领导作用问题,在讨论工作和组织建设的时候,决不能忽视这一点"②。同时,列宁也明确指出,要大力加强和改善党对思想政治教育的领导。要明确党的领导职责,要进一步改进党的领导方法和工作作风,要不断加强共产党员的学习。二是在建立和完善有关思想政治教育的组织机构方面。为了切实做好党对思想政治教育工作的领导,列宁提出了"全部政治教育工作的统一"③问题。同时,根据这一指示,教育人民委员部马上行动,迅速在社会教育司的基础上成立了政治教育总委员会,省、县国民教育局也相应成立下属机构。三是在有关思想政治教育队伍建设方面。列宁深谙思想政治教育队伍建设的重要性。列宁曾说:"给我们一个革命家组织,我们就能把俄国翻转过来。"④列宁认为,思想政治教育工作者的素质和条件,应该比普通党员更高、更严格,不仅要有广博的知识素养、过硬的政治素质,还要有高尚的人格魅力、全面的能力素质。列宁非常注重从俄国工人队伍中培养思想政治教育工作者,非常注重在具体的革命建设实践中选拔和培养一支优秀的思想政治教育队伍。

---

① 《马克思恩格斯文集(第四卷)》,人民出版社2009年版,第417页。
② 《列宁专题文集》,人民出版社2009年版,第173页。
③ 《列宁全集(第三十九卷)》,人民出版社1986年版,第397页。
④ 《列宁全集(第六卷)》,人民出版社1986年版,第121页。

3. 毛泽东关于思想政治教育地位的理论

毛泽东理论联系实际，把马克思主义的普遍原理与中国实际相结合，在充分继承马克思恩格斯和列宁的思想政治教育理论基础上，针对中国革命和社会主义建设的实际情况，形成了一系列马克思主义思想政治教育的中国化理论。毛泽东十分重视应用思想政治教育来解决中国革命和建设当中的问题，将它看作全党一切工作的生命线。毛泽东曾在1942年的《目前应以整顿内部训练干部为工作中心》一文中指出，"我们已定思想、政治、政策、军事、党务五项为政治局业务中心，而以掌握思想为第一项"[①]。毛泽东认为，"思想工作和政治工作，是完成经济工作和技术工作的保证"[②]，思想政治教育一旦松懈，经济工作和技术工作就会偏离社会主义道路。并且要求"各地党委的第一书记应该亲自出马来抓思想问题"[③]。

4. 中国特色社会主义思想政治教育地位作用理论

改革开放新时期，针对一系列新情况、新问题、新任务，邓小平、江泽民、胡锦涛坚持"老祖宗不能丢"，同时，又敢于"讲新话"，把马克思主义思想政治教育中国化理论又发展到了一个新阶段，形成了中国特色社会主义思想政治教育理论。关于思想政治教育的中心地位和关键作用，邓小平、江泽民、胡锦涛都非常强调。邓小平提出"现在我们已经看到存在不少问题。我们还会遇到许多现在预料不到的问题。为了完成这个任务，为了保证全党思想上行动上的一致。必须有效地加强和改善我们党的思想政治工作"[④]。江泽民指出："党的思想政治工作，是经济工作和其他一切工作的生命线，是团结全党和全国各族人民实现党和国家各项任务的中心环节，是我们党和社会主义国家的重要政治优势。"[⑤] 在新的形势下，"思想政治工作在党的全部工作中的地位不能变，各级党组织坚持不懈地抓思想工作中的任务不能变，不断提高思想政治工作的质量和水平的要求不能变"[⑥]。

---

① 《毛泽东文集（第二卷）》，人民出版社1993年版，第392页。
② 《毛泽东文集（第七卷）》，人民出版社1999年版，第351页。
③ 《毛泽东文集（第七卷）》，人民出版社1999年版，第282页。
④ 《邓小平文选（第二卷）》，人民出版社1993年版，第364页。
⑤ 《江泽民文选（第三卷）》，人民出版社2006年版，第74页。
⑥ 《江泽民文选（第三卷）》，人民出版社2006年版，第84页。

5. 习近平关于思想政治教育根本任务的重要论述

"培养什么人"是教育的首要问题，关系中国教育发展的方向。党的十八大以来，习近平总书记围绕新时代"培养什么人、怎样培养人、为谁培养人"这一根本性问题，提出了一系列新理念新思想新观点，深刻回答了新时代思想政治教育的根本任务。2017年，党的十九大报告中指出："要全面贯彻党的教育方针，落实立德树人根本任务，发展素质教育，推进教育公平，培养德智体美劳全面发展的社会主义建设者和接班人。"①2018年习近平总书记在全国教育大会中再次强调，要把立德树人作为根本任务。立德树人，就是要坚持中国特色社会主义教育发展道路，坚持社会主义办学方向，培养信念坚定、本领过硬、品格高尚、创新能力强、乐于奉献、有奋斗心的时代新人。坚持立德树人，首先，要明确正确育人方向，做到"六个下功夫"。即："在坚定理想信念上下功夫，在厚植爱国主义情怀上下功夫，在加强品德修养上下功夫，在增长知识见识上下功夫，在培养奋斗精神上下功夫，在增强综合素质上下功夫。"②"六个下功夫"明确了思想政治教育的基本要求，为新时代思想政治教育工作指明了正确方向。其次，要深入贯彻"九个坚持"，即"坚持党对教育事业的全面领导，坚持把立德树人作为根本任务，坚持优先发展教育事业，坚持社会主义办学方向，坚持扎根中国大地办教育，坚持以人民为中心发展教育，坚持深化教育改革创新，坚持把服务中华民族伟大复兴作为教育的重要使命，坚持把教师队伍建设作为基础工作。"③这"九个坚持"是党对于我国教育事业规律性认识的深化，对于新时代如何更好地开展思想政治教育提供根本遵循。

习近平总书记对思想政治教育的目标进行了具体论述，形成根本目标、长远目标和短期目标紧密结合的思想政治教育目标体系。第一，思想政治教育的根本目标是引导人们坚定马克思主义信仰。马克思主义是马克思恩

---

① 《决胜全面建成小康社会夺取新时代中国特色社会主义伟大胜利——在中国共产党第十九次代表大会上的报告》，《人民日报》2017年10月28日。

② 《坚持中国特色社会主义教育发展道路培养德智体美劳全面发展的社会主义建设者和接班人》，《人民日报》2018年9月11日。

③ 《坚持中国特色社会主义教育发展道路培养德智体美劳全面发展的社会主义建设者和接班人》，《人民日报》2018年9月11日。

格斯创立的关于无产阶级和人类彻底解放的理论，揭示了人类社会发展的一般规律，代表着无产阶级和广大人民群众的利益，是无产阶级认识世界和改造世界的强大思想武器。习近平总书记指出，"马克思主义基本原理是普遍真理，具有永恒的思想价值"[①]。思想政治教育作为以传导思想、价值、精神等为基础的社会实践活动，必须以马克思主义为理论基础和行动指南，"要坚持不懈传播马克思主义科学理论，抓好马克思主义理论教育"[②]，引导人们坚定马克思主义信仰，以理想信念之"钙"预防治疗"软骨病"。第二，思想政治教育的长远目标是巩固全党全国人民团结奋斗的共同思想基础。共同的思想基础是一个政党、国家和民族存续和繁荣的精神支柱和思想保证。一旦失去共同思想基础的维系，就会存在亡党亡国的风险。思想政治教育承担着"丰富人民精神世界，增强人民精神力量，满足人民精神需求"[③]的使命和职责。思想政治教育工作要时刻以高度的政治责任感和历史使命感，帮助人们补足精神上的理想信念之"钙"，引导人们解决好世界观、人生观、价值观这个"总开关"问题，不断培育和巩固共同思想基础，不断培植和建设共有的精神家园。第三，思想政治教育的短期目标是加强社会主义精神文明建设。习近平总书记强调："一个国家，一个民族，要同心同德迈向前进，必须有共同的理想信念作支撑。"[④]思想政治教育要充分重视并发挥其强化理想信念的重要作用，积极培育、弘扬和践行社会主义核心价值观，为社会主义建设补足精神之"钙"，为实现中华民族伟大复兴的中国梦注入源源不断的精神动力，筑牢全党全国人民团结奋斗的精神长城。

四、马克思主义思想政治教育内容理论

1. 马克思恩格斯关于思想政治教育的内容

在马克思恩格斯一系列论著中，马克思恩格斯虽然并没有直接提出思想政治教育的主体、对象等概念。但是，在长期的社会主义理论、实践探索

---

① 《习近平谈治国理政（第一卷）》，外文出版社2018年版，第26页。
② 《习近平谈治国理政（第二卷）》，外文出版社2017年版，第377页。
③ 《习近平谈治国理政（第一卷）》，外文出版社2018年版，第154页。
④ 《习近平谈治国理政（第二卷）》，外文出版社2017年版，第323页。

中，马克思恩格斯十分注重发挥无产阶级政党以及各种工会、协会等组织对工人阶级的教育引导作用，广泛关注工人、农民、青年、儿童等思想政治教育问题。例如，在《共产党宣言》中，马克思恩格斯阐述了政党的教育作用："共产党人并没有发明社会对教育的作用；他们仅仅是要改变这种作用的性质，要使教育摆脱统治阶级的影响。"① 又如，在谈到农民阶级时，恩格斯认为广大农民阶级是无产阶级社会主义革命的坚强的同盟军，因此，"我们党的义务是随时随地向农民解释：他们的处境在资本主义还统治着的时候是绝对没有希望的，要保全他们那样的小块土地所有制是绝对不可能的。"②

2. 列宁关于思想政治教育的内容

列宁充分继承了马克思恩格斯的思想政治教育理论，并将其与俄国革命和社会主义建设的伟大实践相结合，在关于思想政治教育是什么、为什么以及如何开展思想政治教育等一系列基本问题上进一步丰富和发展，形成了一系列理论成果。关于社会主义意识"灌输论"。列宁在《怎么办？》的第二章中，在分析工人运动中的自发性与自觉性的相互关系时，提出了"灌输"思想。他指出，自发的工人运动包含着"自觉性的萌芽"，但是"这些罢工本身是工联主义的斗争，还不是社会民主主义的斗争；这些罢工标志着工人已经感觉到他们同厂主的对抗，但是工人还没有意识到而且也不可能意识到他们的利益同整个现代的政治制度和社会制度的不可调和的对立，也就是说，他们还没有而且也不可能有社会民主主义的意识"③。工人的社会主义意识，"只能从外面灌输进去"，"即只能从经济斗争外面，从工人同厂主的关系范围外面灌输给工人"④。"社会民主党的任务就是把认清无产阶级的地位及其任务的这种意识灌输到无产阶级中去。"⑤ 列宁认为，由于社会分工的影响，工人阶级往往不可能有时间和能力去研究创造社会主义理论体系，社会主义理论体系只能由无产阶级政党"革命的先进知识分子"创造

---

① 《马克思恩格斯选集（第一卷）》，人民出版社 2012 年版，第 418 页。
② 《马克思恩格斯选集（第四卷）》，人民出版社 2012 年版，第 372 页。
③ 《列宁全集（第六卷）》，人民出版社 2013 年版，第 29 页。
④ 《列宁全集（第六卷）》，人民出版社 2013 年版，第 76 页。
⑤ 《列宁全集（第六卷）》，人民出版社 2013 年版，第 37 页。

后再向他们灌输，使他们清醒认识到自身肩负的历史使命，由"自在阶级"发展为"自为阶级"。

3. 毛泽东关于思想政治教育内容的理论

毛泽东关于思想政治教育内容的思想，从大体上可以分为以下几个方面。（1）要加强爱国主义、集体主义、社会主义和共产主义的教育。在为《大众日报》题词是，毛泽东指出，"动员报纸，刊物，学校，宣传团体，文化艺术团体，军队政治机关，民众团体及其他一切可能力量，以提高民族觉悟，发扬民族自信心与自尊心"[1]，加强爱国主义教育。毛泽东认为，"要强调个人利益服从集体利益，局部利益服从整体利益，眼前利益服从长远利益。要讲兼顾国家、集体和个人，把国家利益、集体利益放在第一位，不能把个人利益放在第一位"[2]。毛泽东还强调，"我们应当努力在工人阶级中宣传社会主义和共产主义，并适当地有步骤地用社会主义教育农民及其他群众"[3]。（2）加强唯物主义教育。毛泽东一直强调，"要用唯物论代替唯心论，用无神论代替有神论"[4]。还特别指出，"在反唯心论的斗争中间，要建立马克思主义的辩证唯物论的干部队伍，使我们广大干部同人民能够用马克思主义的基本理论武装起来"[5]。要用无产阶级的世界观教育人民，让人民崇尚科学，逐步地摆脱落后的、愚昧的状态。（3）要加强党的路线方针政策教育。毛泽东非常重视对党的政策的教育，他强调"要经常讲，反复讲。只给少数人讲不行，要使广大革命群众都知道"[6]。之所以这样做，他指出，革命政党和革命群众的实践都是与党的政策相联系的。"在每一行动之前，必须向党员和群众讲明我们按情况规定的政策。"[7] 不然，党员和群众就会因不了解党的政策的领导而盲目行动。

4. 关于思想政治教育加强领导的理论

邓小平认为："我们说改善党的领导，其中最主要的，就是加强思想政

---

[1] 《毛泽东著作专题摘编（下）》，中央文献出版社 2003 年版，第 1491 页。
[2] 《毛泽东文集（第八卷）》，人民出版社 1999 年版，第 136 页。
[3] 《毛泽东选集（第二卷）》，人民出版社 1991 年版，第 704 页。
[4] 《毛泽东文集（第七卷）》，人民出版社 1999 年版，第 331 页。
[5] 《毛泽东著作专题摘编（下）》，中央文献出版社 2003 年版，第 748 页。
[6] 《毛泽东著作专题摘编（下）》，中央文献出版社 2003 年版，第 1500 页。
[7] 《毛泽东选集（第四卷）》，人民出版社 1991 年版，第 1286 页。

治工作。"他强调,党的领导机关"要腾出主要的时间和精力来做思想政治工作,做人的工作,做群众工作。如果一时还不能完全做到这一点,至少也必须把思想政治工作放在重要地位上,否则党的领导既不可能改善,也不可能加强"。① 江泽民指出:"要建立党委统一领导,党政各部门和工会、共青团、妇联等人民团体齐抓共管、各负其责的思想政治工作体制,建立健全思想政治工作责任制。"② 江泽民强调:"必须建设一支政治强、业务精、纪律严、作风正的专兼结合的思想政治工作队伍。"③

5. 习近平关于思想政治教育内容的重要论述

习近平关于思想政治教育内容的重要论述是对"用什么内容进行思想政治教育"这一问题的科学回答,具体分为"基础性内容、主导性内容、拓展性内容"三个部分。基础性内容是思想政治教育中最本质、最稳定、最普通的要求,是所有政党、国家、民族均需完成的内容,主要包括爱国主义教育、公民道德教育、中华优秀传统文化教育、法治教育等。主导性内容是思想政治教育中最关键、最核心、起主导作用的部分,决定着思想政治教育的方向和性质,主要包括马克思主义理论教育、理想信念教育、社会主义核心价值观教育、党史国史教育等。拓展性内容是思想政治教育相关的知识教育内容。主要包括劳动教育、心理健康教育、反腐倡廉教育、抗挫能力教育和敢于担当责任教育等。其中,社会主义核心价值观教育是思想政治教育的核心内容。在北京大学师生座谈会上,习近平总书记提到:"我国是一个有着13亿多人口、56个民族的大国,确立反映全国各族人民共同认同的价值观'最大公约数',使全体人民同心同德、团结奋进,关乎国家前途命运,关乎人民幸福安康。"④ 他指出"核心价值观承载着一个民族、一个国家的精神追求,体现着一个社会评判是非曲直的价值标准。"⑤ 社会主义核心价值观作为科学社会主义理论逻辑和中国社会发展现实逻辑、中华

---

① 《邓小平文选(第二卷)》,人民出版社1993年版,第365页。
② 《江泽民文选(第三卷)》,人民出版社2006年版,第97页。
③ 《江泽民文选(第三卷)》,人民出版社2006年版,第96页。
④ 习近平:《青年要自觉践行社会主义核心价值观——在北京大学师生座谈会上的讲话》,人民出版社2014年版,第4页。
⑤ 《习近平谈治国理政(第一卷)》,外文出版社2018年版,第168页。

优秀传统文化与世界现代文明、国家意识形态与个体利益诉求的有机统一，是新时代思想政治教育的核心内容。习近平总书记围绕社会主义核心价值观的科学内涵、重要意义和实践要求提出了许多新观点、新思想，这些重要论断对新时代思想政治教育加强社会主义核心价值观教育具有深刻的指导意义。

第二节　习近平关于国家治理的重要论述

思想政治教育是国家治理的重要内容之一。有效的思想政治教育工作可以促进整个国家治理能力和治理水平的提升，同时，国家治理能力和治理水平又会影响思想政治教育工作环境。党的十八大以来，以习近平同志为核心的党和国家领导集体在推动党和国家事业发生历史性变革的过程中，结合世情和国情，围绕新时代如何坚持和发展中国特色社会主义，系统地提出了很多新的论断和观点。这一系列重大理论成果，全面展示了新时代中国国家治理的新视野，极大地丰富发展了马克思主义的国家治理理论，充分彰显了国家治理的中国方案和中国智慧，开辟了马克思主义国家治理理论中国化的新境界。习近平总书记关于国家治理的重要论述主要由国家治理的基本原则、目标导向、领导核心和战略部署等几部分构成。

一、关于国家治理的基本原则

1. 坚持和发展中国特色社会主义不动摇

习近平总书记认为，"道路问题是最根本的问题。"道路问题关乎国家的前途和命运，党的十八大以来，习近平总书记对在国家治理过程中"走什么路"这一重大问题做出明确指示。他强调："中国特色社会主义是党和人民历经千辛万苦、付出巨大代价取得的根本成就，是实现中华民族伟大复兴的正确道路。"[①] 在十八届中共中央政治局第七次集体学习中，习近平总书记谈到了"四个走出来"，回答了中国特色社会主义道路是怎么来

---

① 《在庆祝中国共产党成立100周年大会上的讲话》，人民出版社2021年版，第13页。

的，从改革开放回溯到新中国成立以来，再上溯到中国近代史乃至中华民族史，深刻揭示了中国特色社会主义的历史源流、民族基因和实践基础。习近平总书记强调，以史为鉴、开创未来，必须坚持和发展中国特色社会主义。历史和现实有力地证明，只有社会主义才能救中国，只有中国特色社会主义才能发展中国。因为中国特色社会主义是真正扎根于中国大地，真实反映中国人民意愿，适应中国发展需要，是科学社会主义理论逻辑与中国社会发展逻辑的辩证统一，是实现中华民族伟大复兴的唯一正确道路。所以，推进国家治理必须要坚持和发展中国特色社会主义这一主线不动摇。

在党的十九大报告中，习近平总书记将中国特色社会主义的科学内涵由十八大时期的道路、理论体系和制度"三位一体"上升到了道路、理论体系、制度和文化的"四位一体"。同时，习近平总书记明确指出："中国特色社会主义道路，是实现社会主义现代化、创造人民美好生活的必由之路，中国特色社会主义理论体系，是指导党和人民实现中华民族伟大复兴的正确理论，中国特色社会主义制度，是当代中国发展进步的根本制度保障，中国特色社会主义文化，是激励全党全国各族人民奋勇前进的强大精神力量。"①这就标志着我党对中国特色社会主义的科学内涵的探讨最终走向成熟，也标志着我党对中国特色社会主义国家治理体系的探讨最终走向成熟。

2. 对马克思主义国家学说的创新与发展

国家治理理论建构与发展，是以习近平同志为核心的党中央立足中国特色社会主义新时代的新特征与新要求，在深刻认识和把握共产党执政规律、社会主义建设规律、人类社会发展规律的基础上，创造性地推进马克思主义中国化的智慧结晶，是对马克思主义国家学说的创新与发展，对中国共产党探索社会主义现代化理论的赓续与升华。国家治理理论建构是在遵循辩证唯物主义与历史唯物主义基本原理基础上，对国家治理何以协同治理主体力量、优化治理制度、提高治理效能的系统性理论设计，旨在为

---

① 中共中央党史和文献研究院：《十九大以来重要文献选编（上）》，中央文献出版社2019年版，第12页。

"国家"与"治理"有效兼容的内在机理提供有说服力的理论诠释。一方面立足马克思主义国家学说之上,强调国家在社会行为规范与秩序建构中的主导性功能;另一方面,注重创新和发展人民民主专政理论,强调在处理国家与社会事务中治理主体的多元化以及治理方式的共商共治,即以坚持党的全面领导和坚持完善中国特色社会主义制度为基本前提,强调在国家主导下,通过规范、民主、科学且有效地运用系统治理工具,推进国家治理体系的变革与完善,以此不断提升国家治理效能。

3. 建构中国特色社会主义国家治理体系

习近平总书记指出,"国家治理体系和治理能力是一个国家的制度和制度执行能力的集中体现,两者相辅相成"[①]。国家治理能力则是运用国家制度管理社会各方面事务的能力。没有国家制度,就没有国家治理的基础。一个国家的有效治理不是依靠所谓总统个人的能力,在中国是依靠一大批治党治国治军等各个方面领导人才和集体,运用一整套国家制度来共同管理国家各项事务的能力集。国家治理现代化是对国家制度规范及其设计逻辑的结构性完善。这意味着对坚持党的领导与发展中国特色社会主义民主政治的全新探索,其实质是在推进中国式现代化进程中解决好权力公共性、强制性与扩张性的耦合问题,继而最大限度地追求国家的正当性、合法性与有效性。

二、关于国家治理的目标导向

不同的国家会有不同的目标,同一个国家在不同的阶段或时期也有不同的治理目标,因此国家治理能力是国家目标导向。没有清晰的国家目标,就是"乱治";没有正确的国家目标,就是"错治"。

1. 以实现伟大复兴中国梦为努力方向

党的十八大以来,习近平总书记高度重视确立什么样的奋斗目标这一基本问题,他以时间为轴,从不同层面不同角度提出包括长期目标、近期目标相结合的国家治理目标体系。实现中华民族伟大复兴的中国梦是以习

---

① 《习近平谈治国理政(第一卷)》,外文出版社2018年版,第105页。

近平同志为核心的党中央治国理政的长期目标。这一目标是极具中国特色的国家治理目标，习近平总书记明确指出，"实现中华民族伟大复兴是近代以来中华民族最伟大的梦想"[①]。他从宏观、中观、微观上深刻揭示了中国梦所包含的"国家富强、民族振兴、人民幸福"的科学内涵。中国梦回应了中国与世界的关系，统筹了国家、民族和人民的关系，将集体与个人联系起来，凝聚起中华民族的最大公约数，一经提出便成为当今时代的主旋律。习近平总书记在庆祝中华人民共和国成立70周年大会上，深刻指出"我们要坚持中国共产党领导，坚持人民的主体地位，坚持中国特色社会主义道路，全面贯彻执行党的基本理论、基本路线、基本方略，不断满足人民对美好生活的向往，不断创造新的历史伟业"[②]。明确了新时代实现中华民族伟大复兴中国梦的实践路径。中国梦不仅是历史任务，更是时代课题，是新时代国家治理的长期目标和努力方向。

全面建成社会主义现代化强国是我们党确立的第二个百年目标，也是以习近平同志为核心的党中央领导治国理政的近期目标。在庆祝中国共产党成立100周年大会上，习近平总书记指出，我们"正在意气风发向着全面建成社会主义现代化强国的第二个百年奋斗目标迈进"[③]。以习近平同志为核心的党中央站在新的历史起点上，科学研判我国所处发展阶段，深入分析制约实现社会主义现代化和民族复兴的诸多因素的基础上，对实现第二个百年奋斗目标作出分两个阶段推进的战略安排，提出到2035年全面建设社会主义现代化国家这一奋斗目标。这是我们党对我国社会主义现代化建设"三步走"总体战略的继续和深入，也是新发展阶段治国理政的战略布局。

2. 以社会主义核心价值观为核心理念

习近平总书记多次强调，推进国家治理体系和治理能力现代化要重视发挥社会主义核心价值体系和社会主义核心价值观的价值引领作用。他认为"推进国家治理体系和治理能力现代化，要大力培育和弘扬社会主义核

---

① 《决胜全面建成小康社会夺取新时代中国特色社会主义伟大胜利——在中国共产党第十九次全国代表大会上的报告》，人民出版社2017年版，第13页。
② 《在庆祝中华人民共和国成立70周年大会上的讲话》，人民出版社2019年版，第2页。
③ 《在庆祝中国共产党成立100周年大会上的讲话》，人民出版社2021年版，第2页。

心价值体系和核心价值观,加快构建充分反映中国特色、民族特性、时代特征的价值体系"①。社会主义核心价值观和社会主义核心价值体系具有统摄和引领作用,能够正确引导社会的主流意识形态,凝聚统一社会共识,帮助人们形成共同的价值取向和稳固的政治信仰,提升人们对国家的认同感和归属感。社会主义核心价值观和社会主义核心价值体系为我们党治国理政提供强有力的价值观引导,是推进国家治理体系和治理能力现代化的重要支撑,是习近平关于国家治理理论的重要论述。

3. 坚持以人民为中心的价值追求

把以人民为中心作为国家治理现代化的核心理念与价值追求。党的十九届四中全会审议通过的《中共中央关于坚持和完善中国特色社会主义制度、推进国家治理体系和治理能力现代化若干重大问题的决定》,关于中国特色社会主义制度条件下,党依靠人民推进治国理政的突出优势的概括,凸显了人民既是推进国家治理现代化的主体力量,也是推进国家治理现代化的价值目标。坚持以人民为中心的发展思想,契合了美好生活视域下人的全面发展的诉求,也是新时代践行党的初心使命的内在规定。党的十八届三中全会以来,围绕推进国家治理现代化的战略部署所形成的"新发展理念",建设法治国家、法治政府、法治社会的目标要求,以及推进党和国家机构改革等一系列重大部署,均包含着建设人人有责、人人尽责、人人享有的国家治理共同体,形成共商共建共治共享良好治理新格局,以及"实现每个人的全面而自由的发展"的价值追求。

三、关于国家治理的领导核心

中国共产党第十九届中央委员会第四次全体会议通过《中国共产党第十九届中央委员会第四次全体会议公报》系统提出了中国特色社会主义制度和国家治理体系的"十三大显著优势",其中首先就是坚持党的集中统一领导,坚持党的科学理论,保持政治稳定,确保国家始终沿着社会主义方

---

① 《省部级主要领导干部学习贯彻十八届三中全会精神全面深化改革专题研讨班17日在中央党校开班 完善和发展中国特色社会主义制度 推进国家治理体系和治理能力现代化》,《人民日报》2014年2月18日。

向前进。可以说，党的领导是中国特色社会主义制度的最大优势，推进国家治理体系和治理能力现代化关键在于坚持党对一切工作的领导。

1. 坚持党的领导，是完善国家治理体系最根本的保证

"在党的领导下"是中国国家治理体系最重要的特征。坚持党的领导，是确保国家治理体系和治理能力现代化方向正确的根本保证。推进国家治理体系和治理能力现代化，就是要更好地发挥中国特色社会主义制度优势。在党的领导下完善中国特色社会主义制度、推进国家治理体系和治理能力现代化，能够保证各项工作沿着正确的轨道前行。坚持党的领导，是确保国家治理体系和治理能力现代化指导科学的根本保证。坚持和完善中国特色社会主义制度、推进国家治理体系和治理能力现代化，是一项长期的系统性工程，更是一项重大战略任务，必须在党的坚强领导下完成。由党中央统一设计、科学谋划、集中组织、整体推进，可以最大限度地发挥全党全国智慧，及时制定调整完善各项方案。坚持党的领导，是确保国家治理体系和治理能力现代化取得实效的根本保证。在党的领导下坚持和完善中国特色社会主义制度、推进国家治理体系和治理能力现代化，有利于增强各级党委和政府以及各级领导干部的制度意识和现代化治理意识，发挥他们的带头示范作用，集中力量攻克改革进程中的各类难题，确保改革取得实效。

2. 坚持党的领导，是推动国家治理的最大优势

党政军民学，东西南北中，党是领导一切的。习近平总书记强调："中国共产党领导是中国特色社会主义最本质的特征，中国特色社会主义制度的最大优势是中国共产党领导，党是最高政治领导力量。"[①] 坚持党的领导是国家治理过程中必须遵循的根本原则，为治国理政保持正确方向提供根本保证。中国共产党的领导地位也决定了其在国家治理中具有举足轻重的作用，承担着重要的使命和任务。习近平同志围绕锻造治国理政的领导核心提出了坚持党的全面领导、加强和改善党的领导、全面加强党的建设、全面从严治党等思想，形成了国家治理的领导核心论。深刻解答了国家治理由谁来领导这一重大问题，为党治国理政提供坚强领导核心和根本政治保

---

① 习近平：《中国共产党领导是中国特色社会主义最本质的特征》，《共产党员》2020年第15期。

证。另一方面，中国共产党是具有坚强组织和严密纪律的政党。和一般政党的组织纪律较松弛涣散、党员来去自由不同，共产党以民主集中制作为自己根本的组织原则。入党需要符合党员的基本条件，具有优秀的质量和高度的思想觉悟、坚忍不拔的革命毅力和艰苦朴素的工作作风，由此全党组成了一支先进的战斗部队，使党具有强大的战斗力。中国共产党还具备了善于制定正确的路线方针政策，能够培养和造就一支优秀的干部队伍，重视和深入群众开展思想宣传、组织群众和依靠群众做好一切工作等一系列的优点、特点。正是中国共产党的这些特性，决定了中国共产党具备了成为国家治理核心的资质、资格。

3. 坚持党的领导，是提升国家治理能力的根本经验

新时代以来，我国的国家治理体系和治理能力现代化之所以能有序推进并取得重大成效，关键在于我们毫不动摇地坚持党的领导。今后在继续推进国家治理体系和治理能力现代化的过程中，也必须始终坚持党的领导，保证正确的政治方向。习近平总书记指出："我们思想上必须十分明确，推进国家治理体系和治理能力现代化，绝不是西方化、资本主义化！"[①]中国共产党的领导形成了建党近百年来尤其是改革开放以来中国顺利发展和取得重大成就的根本经验，这也是中国在当今世界舞台上的最大制度优势。办好中国的事情，关键在党。新中国成立70多年来，中国共产党带领全国人民积极开展各项事业，成功地应对了来自国内外尤其是国际社会的重大风险和挑战，中国的现代化建设创造了令人惊叹的经济快速发展奇迹。历史和实践证明，中国的建设和发展必须在党中央统一领导下进行。我们要结合国情、党情和世情，不断丰富和完善党的领导制度体系，在推进中国特色社会主义现代化建设事业的同时，积极推动构建人类命运共同体，彰显大国的责任担当。

---

① 中共中央文献研究室：《习近平关于社会主义政治建设论述摘编》，中央文献出版社2017年版，第8页。

四、关于国家治理的战略部署

党的十八大以来，以习近平同志为核心的党中央把握历史大势和时代潮流，统筹国内国外两个大局，在中国特色社会主义的整体部署上，创造性地统筹推进"五位一体"总体布局，协调推进"四个全面"战略布局，形成创新、协调、绿色、开放、共享的新发展理念。

1. 全面贯彻"新发展理念"

理念是至关重要的，是引领行动的先导。正如习近平总书记所指出的，"发展理念是战略性、纲领性、引领性的东西，是发展思路、发展方向、发展着力点的集中体现。"[①] 党的十八大以来，以习近平同志为核心的党中央站在新的历史方位，从实现伟大复兴中国梦的战略高度，在深刻洞悉新时代社会主要矛盾，科学把握发展规律的基础上，创造性地提出了创新、协调、绿色、开放、共享的新发展理念。新发展理念是一个系统的理论体系，回答了关于发展的目的、动力、方式、路径等一系列理论和实践问题，阐明了我们党关于发展的政治立场、价值导向、发展模式、发展道路等重大政治问题。它科学回答了实现什么样的发展，怎样实现发展这一重大问题，是以习近平同志为核心的党中央治国理政的重要内容。

2. 统筹推进"五位一体"总体布局

党的十八大明确了中国特色社会主义事业总体布局是经济建设、政治建设、文化建设、社会建设、生态文明建设五位一体。新时代"五位一体"总体布局是一个有机整体，经济建设是根本，政治建设是保证，文化建设是灵魂，社会建设是条件，生态文明建设是基础，共同致力于全面提升我国的物质文明、政治文明、精神文明、社会文明、生态文明。"五位一体"总体布局与我国全面建设社会主义现代化国家的目标相一致，进一步明确了中国特色社会主义的发展方向，对推进中国特色社会主义现代化建设作出战略部署，是新时代推进中国特色社会主义事业的路线图。

---

① 习近平：《在党的十八届五中全会第二次全体会议上的讲话（节选）》，《求是》2016年第1期。

第二章　高校思想政治教育治理能力的理论基础

3.协调推进"四个全面"战略布局

习近平总书记非常重视战略部署的重要作用，曾明确指出："战略问题是一个政党、一个国家的根本性问题。战略上判断得准确，战略上谋划得科学，战略上赢得主动，党和人民事业就大有希望。"①党的十八大以来，以习近平同志为核心的党中央深刻把握我国发展所处阶段，深入探索新形势下治国理政之道。经过十八届三中、四中、五中全会的步步推进、层层深化，"四个全面"成为党在新时代治国理政的新方略。脱贫攻坚战如期打赢，标志着第一个百年奋斗目标成功实现，中国特色社会主义进入新发展阶段，对"四个全面"战略布局作了最新表述，即"全面建设社会主义现代化国家、全面深化改革、全面依法治国、全面从严治党"。"四个全面"战略布局在新时代国家治理中发挥着总抓手的重要作用，牢牢抓住了党和国家事业发展中根本性、全局性、紧迫性的重大问题，构成了以习近平同志为核心的党中央治国理政的施政纲领。

4.加强和创新基层社会治理

基层治理是国家治理的基石。基层治理水平是衡量一个国家治理体系和治理能力现代化水平的重要标准。统筹推进城乡基层治理，是实现国家治理体系和治理能力现代化的基础工程。党的十九大报告指出，"推动社会治理重心向基层下移"②，提升基层社会治理能力，创新基层治理理念，完善基层社会治理体系，构建起基层社会治理的新格局。习近平在指导基层社会治理工作时也强调："要坚持系统治理、依法治理、综合治理、源头治理。"③要充分发挥党建在基层工作中的引领力，牢牢抓住基层党建这个"牛鼻子"，把党的组织链条延伸到基层治理工作的各环节和各领域。同时，也需要通过科技赋能，不断推动基层治理走向"智"理，以基层治理的现代化推动国家治理的现代化。

---

①　《习近平在省部级主要领导干部学习贯彻党的十九届六中全会精神专题研讨班开班式上发表重要讲话强调　继续把党史总结学习教育宣传引向深入　更好把握和运用党的百年奋斗历史经验》，《人民日报》2022年1月12日。

②　《决胜全面建成小康社会夺取新时代中国特色社会主义伟大胜利——在中国共产党第十九次全国代表大会上的报告》，人民出版社2017年版，第29页。

③　中共中央文献研究室：《习近平关于社会主义社会建设论述摘编》，中央文献出版社2017年版，第126页。

第三节　中国古代国家治理思想

中华民族几千年的历史中，关于国家治理一直在历代王朝探索中不断发展，形成了丰富的治理思想。从国家治理思想到国家治理制度再到国家治理方式，从礼治、仁治、德治、法治的治理尝试，到德法相兼、天人合一的治理追求，中国古代的国家治理思想源远流长、延绵不断，为今天中国的国家治理工作乃至思想政治教育工作提供了宝贵的理论基础和历史经验。

一、古代中国国家治理的思想理念

习近平总书记指出，"中华文明5000多年绵延不断、经久不衰，在长期演进过程中，形成了中国人看待世界、看待社会、看待人生的独特的价值体系、文化内涵和精神品质，这是我们区别于其他国家和民族的根本特征，也铸就了中华民族博采众长的文化自信。"[①] 中国古代国家治理思想经过历史长河的沉淀和洗礼，其中所蕴含的政治智慧和治理要义仍熠熠生辉，深入探究其思想内涵和理论实质，对于新时代推进我国国家治理体系和治理能力现代化具有重要的现实意义。

1. 儒家治国思想：仁治·德治·礼治

"仁"是儒家思想的核心。儒家推崇"仁政"，主张"仁政爱民""仁者爱人"。无论是孔子"古之为政，爱人为大"的理论观念，抑或是孟子"民贵君轻"的思想主张，都充分彰显了儒家治国重民、以民为本的治国理念。

在治国思想方面，除主张"仁政爱民"之外，儒家还强调"为政以德"，将"德政"视为治世良方。孔子说："为政以德，譬如北辰，居其所而众星共之。"（《论语·第二章》）他强调德治在政治生活中的重要性，认为统治者施行德政，臣民就会像众星拱月一样围绕在其周围。儒家主张以道德教化的方式治理国家，推崇以德服人，对为君者的德行作出较高要求。孟子曰："以德服人者，中心悦而诚服也。"孔子亦说道："政者正也，子帅以正，孰敢不正？"

[①] 习近平：《在敦煌研究院座谈时的讲话》，《求是》2020年第3期。

一代名相魏徵在千古名篇《谏太宗十思疏》中亦劝谏"知足以自戒,谦冲而自牧"。凡此种种,无不彰显着儒家以德治国的理念。

除了"仁政""德治"之外,"礼治"也是儒家治国思想中的重要内容。《论语》中记载,"齐景公问政于孔子。孔子对曰:'君君、臣臣、父父、子子'。公曰:'善哉!信如君不君、臣不臣、父不父、子不子,虽有粟,吾得而食诸?'"(《论语》第十二章)孔子的回答充分体现了"以礼治国"的思想主张,认为只有通过礼治,才能实现善治。孔子在《论语》中多次提及"礼",例如,"导之以德,齐之以礼""非礼勿视,非礼勿听,非礼勿言,非礼勿动"等,将儒家的礼治思想体现得淋漓尽致。"仁治""德治""礼治"均是儒家治国思想的重要内容,此三者相互联系,相互影响,构成了德治为先、仁内礼外的治国思想体系。

2.道家治国思想:无为而治·非战·天人合一

"无为而治"是道家治国理政的基本思想。老子讲"人法地,地法天,天法道,道法自然。"(《道德经》道经第二十五章)庄子曰,"夫帝王之德,以天地为宗,以道德为主,以无为为常。"(《庄子·外篇·天道》)老子和庄子最为推崇"无为而治"。但是,值得注意的是老庄所说的"无为"不是指不作为,而是指不妄为,强调要顺应自然之道,顺应天地之道;强调以公心理公事,以天下为公之心治理天下。"无为而治"既强调了顺应自然的客观性,同时亦带有自胜者强的意味,但是这并不是否认或贬低人的主体能动性,与之相反,其为民众以顺应天性自由发展提供了一定空间。①

在道家的治国思想体系中,"非战"同样占据着重要地位。《老子》第三十章中说道:"以道佐人主者,不以兵强天下,其事好还。师之所处,荆棘生焉。大军之后,必有凶年。善有果而已,不敢以取强。"老子主张统治者治理国家不应以武力强于天下。他认为"兵者,不祥之器,非君子之器,不得已而用之。恬淡为上,胜而不美。而美之者,是乐杀人。夫乐杀人者,则不可以得志天下矣。"(《老子·三十一章》)

庄子在继承老子治国思想的基础之上,进一步发展了道家的治国思想。

---

① 徐伟新:《论古代中国的国家治理——探寻中华文化和中国精神的历史源头》,《中共中央党校(国家行政学院)学报》2021年第6期。

他提出"天道"和"人道",认为"天道"和"人道"是相互联系,密不可分的,两者具有内在的统一性。他强调天道与人道合一,主张"顺乎道"的自然之治。

3. 法家治国思想：以法为教·富国强兵·不法古,不循今

法是法家治国思想体系的核心要素,提倡"以法为教"作为治理国家的主要治国方式。面对礼乐制度崩坏的现实状况,作为法家思想集大成者的韩非认为礼乐之治不适应当时的社会状况,主张推行法治。① 韩非在《韩非子·定法第四十三》提出"法者,宪令著于官府",明确法律的制定主体是国家。他认为"法者,编著之图籍,设之于官府,而布之于百姓者也",极力主张法的公开和推行。法家强调"不别亲疏,不殊贵贱,一断于法",认为"法者,所以兴功惧暴也；律者,所以定分止争也；令者,所以令人知事也",强调法是维持良好社会秩序的有力手段。

除了"以法治国"之外,法家还提倡"富国强兵"。韩非子认为,"法、术、势"是一个整体,"君无术则弊于上,臣无法则乱于下,此不可一无,皆帝王之具也。"(《韩非子·定法》)

"不法古、不循今"同样是法家治国理念的重点内容。法家反对保守的复古思想,主张"事异则备变"(《五蠹》)。商鞅明确地提出"不法古,不循今"的主张,认为"治世不一道,变国不必法古"。韩非进一步发展了商鞅的主张,提出"时移而治不易者乱"(《韩非子·心度》)。法家认为变革是实现富国强兵的必经之路,一国的制度应该随着政治局势的改变而产生适当的变化,坚决不能因循守旧,要善于通过改革变法来强国利民。

4. 墨家治国思想：兼爱·非攻·尚贤

墨家学派关于国家治理的思想同样非常丰富,包括兼爱、非攻、尚贤、尚同、非命、非乐、节葬、节用等,其中以"兼爱""非攻""尚贤"为核心。

"兼爱"是墨家国家治理理念的重要观念之一。墨家推崇人人平等的理念,强调人与人之间相亲相爱,待人如待己,爱人如爱己,无高低贵贱、远近亲疏之分。墨子说："天下兼相爱则治,交相恶则乱。"(《墨子·兼爱上》)他指出"父之不慈子,兄之不慈弟,君之不慈臣"是引起天下之乱的根本原因。

---

① 夏中南：《中国古代国家治理思想的现代启示》,《前线》2015 年第 4 期。

与"兼爱"一样,"非攻"同样墨家治国思想中的重点。墨子主张"非攻",是特指反对当时的"大则攻小也,强则侮弱也,众则贼寡也,诈则欺愚也,贵则傲贱也,富则骄贫也"的掠夺性战争,旗帜鲜明地表达出墨家反对一切不义之战,这一思想观念对于维护社会稳定具有重要作用。

关于用人之道,墨家主张"尚贤",即任人唯贤。"是故国有贤良之士众,则国家之治厚;贤良之士寡,则国家之治薄。"(《墨子·尚贤》)墨子认为国家的兴衰与君王是否"尚贤"密切相关。并提出了贤士的标准,认为"贤良之士厚乎德行,辩乎言谈,博乎道术"。墨子认为"官无常贵,民无终贱。有能则举之,无能则下之"。"故可使治国者使治国,可使长官者使长官,可使治邑者治邑",主张选用贤人要不拘一格,量能而用。

二、古代中国国家治理的制度设置

中国古代的国家治理制度可分为四个部分:中央集权制度、官吏铨管制度、人口土地制度和法律制度。

1. 中央集权制度

中央集权制度是相对于地方分权而言的。它的突出的特点就是皇帝掌管国家最高权力,至高无上,各个地方必须严格遵守中央的命令,一切受制于中央。古代中央官制从三公九卿制逐渐演变成三省六部制,但它维护皇权和中央的权威的根本目的没有改变。秦代以后,在中央集权制度下,中央管理地方的基本行政体制是郡县制。由中央将全国划分为若干层级不同的行政区划进行管理,如道、路、州、府、省、郡、县等,各个朝代名称不同,但郡县体制没有变化。相比分封制下,各个诸侯国的独立和分离,在郡县制下,全国各个行政区域由中央统一管辖,形成了统一体。中央集权的治理体系有明显的优势,适合幅员辽阔的多民族国家稳定与发展的基本需要,能够有效调遣和组织人力、物力、财力从事大规模生产,促进各地经济文化交流,维护国家的大一统。

2. 官吏铨管制度

古代中国在长时间的国家治理实践中,逐步形成了一系列对官员的选拔、考核、监督、奖惩等管理制度，至今还影响深远。首先是官员的选拔。西周时期实行世卿世禄制度，这种血亲贵族政治不可避免地形成社会固化和政治腐败现象。春秋列国时期，社会动荡，传统的世袭贵族统治者已经不能应对现实的政治困境，贤才政治备受推崇，涌现出一大批出身于社会各阶层的治国安邦的能臣良将。西汉时期，"任贤使能"制度化，形成察举征辟制度，中央向下征辟人才，地方向中央察举贤良。经魏晋九品中正制之后，隋朝创制了科举制，通过公开考试选拔人才。唐朝承袭隋制，进一步完善科举制，之后的历朝各代都通过科举制选拔人才。这项制度直到最后一个封建王朝走向覆灭，也随之废除，共持续了一千二百多年。科举制确立起古代中国的流官体制，保证了各个阶层文化精英源源不断地输送至官僚机构，大大增强了社会的流动性和皇权体制的坚韧性。同时，科举制的制度安排，使天下的读书人自觉地向国家的主流价值观靠拢，进而在朝廷内外、全国上下形成了统一的价值观，中国文化通过中国官僚体制以及官吏主体而代代相沿。

人才选拔进入官途，还需培养考核。秦统一六国后确立了考核的标准、程序、内容，初步形成从地方到中央的层层考核体系。汉元帝时《考课课吏法》正式颁布，标志着中国古代官吏考绩制度正式确立。隋唐以前官吏考核的对象主要是地方诸侯和郡县长官，自唐始，中央官吏也纳入考核范围，考核制度更加完备。为防止权力滥用，中国古代还设置了"台谏"制度。"台"官职责主要是纠察百官；"谏"官职责主要是劝谏天子。历代的检查制度不断完善，至明清，监察制度始终是国家治理体系的重要一环。尚德选能的任官制度与纠察考绩的监管制度，基本保障了皇族之外统治力量的清廉能干，使得中国传统政治基本实现政令畅通、稳定发展。

3. 人口土地制度

人口在古代是最重要的资源，赋税、徭役、征兵都离不开人口。周朝已有户籍登记制度的雏形。从商鞅变法确立了"五家为伍，十家为什"的户籍制度开始，到清朝覆灭，户籍登记制度虽有调整，但没有大的变化。户籍登记制度将民众与土地牢固地捆绑在一起，限制了人口的流动，方便国家管理同时也限制了社会活力。

西周的土地制度是井田制，它的本质是国有制或王有制，到了春秋战国后期，土地私有化开始逐渐发展。秦朝颁布了"令黔首自实田"的法令，至此土地私有制在全国范围内推广，土地私有制也开始受法律保护。在土地私有化的背景下，土地兼并问题严重，汉朝时期、隋唐时期，颁布了"限田令""均田令"等律令，来抑制土地兼并。而到了宋朝时期，政府不再抑制土地兼并，租佃盛行。明清两朝的土地政策没有大的变化，主要的改革是在土地税收政策上。明朝嘉靖年间，全国推行"一条鞭法"，将田赋，徭役，杂役分摊在田亩上，量地计丁，计亩征收，折银征收。清朝雍正时期，开始实行"摊丁入地"，即将历代相沿的丁银并入田赋征收。

4. 法律制度

"秦灭六国，确立了中央集权的司法制度体系，中央层面由丞相协助皇帝处理有关法务，地方郡县两级行政长官亦为司法长官，不再另设独立的司法机构。"[1] 之后的封建王朝都是在沿袭秦朝的法律制度上有所发展。隋唐时期将审判与司法刑政分属大理寺和刑部掌管，宋代则进一步分权，将审判分由不同官员执掌。通过制度设置以避免司法舞弊。明清时期，皇权加强全面加强，在法律制度上体现为皇帝的司法权和决断权的加强。

在具体的法律制定上，"中国古代采取'官法同构'的制度建构基本模式，根据国家事务管理需要，设置官制；根据官吏治理需要，建立法制，进而实现'治官'与'治民'的双重目标"[2]。国家法律将普通社会主体概括为君、官、民三大类别，并对由其产生的君官、官官、官民三大涉官关系实行重点调整。从汉唐至明清，古代官制逐渐演进到"三省六部"制，而法制至明清之时，逐步演进出与中央六部官制相对应，以吏事法、户事法、礼事法、兵事法、刑事法、工事法为主体的"六事法体系"。在"官法同构"制度体系建构模式之下，古代法律紧紧抓住国家权力结构的重点部位与权力运作的关键环节，构建与官制体系相适应的法律体系，实现对于文武百官行为举止与社会关系的全覆盖，有效促进了国家治理与社会管理的秩序与效率。

---

[1] 徐伟新：《论古代中国的国家治理——探寻中华文化和中国精神的历史源头》，《中共中央党校（国家行政学院）学报》2021年第6期。

[2] 朱勇：《论中国古代的"六事法体系"》，《中国法学》2019年第1期。

三、古代中国国家治理的方式方法

习近平总书记指出:"一个国家选择什么样的治理体系,是由这个国家的历史传承、文化传统、经济社会发展水平决定的,是由这个国家的人民决定的。"① 推进国家治理体系和治理能力现代化离不开对我国传统治理方式的重新思考和合理借鉴。中国古代治国思想中流传下来的精华,深深影响了当时以及后世的国家治国方式。

1. 儒家治国方式：以礼为治·中和之道·知行合一

儒家主张"克己复礼"的治国方式。孔子主张恢复礼乐制度,认为"君君,臣臣,父父,子子"是最基础的伦理秩序,只有做好各自的本分,按照自己的身份来做对应的事情,才能使国家治理达到理想的境界。君王在治国时坚持"礼治",看重"礼"和"乐",主张通过社会道德规范和文化教育熏陶,将外在规矩内化为人的内心自觉,从而通过强化百姓的规矩自律,实现长治久安。我国古代治国理政之精髓即儒家的中和之道,儒家经典《中庸》中有:"中者天下之大本也,和者,天下之达道也。"将中与和归为天地间的大本达道,亦即世界万事万物之根本规律。汉代董仲舒说:"《诗》云:不刚不柔,布政优优,此非中和之谓与?是故能以中和理天下者,其德大盛。"明代思想家谌若水也说:"中,帝王相传治天下之德,如是而已。"另外,董仲舒提出的"以刑辅德,德主刑辅"阐明了"法"只是"德"的辅助工具的重要理论依据。以上提到的"中、和、乐、政、刑、孝、德"等都是儒家齐家治国平天下的大智慧和无可替代的法宝。王阳明"知行合一"的思想,客观上有利于人民群众参政议政,同时也表明了人民群众作为国之根本的重要性。

2. 道家治国方式：无为而化·天人合一

老子认为"我无为,而民自化;我好静,而民自正;我无事,而民自富;我无欲,而民自朴"。(《道德经》第五十七章)如果每个人都遵循自然,遵守自然规律的原则生活、交际,那么社会也就安定平和,社会上也就不会出现不良风气。道家还提出"清静无为"和"自化自正"(《道德经》)两种

---

① 《习近平谈治国理政(第一卷)》,外文出版社 2018 年版,第 105 页。

治国手段，其中清净就是不折腾或者少折腾，无为就是不干预或者少干预。另外，老子的"无为"还有"为无为"的含义在里面，这两种治国手段合起来，就是"靠万民的自为无为无不为，靠万民的自治无治无不治"。关于"天道"与"人道"，道家认为应该是"天人合一"的状态。庄子对老子的思想理念做出解释，其认为"天道"与"人道"虽为两个个体，但又存在千丝万缕的联系，两者属于相对统一的形态。① 由此可见，道家的治国理念重在顺应自然，在不违背自然发展规律的前提下实现治国，既是顺应自然规律的一种表现，同时也是"天人合一"的一种体现。

3. 法家治国方式：以法为治·贵"势"任"术"·改革变法

"以法为教"是法家在治理国家方面所提倡的主要治国方式。认为通过法律可以"禁恶止乱""定纷止争"，在明确赏罚的同时可以维持良好的君臣关系，维护良好的政治秩序。作为法家思想集大成者的韩非提出："法者，编著之图籍，设之于官府，而布之于百姓者也。"（《韩非子·难三》）韩非子认为，"法、术、势"是一个整体。"法"是指健全的法制，"术"指驾驭群臣、掌握政权、推行法令的策略和手段，"势"指君主的权势。法家还重革新，认为国家制度应该随着政治局势的改变而产生适当的变化。如果只是一味地沿袭陈旧的治国制度，不做任何创新与改变，那么国家将得不到发展。② 法家学说的"务治"就是严刑峻法管治天下，强化君主专制的中央集权体制，这也是法家治国思想的出发点和归宿点。

4. 墨家治国方式：尚贤·俭政

关于治国之道，墨家认为最主要的莫过于用人，即"尚贤"。墨家学派在《墨子·尚贤》中详细描述了关于统治者对于选官用人方面的道理："是在王公大人为政于国家者，不能以尚贤事为政也。是故国有贤良之士众，则国家之治厚；贤良之士寡，则国家之治薄。"（《墨子·尚贤上》）墨家主张尚贤选贤，不辨远近亲疏，主张任人唯贤，反对任人唯亲。墨家认为，唯有从百姓中选出人才代表，让他们参与政治，才能真正了解民情、体现

---

① 李文静：《中国古代的国家治理经验及其现代意义》，《中国党政干部论坛》2014年第12期。
② 钱锦宇：《中国国家治理的现代性建构与法家思想的创造性转换》，《法家论坛》2015年第3期。

民意，因此尚贤是"政事之本也"。①墨家从国家层面、人民层面、政府层面三个层面总结："今用义为政于国家，人民必众，刑政必治，社稷必安。"可见，墨家以道义作为国家治理的信仰价值，确信它能够从精神信仰层面实现政府与民众价值追求的统一，并为这种追求提供内在的精神保障。针对经济管理和国家财政问题，墨子提出了"节用""俭政"的手段。墨家认为，"圣人为政一国，一国可倍也；大之为政天下，天下可倍也。其倍之非外取地也，因其国家去其无用之费，足以倍之"。(《墨子·节用》)总之，墨家主张"用人"上"尚贤"，"用财"上"节用"，以期达到"尚同"的治国目的。

---

① 孙诒让：《墨子间诂》，中华书局2001年版，第13页。

第三章
高校思想政治教育治理能力的发展历程

思想政治教育治理是指对思想政治教育活动的统筹谋划、综合推动，解决抓什么、如何抓等问题，集中体现为思想政治教育政策文件。思想政治教育治理体系也主要体现为思想政治教育政策体系。推进思想政治教育治理体系现代化的过程，也就是完善思想政治教育政策体系的过程。思想政治教育治理能力主要是指思想政治教育政策执行水平，体现为推动政策执行的能力。① 也指有效完成各项思想政治教育任务的过程中展示出的综合素质或潜能。我国高校思想政治教育治理能力的发展进程伴随着我国国家治理、高等教育治理的发展而发展。在国家治理、思想政治教育的发展和高校治理强弱的历史演进中，高校思想政治教育治理能力的发展沿循着一个"外围环境力驱动"向"校内教育力驱动"再向"校内思想政治教育独立系统驱动"轨迹。显著地呈现为"校外政治治理因素强力驱动思想政治教育弱独立弱治理能力""思想政治教育系统独立发展与治理能力内化""思想政治教育治理能力现代化发展"逐步成型和升级完善的三个过程。按照时间轴向的推进，总体大约经历三个大的发展时期，即新中国成立至改革开放前治理能力曲折探索时期、改革开放至党的十八大前恢复发展时期和党的十八大以来的不断深化和不断深化和系统构建完善升级时期。在不同的阶段中，思想政治教育所处的作用力位置不同，党和国家对思想政治教育的目的和要求不同，其治理能力所呈现的力度和显隐程度不同。对高校

---

① 徐艳国：《思想政治教育治理体系和治理能力现代化探析》，《清华大学学报（哲学社会科学版）》2014年第3期。

思想政治教育教育治理能力发展历程进行梳理，有助于我们更好的推进高校思想政治教育治理体系和治理能力的发展。

第一节　新中国成立至改革开放前
高校思想政治教育治理能力的曲折探索期

1949年新中国成立，中国高等教育除旧布新，高校思想政治教育也得到了恢复和发展。这一时期，我国的高校教育治理还处于党的建设和思想政治教育"外置"状态。高校思想政治教育依托党建进校园逐步开展，只存在一些片段式管理功能。相对集中地对制度认知要求设立政治课，总体没有形成现代化的思想政治教育治理体系和治理能力，但对高校思想政治教育治理进行了探索，中间经历了曲折停滞，因此，我们称这段时期为高校思想政治教育治理能力发展的曲折探索期。这个时期可以分为1949—1956年的探索期、1956—1966年偏航期、1966—1976年停滞期三个发展时段。

一、高校思想政治教育治理能力探索时期（1949—1956）

1949年至1956年是新中国成立和社会主义改造时期。这一时期国家面临的主要任务是实现国家统一，建立各级人民政权，恢复国民经济。国家建设全面启动，亟须大量建设人才，高校管理按照共同纲领施行，一方面学校体系强调教育为了配合国家建设培养人才，另一方面高校管理体系、治理思维还处于在旧时代向新时代"温和"的转型与探索期间。高校治理能力本身严重依托社会化的政治驱动，与高校教育内生的治理能力之间存在一定的疏离性。因而，这一时期高校思想政治教育治理能力属于"转型且弱独立"探索阶段。

从新中国成立到1956年年底基本完成社会主义改造，中国不仅完成了新民主主义革命任务，开展了大规模建设，还建立起了社会主义基本制度，为当代中国的发展进步奠定了根本政治前提和制度基础。实现了从旧社会到新社会的深刻转变。我国高等学校也相应地实现了由新民主主义教育到社会主义教育的转变。1949年9月《中国人民政治协商会议共同纲领》第四十一条规定：中华人民共和国的文化教育为新民主主义的即民族的、科学的、大众的文化教育。人民政府的文化教育工作应以提高人民文化水平、培养国家建设人才，肃清封建的、买办的、法西斯主义思想，发展为人民服务的思想为主要任务。这一规定为高等学校思想政治教育从新民主主义教育向社会主义教育转变提供了基本指导方针。[1] 根据《共同纲领》中关于文化教育政策的有关规定，中央人民政府和教育行政部门出台了一系政策、规章制和决定，改革了学制、规范了大学的领导机制，进行了课程改革，确立了教育为工农大众服务的方针，初步建立了新中国的高等教育制度，高校思想政治教育也在"破旧立新"的基础上，进行了一系列制度性的安排进行规范、调整和补充。

一是建立了高校思想政治教育工作制度。1950年，教育部颁布的《高等学校暂行规程》规定，大学及专门学院采取校（院）长负责制，在校（院）长领导下设校（院）务委员会，研究、讨论和决定学校（院）的重大问题，校长由党中央任命，负责领导和管理高校。1953年前后，全国201所高等院校中，48所没有党员校（院）长，但同时也在探索高校党的领导体制的建设，选择了部分高校试行党委制。这期间在高校建立政治辅导处，配备政治辅导员。1952年10月，教育部专门作出《在高等学校有重点地实行政治工作制度》的决定，提议在高等学校建立政治辅导处配备政治辅导员。高校的政治思想工作有了专门的组织机构，初步形成了适合高等学校实际的思想政治工作制度。这一时期，党对高校的领导较为薄弱，高校思想政治教育一方面在宏观上是服从国家建设服务工农大众的，但另一方面，对新旧社会体系还没有划断，新的思想政治教育课程、内容都还没有成系统的确立。

二是加强了政治理论课程建设。1949年10月，华北高等教育委员会对华北地区高校政治理论课设置作出安排。此后，国家教育部门对高校政

---

[1] 中共中央文献研究室、中央档案馆：《建党以来重要文献选编（1921-1949）（第二十六册）》，中央文献出版社2011版，第759页。

治理论课课程设置作出统一要求，并结合形势发展要求和教学实施情况，对教学目的、教学内容和具体学时等予以调整。①1950年6月《关于实施高等学校课程改革的决定》中明确指出：现有高等学校课程中相当大的部分还不是新民主主义的、科学的、大众的，还不能符合新中国建设的需求。要求各高校废除政治上的反动课程，开设新民主主义的革命的政治课程，借以肃清封建的、买办的、法西斯主义的思想，发展为人民服务的思想。1953年中央人民政府高等教育办公厅发布了《关于确定马列主义教育基础自一九五三年度起为各类型高等学校及专修学校（二年以上）二年级必修课程的通知》，开设马列主义基础课。这是高校思想政治教育的一个重大举措，是改造旧大学、建设新型人民大学的重要标志。这一时期高等院校对政治理论课的内容、教学原则和方法作了初步探索，产生了新中国高等学校的政治理论课教学体系的雏形。这种政治性配合式的教育思想，体现了思政政治教育的必要性，但是并没有系统地建立对应的思想政治教育体系，因而这一时期高校思想政治教育带有显著的管理型和社会政治的倾向，治理能力有而不系统、不突出。

三是对高校思想政治教育目标及时进行了规范调整。随着社会主义改造的完成，社会主义制度在我国确立，高校思想政治教育的目标任务也相应地进行调整。1953—1954年，高教部召开系列会议，对人才培养方案作出了具体规定，把树立马列主义世界观、人生观作为普遍要求。1956年5月，教育部颁布《中华人民共和国高等教育章程（草案）》规定我国学校的基本任务是：适应国家的社会主义建设的需要，培养具有一定马克思列宁主义水平、实际工作所必需的基本知识，掌握科学和技术的最新成就和理论联系实际的能力，并且身体健康，忠实祖国，忠实于社会主义事业和准备随时保卫祖国的高级人才。②这一目标任务凸显了社会主义人才培养目标，对高校思想政治教育的正确实施具有重要意义。

这些规定制度保障了高校思想政治教育工作的顺利开展，也为高校思想政治教育治理做出了有益的探索。但这一时期，高校思想政治教育治理

---

① 冯刚：《新时期高校思想政治教育学原理》，人民出版社2021年版，第74页。
② 刘光：《新中国高等教育大事记》，东北师范大学出版社1990年版，第107页。

能力有个显著的"外置"特征，即其治理能力的推进主要依托于国家行政命令和社会化力量等高校外的机制和体制，高校内部思想政治教育施行内载体缺失，治理对象链接关系弱，必须性、必要性和重视性程度不足。在统治型国家治理和松散型高校管制背景下的高校内部思想政治教育治理处于附从性存在，对思想政治教育目标的规范调整和政治理论课的建设规范以及对高校思想政治工作制度规范的独立推进和有效控制的效应较低，其对教育对象和关系方的影响力较弱且非直接性。高校内部种种推行能力的不足，使得高校内部思想政治教育治理能力严重滞后于社会发展所需和教育治理所需。概而言之，这一时期高校内部思想政治教育治理是外置性管理能力延伸的传递者，不具备独立和完整的治理地位和治理能力。

二、高校思想政治教育治理能力偏航期（1956—1966）

1956年社会主义三大改造基本完成后，以毛泽东为代表的中国共产党人在中共八大前后进行了积极的探索。在经历脱离实际的"大跃进"、国民经济和政治社会关系调整，20世纪60年代前期，战胜三年经济困难的斗争，中国社会主义建设事业的各个方面仍然取得了重要成就。由于新政权强大的民心归附惯性和军政整合能力的社会化释放，从1957年到1966年，高等院校培养了一大批热爱党、热爱社会主义祖国的各方面专业人才。1957年2月，毛泽东《关于正确处理人民内部矛盾的问题》的报告，丰富和发展了马克思主义，为社会主义新时期的思想政治教育奠定了科学的理论基础。这个报告也被视为社会主义建设时期思想政治教育的总纲领，对高校思想政治教育治理能力的发展有着重要指导意义。

这段时期明确了高校治理中学校党委是学校工作的"领导核心"，对学校工作实行"统一领导"。1958年，《中共中央、国务院关于教育工作的指示》明确提出"一切教育行政机关和一切学校，应该受党委的领导"，要求高校实行党委领导下的校务委员会负责制。校党委的职责主要是配合行政构建社会主义高等教育体系，主导高校思想政治教育体系的建设。到1961年，《教育部直属高等学校暂行工作条例（草案）》（以下简称"高教六十条"）明确

"党委领导下的以校长为首的校务委员会负责制"。这一时期，高校在党委的领导下积极推进高校党组织的自身建设，健全了政工机构，建立了大学生的思想政治教育新体系，通过实行教学、科研、生产三结合来贯彻党的教育方针，初步确立了我国社会主义高等教育体制。自此，前一阶段的具有显著自由化特征的高校管理纳入到党的领导之下，高校思想政治教育体系在高校教育系统正式确立。高校思想政治教育的治理能力进一步被重视，党和国家意识到单纯理论课的局限，要求高校思想政治教育必须加强实践与社会实际相结合，同生产实践、党团工作、班级工作结合起来。这段时期高校思想政治教育主要采取自上而下的管理方式推进，在领导体制方面从以校长负责制为主要特征到以党委主管为主要特征，重视队伍建设，为开展思想政治工作提供组织保证，初步建立党政齐抓共管，自上而下分工配合的工作体系。① 高校思想政治教育治理能力也从政策主导的"外置"发力向校内教育"自我成长"倾斜。

一是在思想政治理论课程设置上调整并凸显了中共党史、社会主义教育的地位，1957年12月全国高等学校各年级普遍开设社会主义教育课程，这一课程的主要内容是以毛泽东的《关于正确处理人民内部矛盾的问题》为中心教材，同时阅读马克思列宁主义经典著作、党的文件和其他文件。原有的政治课《马列主义基础》《中国革命史》《政治经济学》和《辩证唯物主义与历史唯物主义》一律停开一年或两年。1964年中央宣传部、高教部党组、教育部临时党组关于改进高等学校、中等学校政治理论课的意见中指出，今后高等学校公共政治理论课设置《中共党史》《哲学》《政治经济学》。

二是在思想政治教育目标上，提出"又红又专"的人才培养目标。这在思想政治教育史上具有特殊意义，体现了党对人才培养认识的战略高度。但是它忽视了学生真才实学的培养，脱离了当时社会发展和学生思想状况的实际，成了空洞的口号。大量政治运动的方式如"大跃进""反右倾"等冲击思想政治教育，使高校思想政治教育能力也不可避免地走向了曲折之路。

高校思想政治教育治理能力良好的开局很快因反右斗争而中断。1957

---

① 冯刚等：《中国共产党高校思想政治教育发展史》，人民出版社2021年版，第116页。

年4月,中央决定开展整风运动,6月又开始了大规模的反右派斗争。1958年,全国范围内逐渐掀起了"大跃进"运动,在"教育事业大跃进""教育大革命"的背景下,高校思想政治教育违背了教育发展和学生思想发展的规律。高校作为开展反右派斗争和教育大革命的重要部门和场景,思想政治教育被政治运动和批判所混淆和取代,高校思想政治教育治理能力发展逐渐偏离了正确的方向。

三、高校思想政治教育治理能力停滞期(1966—1976)

"文革"时期,我国国家治理以政治运动替代高校思想政治教育治理能力,从社会层面的混乱影响到学科治理能力层面的失陷和停滞。这一时期,在错误的思想引导下,坚持"以阶级斗争为纲""踢开党委闹革命",分解了高校党组织的同时,也使行政系统、学校的正常秩序也遭受到严重破坏,高校思想政治教育的治理能力处于停滞与崩溃状态。

"文化大革命"首先是从文化教育领域开始的,高校成为这场运动的"重灾区",对高校思想政治教育治理造成了不可弥补的损失。1968年12月,毛泽东发出"知识青年到农村去,接受贫下中农的再教育很有必要"的号召,大批知识青年上山下乡,离开了正规教育的课堂,从思想政治教育治理能力的角度,这也显示出当时领袖和党在全国人民心中崇高的威望,政治运动效能空前强大,但是思想政治教育职能"被运动绑架"处于强宣传、泛宣传与教育效能停滞的状态。1970年6月党中央决定恢复高校招生,高校思想政治教育治理能力才得以逐步回归。1975年9月26日,邓小平在听取中国科学院负责同志《关于科技工作的几个问题》(汇报提纲)汇报时指出"要解决教师地位问题,教育战线也要调动人的积极性"之后,全国各地采取了一系列有力措施进行整顿,学校思想政治教育工作在一定程度上得到恢复,学生的组织性、纪律性以及学习风气也逐渐好转。

"文革"时期思想政治教育"左"倾严重,政治运动替代了德育活动,影响了学生的全面发展。高校教育本身的断流、停滞,导致高校思想政治教育治理能力在校内失据,严重外化到社会,思想政治教育的治理职能扭曲化。1976年10月，以粉碎"四人帮"为标志结束了长达十年的"文化大革命"内乱。党和政府一方面施行"拨乱反正"和加快国民经济的发展，酝酿改革开放；另一方面受长期形成的"左"的思想束缚，国家发展在徘徊中前进。总观1966年至1976年的这一时段，由于对社会主义建设规律缺乏整体性认知，思想政治教育与马克思主义的基本原理脱节，在实践中脱离了实事求是的原则，工作中片面强调政治性，使思想政治教育在"左"的错误干扰下走到了业务、经济工作的对立面，"团结—批评—团结"的优良传统被大鸣大放、行政压制所替代，沦为了造反派和一些投机分子阶级斗争的工具，思想政治教育工作日益僵化，高校思想政治教育治理能力处于停滞和崩溃状态。

第二节　改革开放至党的十八大前高校思想政治教育治理能力恢复与常态化发展期

1976—1978年，在经过"文革"后迷茫、思考了两年后，我国启动了改革开放这一伟大的建设工程。1978—2012年，我们党以"摸着石头过河"的精神，不断地探索国家治理规律，推动国家治理能力提升。从1977年年底开始，我国正式恢复了高考招生制度。随着高考招生制度的恢复，高校思想政治教育治理能力建设也提上日程。从拨乱反正到党中央提出恢复和发展学校，高校思想政治教育治理能力的发展也走向恢复和常态化发展阶段。这一阶段，高校思想政治教育治理以管理为主，进行了管治结合发展阶段。具体又可分为1978—1992年的恢复期、1992—2002年的发展期、2002—2012年的整体建设期三个阶段。

一、高校思想政治教育治理能力的恢复期（1978—1992）

改革开放前夕，中国面临着非常复杂的环境。一方面，"文化大革命"给党和人民的社会主义事业带来严重灾难，我国政治局面混乱，经济处于崩溃边缘，社会主义事业岌岌可危。另一方面，世界范围内的新科技革命蓬勃兴起，我国与世界先进国家的经济实力科技实力拉开较大差距，如何恢复国家治理能力成为摆在党和人民面前的重大课题。对高校思想政治教育而言，十年"文革"造成的冲击恶果亟须矫正，改革开放在教育领域过度解读和相对松懈的管理导致资产阶级自由化思潮在高校泛滥，恢复和发展高校思想政治教育治理体系和治理能力迫在眉睫。在这样的时代背景下，党中央高度重视思想政治教育治理能力的重构和加强，首先从思想上拨乱反正，强调实事求是，为高校思想政治教育的恢复和发展创造了良好的政治环境。同时，针对大学生出现信念崩塌和政治迷茫等问题，党中央从高校思想政治教育的目标、地位、课程、学科、体制机制等方面进行了系统谋划和改革，促进了高校思想政治教育治理体系和治理能力的恢复和发展。

（一）重新确立和巩固高校思想政治教育的重要地位，激活高校思想政治教育活力

改革开放初期，人们因害怕再犯"左"倾错误，对政治过度敏感，出现了降低思想政治教育的地位的论调。针对这种情况，邓小平同志在改革开放初期就明确指出，"需要在人民内部广泛地加强思想政治教育"，思想政治教育只能加强，不能削弱。他指出："我们一定要把思想政治工作放在非常重要的地位，切实认真抓好，不能放松。这项工作，各级党委要做，每个党员都要做，要做得有针对性、细致深入和为群众所乐于接受。"[①]1980年12月，中共中央面对当时我国正处于新旧交替的历史转折时期，政治、经济和社会都面临着重大变革，党内外有着错综复杂的思想反映和思想矛盾的社会形势，提出加强思想政治教育是必要且紧迫的。同年，教育部发布《关于加强高等学校学生思想政治工作的意见》指出高等院校的核心工作是思想政治工作，做好思想政治工作，给予学生积极影响。

1987年，中共中央指出教育的政治方向不能有丝毫含糊。1989年3月23日邓小平会见乌干达共和国总统韦里·穆塞韦尼时谈话时指出：我们最近十年的发展是很好的。我们最大的失误是在教育方面，思想政治工作薄弱了，教育发展不够。我们经过冷静考虑，认为这方面的失误比通货膨胀

---

① 《邓小平文选（第二卷）》，人民出版社1993年版，第110页。

等问题更大。邓小平同志的系列讲话和在多个文件中充分肯定高校思想政治教育的地位,给高校思想政治教育指明了方向,对指导高校思想政治教育如何开展如何治理具有重要意义。自此,高校思想政治教育得以在遭受巨大冲击和破坏之后迅速恢复,为高校思想政治教育治理能力的发展打下了基础。

这个时期加强思想政治教育有一个鲜明的特点,就是要通过思想政治教育,保证党的工作重点切实转移到以经济建设为中心的轨道上来,保证全国人民能够一心一意地搞经济建设,并坚定不移地沿着以经济建设为中心的轨道向前走,营造全国上下同心协力建设社会主义四个现代化的政治氛围;同时培养造就热心搞四化、坚持搞四化的社会主义新人,为经济的发展和社会的繁荣提供精神动力和政治保证。邓小平提出物质文明建设和精神文明建设要"两手抓,两手都要硬"的治理思想。

(二)重新明确高校思想政治教育的目标,使思想政治教育逐渐与国民经济发展相适应

"文革"期间党的教育方针被歪曲,给高等教育事业带来了巨大损失。改革开放初期,邓小平指出,"培养人才有没有什么质量标准呢?有的。这就是毛泽东同志所说的,应该使受教育者在德育、智育、体育几方面都得到发展,成为有社会主义觉悟的有文化的劳动者"[①]。1978年,邓小平指出思想政治教育"根本是要学习马列主义、毛泽东思想""学校应该永远把坚定正确的政治方向放在第一位"[②]。1980年教育部、团中央联合印发《关于加强高等学校学生思想政治工作的意见》,明确指出"我国高等学校的培养目标必须坚持又红又专的方向,使受教育者在德智体几方面都得到发展,成为有社会主义觉悟的专门人才"。之后,邓小平同志进一步完善和丰富,在此基础上提出了"四有"目标,即坚持把有理想、有道德、有文化、有纪律作为思想政治教育的主要目标。他指出:"我们的目标是'四有'"[③],

---

① 《邓小平文选(第二卷)》,人民出版社1994年版,第91页。
② 《邓小平文选(第二卷)》,人民出版社1994年版,第104页。
③ 《邓小平文选(第三卷)》,人民出版社1993年版,第318页。

"其中我们最强调的是有理想"①。1987年5月,中共中央总结先前工作经验的基础上适时调整发布了《关于改进与加强高等学校思想政治工作的决定》,重点内容为做好高校思想政治教育工作,使学生有正确的政治观,爱党爱国,热心改革开放,既具备良好的道德品质又具备现代科学文化知识。

高校思想政治教育目标方向的重新确立不仅摆脱了以阶级斗争为纲的教育理念,还使高校思想政治教育逐渐与国民经济发展相适应,实现与国家中心工作紧密结合,高校思想政治教育逐渐走上正确发展轨道,治理能力进一步加强,改变了先前薄弱的状态。

（三）将思想政治教育列为单独的专业,推动思想政治教育迈出了科学化、专业化、学科化的重要一步。

1980—1983年,"思想政治工作科学化"的讨论在全国各界兴起,党中央明确提出,思想政治工作是一门专业、一门治党治国的科学。1984年全国掀起了"思想政治是一门科学"的大讨论。这次讨论在各行各业引起了普遍关注,著名科学家钱学森关于《早日建立马克思主义德育学》的文章发表,推进了讨论的热度,高校思想政治教育治理能力从中获得了动力、提升了信心,相关主体也积极推进治理能力的释放。1984年4月,教育部颁发《关于在十二所院校设置思想政治教育专业的意见》,思想政治教育专业正式设置,开始招收本科生,并分别于1988年、1996年开始培养硕士、博士研究生,1987年6月教委决定将思想政治教育专业设置在"马克思主义理论.思想政治教育类"门下。这一思想政治教育的正名正身举措弥补了思想政治教育从属于泛德育,与传统旧体制下的德育教育厘青了关系,也为高校思想政治教育治理能力的成型提供了上位支持。

（四）重建高校思想政治理论课程体系,促使高校思想政治教育内容更加综合化和立体化

1978年4月,教育部办公厅发布了《关于加强高等学校马列主义理论教育的意见》,为更加科学、规范地开设高校思想政治理论课作了具体安排。提出高等学校的马列主义课程一般开设《辩证唯物主义与历史唯物主义》

---

① 《邓小平文选（第三卷）》,人民出版社1993年版,第190页。

《政治经济学》《中国共产党党史》和《国际共产主义运动史》四门课程。1985年8月，改革开放后第一个全面部署学校思想品德和政治理论课程建设的文件发布，国家教育委员会发出关于在高等学校进一步贯彻《中共中央关于进一步改革学校思想品德和政治理论课教学的通知》（以下简称《通知》）（"85方案"）启动了高等学校思想政治理论教育改革的序幕，《通知》中对中小学、大学以及研究生的思想品德和政治理论课的主要内容以及要求都做出了详细的规定。这个文件发布后各地方积极响应，按要求编写教材，对高校理论工作布局具有指导意义。1986年9月国家教育委员会《关于在高等学校开设"法律基础课"的通知》按照中央和全国人大常委会在全民普及法律常识的要求在全国各大学开设法律基础课。1987年中共中央下发《中共中央关于改进和加强高等学校思想政治工作的决定》总结了新中国成立以来特别是党的十一届三中全会以来大学生思想政治工作的经验并指出："思想政治教育的内容、形式和方法已不适应新形势的要求。必须认真研究新时期的新情况和青年学生的特点，切实改进思想政治教育的内容、形式和工作方法，把思想政治工作提高到新的水平。"[①] "85方案"在对马克思主义理论课程基本构架的说明中，明确提出了对大学生"进行以中国革命史为中心的历史教育""进行马克思主义的基本理论教育""有分析有比较地介绍当代其他各种社会思潮"和"进行中国社会主义建设和改革的理论、政策和实际知识的教育"的要求，突出了对大学生进行历史、理论和现实相结合的思想政治教育的重要思路。"85方案"的实施，标志着高校思想政治教育课程初具雏形，高校思想政治教育治理的课程体系初步成型。

（五）加强高校思想政治教育队伍建设，提高高校思想政治教育主体政策执行力

针对高校思想政治教育工作队伍老化、理论水平参差不齐、知识结构不适应等情况，1984年11月，中宣部、教育部联合发布了《关于加强高等学校思想政治工作队伍建设的意见》，首次提出对思想政治工作人员进行正

---

① 中共中央文献研究室：《十二大以来重要文献选编（下）》，人民出版社1988年版，第1411页。

规划培训。明确指出高校必须建立一支精干有利的事项职业年高职工作队伍,把又红又专的优秀人才放大思想政治工作岗位上。1986年5月中共中央、国务院批转了《国家教委关于加强高等学校思想政治工作的决定》的通知,对高校思想政治工作人员的构成和建设提出了明确的要求。1987年3月《国家教育委员会关于进一步改革高等学校马克思主义理论课(公共课教学的意见)》发布,对加强理论课教师队伍建设提出了具体办法和建议。1987年5月《中共中央关于高等学校思想政治工作的决定》明确了加强教职工队伍思想建设、提倡教书育人的目标要求。要求提高高校领导班子的思想政治水平,加强对思想政治工作的领导。1987年《关于在高等学校学生思想政治工作专职人员中聘任教师职务的实施意见》首次将思想政治工作人员纳入教师编制系列,这是继1984年《意见》中执行人的因素进行进一步的确定与建设,对高校思想政治教育队伍建设具有强大的推进性。一系列文件和通知强化了高校思想政治教育队伍、领导的专业性,对教学内容逐步丰富,教学模式由"凌驾型"向"服务型"转化。自此,高校思想政治教育治理能力的人的因素被纳入建设视野,由外向内的建构高校思想政治教育治理能力,促使高校思想政治教育具备了校内主导的执行推进力的发展。

这一阶段在拨乱反正、实事求是思想路线指导下,中国进入了改革开放新时期,高校思想政治教育重新回到正确发展轨道。各种政策举措有力地推进高校思想政治教育的恢复与发展,思想政治教育重要地位的重申,目标的明确、专业单独设立、课程体系的重建,为高校思想政治教育治理能力的恢复打下了良好基础。这一阶段高校思想政治教育不再是单纯依靠大型社会化政治运动推动,而是逐渐有了目标制度和体制的支撑。高校思想政治教育建设,适应了不断变化发展的社会形势,也基本满足不同形势对人才的要求,为高校思想政治教育治理能力的提升创造了良好的高校治理环境。这一时期高校思想政治教育治理能力从辅从型和"外挂"型逐步向"高校内生型"发展。治理特色也从相对单薄的管理性和发出性向互动性和立体化发展。

但是从实际治理效果来看,因缺乏经验,认识度不够,高校对党和国家政策执行力还不够,当遇到突如其来的思想冲击时,应对能力还不强,在与学生的互动中，还处于被动地位，以至于出现高校思想政治教育失控的局面，导致 1989 年政治风波，严重影响高校思想政治教育的实际效果。在课程内容方面多为原理性内容和党的政策方针，出现了内容与现实脱节，课程内容老调重弹的问题。当学生面对社会中出现的新鲜事物时，引导缺位，未能真正发挥出高校思想政治教育应有的育人效果。这也体现出高校思想政治教育治理能力的发展是一个前进中上升的过程，并不是一蹴而就的。

二、高校思想政治教育治理能力的发展时期（1992—2002）

1992 年党的十四大召开，确立了社会主义市场经济体制。新的经济体制的确立以及改革开放的不断深入使思想政治教育面临着新的机遇与挑战。这一时期，国家建设进入深化改革和把中国特色社会主义推向 21 世纪的阶段。中共十三届四中全会后，中国特色社会主义事业的发展面临空前巨大的困难和压力。以江泽民为代表的中国共产党人坚持中国十一届三中全会以来的路线不动摇，推动中国改革开放取得丰硕成果，形成了"三个代表"重要思想。社会主义市场经济体制初步建立，社会主义民主法治建设成效显著，依法治国基本方略全面实施，人民生活总体上实现了由温饱到小康的历史性跨越。这一时期，高校思想政治教育稳步推进，治理能力得以进一步发展。

（一）整体规划高校思想政治教育工作体系，推进高校思想政治教育系统化

针对当时高校德育工作系统性不强的问题，1994 年 8 月，中共中央做出了《关于进一步加强和改进学校德育工作的若干意见》。明确了新形势下高校思想政治教育工作的总任务、根本目标和指导理念，并针对思想政治教育的内容、方法等方面提出了一系列需要改进的意见。提出整体规划学校的德育体系，根据德育工作的总体目标，科学地规划各教育阶段的具体内容、实施途径和方法；要求学校教育、家庭教育、社会教育紧密配合；建立校外教育网点，使学校德育向校处延伸；完善德育工作管理体制，各级各类学校党组织都要加强对学校思想政治教育工作的领导。要把德育

贯穿在教育的全过程，落实在教学、管理、后勤服务的各个环节上；学校德育工作要有法制保障；加强各地党委、政府对学校德育工作的领导等。1994年9月中共中央颁布了《爱国主义教育实施纲要》，这是新中国成立以来关于爱国主义教育的一个最完整的文件。这一阶段，反思、总结"文革"前的国家治理，确定了经济建设为中心，强化了思想基本原则，高校思想政治教育治理能力也在这样一个加速发展、加速开放的背景下展开。

（二）继续加强两课建设，促进思想政治理论课建设进入到系统化综合化立体化发展的新阶段

1998年6月，在贯彻党的十五大精神和进一步推进党的德育工作要求之下，中央中宣部、教育部联合印发了《〈关于普通高等学校"两课"课程设置的规定及其实施工作的意见〉的通知》（"98方案"），对本科和专科院校的思想政治理论课课程进行了专门规定。这一方案突出强调了以马克思主义基本理论为主线的主体课程设置和教学项目设计。把"85方案"中的课程进行了细分，大体分为三个层面。一是基础理论教育内容，主要学习马哲原理和政治经济学原理。二是理论发展教育内容，主要学习在我国本土发展的毛泽东思想和回应建设问题的邓小平理论。三是实践性教育内容，主要学习当代世界形势、思想道德修养和法律基础。"98方案"使高校思想政治理论课程体系得到进一步完善，标志着思想政治理论课建设进入到系统化综合化立体化发展的新阶段。这一方案使高校"两课"教学更好地在新形势下为培养德、智、体等方面全面发展的社会主义建设者和接班人发挥重要作用。体现了新时期思想政治理论课课程设置的与时俱进。

（三）以学生为中心的学生社会实践活动不断走向成熟，为高校思想政治教育治理注入新的活力

1995年团中央、中宣部、国家教委等部门联合发出通知，要求连续开展"中国大中学生志愿者扫盲与科技文化服务活动"。从1995年至2000年这五年时间里连续开展大学生志愿者扫盲与科技文化服务行动。1997年团中央、中宣部、国家教委、全国学联发出《关于开展中国大中学生志愿者暑期文化科技卫生"三下乡"活动的通知》首次提出开展文化、科技、卫

生"三下乡"活动,将大学生社会实践活动进一步拓展和深化。这一阶段社会实践的内容更加丰富,社会协同的治理模式逐渐深入人心。

(四)开创"党委领导下的校长负责制",为高校思想政治教育的治理能力开展提供了强有力的制度保障

经历1989年的政治风波之后,中共中央总结经验和教训,探索有利于实现我国高等学校培养目标的领导体制。1989年7月党中央指出,发挥党委领导下校长负责制的制度优势。党的十三届三中全会之后,中央进一步明确了实行党委领导下校长负责制的意义和要求。1996年,中共中央在《中国共产党普通高等学校基层组织工作条例》中进一步明晰如何实行该领导体制,强调党对高校的领导,特别是对高校思想政治教育的领导。1998年颁布《中华人民共和国高等教育法》,涉及高校领导体制问题。这也使高校思想政治教育有了法律的保障,高校思想政治教育治理能力建设更加有底气。2000年,江泽民指出"党的思想政治工作是经济工作和其他一切工作的生命线"。"党委领导下的校长负责制"有利于思想政治教育系统有序运行和高校思想政治教育预期目标的实现。此后,这一领导体制在实践过程中不断积累经验不断完善自身来适应新要求。高校思想政治教育治理能力也由此走上了稳步发展建设阶段,取得了许多的可喜成果。

这一时期,高校思想政治教育治理能力得到健康发展,顺应时代的要求,满足了高校思想政治教育紧跟党中央的步伐和党的创新理论的要求,建立了完备的思想政治工作体系、思政课教学体系、系统的教材体系,相对完备的社会实践体系和领导体制,极大地促进了高校思想政治教育治理能力的发展。

三、高校思想政治教育治理能力整体建设时期(2002—2012)

进入21世纪以来,世界政治格局呈现多极化状态,经济全球化已是大势所趋。经济全球化对我国来说是一把双刃剑,经济的变化同样影响到高校思想政治教育的开展。高校思想政治教育需要面对新的变化和新的情况，还存在着与新变化新情况不相适应的问题。如学科建设基础比较薄弱，思想政治教育虽然实现了从专业建设向学科建设的飞跃，但思想政治教育学科体系仍不完善，研究对象还需更加明确，功能定位还需更加明晰科学，课程体系有待进一步科学化和合理化，课程教学质量还需提高。随着网络的普及和使用，高校思想政治教育工作者逐渐意识到网络平台的重要性等。在这样的时代背景下，党中央全面加强和改进高校思想政治教育，在高校思想政治教育的载体、课程、学科、队伍等方面进行系统谋划，进一步推动高校思想政治教育治理能力走向强化和改进，不断有新的变化和发展。

（一）实施"05方案"，推动课程体系更加合理化、科学化

高校思想政治教育在实施"85方案"和"98方案"后积累了一定的经验，取得了一定的成就，高校思想政治教育的治理能力发展也有了一定的基础。但在实施过程中，也出现了一些问题。如课程体系还需更加科学合理化、课程内容有重复以及占用过多课时等。2005年3月，中共中央宣传部教育部印发《关于进一步加强和改进高等学校思想政治理论课意见》（"05方案"）。方案对高等学校思想政治理论课（简称"思政课"）的课程设置、本科、专科必修课程的基本内容、课程设置实施工作的基本要求和时间安排、实施工作的领导等各方面作了系统的安排。"05方案"将"7+1"课程改为了"4+1+1"课程，把马哲原理和政治经济学原理合并为基本原理课程，思想道德修养课程和法律基础课程合并为一门课程，把党的最新理论成果及时添加到理论发展教育课程，注重历史的学习和国情的学习。另外，开设选修课。该方案还对课程设置、教材编写、学科建设、队伍培养、党的领导等多方面作出了明确要求。"05方案"构建了一个崭新的思政课课程体系，更加突出在本土发展的中国特色社会主义理论体系，及时添加马克思主义理论的最新成果，增加了史实类课程，把思想道德内容和法律内容合并为一门课，实现了教学内容的彻底整合，在一定程度上解决了课程内容重复冗长占用学生过多时间的问题，实现了德治和法治的统一。"05方案"的出台和实施，标志着一个紧跟时代脉搏、重点突出、详略得当、目标明确的思想政治教育内容体系得以构建。

（二）组织开展"三进"工作，注重以人为本，更加关注学生实际

在"05方案"实施期间，党的理论创新成果"三进"工作也如火如荼开展。为保证"三个代表"重要思想和科学发展观实现"三进"，党和国家采取了一列推动落实工作。教育部办公厅就教材的编写和使用下发通知，要高校思想政治理论课教材采取统一编写，统一使用。确保各高校高度重视，统一认识。党的十六大以来，党中央开展以"三个代表"为主题的思想政治教育活动。2006年发布关于学习《江泽民文选》决定，推进"三个代表"思想的学习更加深入。同年，教育部还发布重要指导性文件，明确从2007年开始，全国普通高校的学生必须在课堂上学习"三个代表"重要思想，确保按时保质开课。2006年6月，印发《科学发展观学习读本》并将其作为理论学习资料规定高校师生都需认真学习。在推进科学发展观进教材方面，党中央做出多方面努力。2008年，教育部规定全国高等学校统一使用指定的教材，不得自行组织编写和使用其他版本教材，规定科学发展观要在大学课堂上得到系统讲授，增强"三进"工作效果。文件下发后，各高校严格落实推进教学改革，有的将科学发展观的内容、基本特征、根本要求、现实意义等分专题讲授；有的建设主题特色教育网站，利用网络技术进行学习活动。在此过程中既强调教师的引导与解惑，也注重使学生真正接受科学发展观，实现内化于心，让学生的德智体美都得到全面协调可持续的发展。科学发展观的理念推动了高校思想政治教育在理念上更加注重以人为本，在实践上更加深入实际、贴近生活和学生视角。高校思想政治教育治理能力有了显著的提升和发展。

（三）设立马克思主义理论一级学科，设立马克思主义学院，思想政治教育学科体系和主体建设格局渐趋全面，治理能力得到全面提升

学科体系的发展是高校思想政治教育治理能力发展的一个重要标志。这一阶段，马克思主义理论学科体系经过多年发展，渐成规模，拥有了相对成熟的体系。2005年，思想政治教育学科地位又被提高到一个新高度。中宣部、教育部第一次在文件中明文规定将思想政治教育归属到马克思主义一级学科。同年12月23日，迅速将此文件决策付诸行动，把马克思主

义理论和思想政治教育科学划分其归属，正式确定为一二级学科。自此，马克思主义理论学科数量增长迅速。2006年1月，全国范围内一级学科博士点21个，二级学科中的思想政治教育博士点66个；一级学科硕士点94个，二级学科中的思想政治教育硕士点253个。此后，一级学科博硕点如雨后春笋，到2010年年底，博士点增加到37个，硕士点133个。[①] 马克思主义理论学科领域不断拓展。2008年，再一次对马克思主义理论学科下的二级学科进行增设，由原先的五个增加到六个，即增设"中国近现代史基本问题研究"学科。马克思主义理论学科质量不断提升。2012年6月6日，国务院学位委员会在相关文件中详细阐述一级学科如何实现高质量的建设，明确了需要达到的新要求。强调提升学科质量的前提是与思想政治理论课保持高度一致，在建设过程中需要严谨规范，整体推进。

与此同时，马克思主义学院也开始设立，表明党中央对高校思想政治教育工作持续建进入整体推进阶段，一定程度上也为高校思想政治教育治理能力取得飞越创造了条件。马克思主义学院设立最早是1992年成立的北京大学马克思主义学院，到2007年4月，全国陆续有25家高校设立了马克思主义学院。2008年9月中宣部、教育部《关于进一步加强高校思想政治理论课教师队伍建设的意见》中，强调高校应当建立独立的、直属学校领导的思政课教学科研二级机构。2010年《关于进一步加强和改进研究生思想政治教育的若干意见》中明确指出要成立马克思主义学院，设置规模不同的党委研究生工作部或者研究生培养部门以及马克思理论学科直属于校领导的思想政治理论课教研机构。到2010年和2011年，期间有一大批学校成立马克思主义学院，2011年5月武汉大学成立马克思主义学院，起到了新一轮的示范作用，带动了众多高校设立马克思主义学院。

（四）整体建设高校思想政治教育工作体系，加强队伍建设，提升思想政治教育队伍素质

2004年8月《关于进一步加强和改进大学生思想政治教育的意见》从

[①] 佘双好、董梅昊：《马克思主义理论学科的发展历程及趋势》，《马克思主义理论学科研究》2020年第1期。

"加强和改进大学生思想政治教育是一项重大而紧迫的战略任务、加强和改进大学生思想政治教育的指导思想和基本原则、加强和改进大学生思想政治教育的主要任务、充分发挥课堂教学在大学生思想政治教育中的主导作用、努力拓展新形势下大学生思想政治教育的有效途径、充分发挥党团组织在大学生思想政治教育中的重要作用、大力加强大学生思想政治教育工作队伍建设、努力营造大学生思想政治教育工作的良好社会环境、切实加强对大学生思想政治教育工作的领导"等九个部分对思想政治工作做了全面部署,指出"要按照充分体现当代马克思主义最新成果的要求,全面加强思想政治理论课的学科建设、课程建设、教材建设和教师队伍建设"。至此,我们党对高校理论武装的布局已经十分清晰,对于指导高校思想政治教育的改革发展具有十分重要的意义。

从 2005 年开始,为进一步加强思想政治教育队伍建设,确保思想政治教育实施的质量。党中央决定采取研修班的方式对思想政治理论课骨干教师进行培训,提高其思想政治素质和业务水平。从 2006 年开始,中宣部、教育部开始实施培训计划,让骨干教师在研修班中不断丰富自身的理论知识,提升教学水平和科研能力,该项举措的实施在思政课教师队伍中培养了一大批青年教学带头人和学术带头人。围绕如何加强高校思想政治教育教师队伍建设,2008 年 9 月 23 日教育部首次颁布文件对关于教师队伍如何选聘及培养培训进行了深刻阐述和全面指导。2012 年 9 月 7 日颁布的《关于加强教师队伍建设的意见》从教师与教育两者关系的角度强调教师队伍建设的重要性。这些文件及措施使高校思想教育理论课教师队伍建设逐步专业化、职业化、制度化和体系化。自此,思想政治教育师资队伍迈上更高台阶,使得高校思想政治教育拥有强大执行力量。

(五)顺应网络时代发展,全面发展高校网络思想政治教育

21 世纪,随着网络的普及化,中国进入"数字化"时代。网络的普及既为人们提供了交流的便利,也为西方资本主义国家的意识形态提供了传播渗透平台。网络时代,大学生对社会制度认同感和价值判断很大程度上受网络渠道所传播的舆论、价值导向所影响。这一时期,党中央积极应对,

提出充分利用网络新兴载体，全面发展高校网络思想政治教育。2006 年，教育部办公厅印发《关于进一步加强高校网络教育规范管理的通知》，要求网络思想政治教育关注学生的思想观念和价值取向，并采取行之有效的措施，做好学生思想政治工作。2007 年，教育部在会议上指出将校园文化建设拓展到网络平台，发挥校园网络文化的育人功能。同年，全国高校网络思想政治工作研讨会对网络思想政治教育的校园文化、人才队伍建设、制度构建等方面进行具体而详细的指导。2012 年教育部强调高校校园网站的重要性。同年 10 月 10 日召开专题会议总结经验，强调网络文化阵地、内容和队伍的建设的重要性，做出掌握育人主导权、紧跟互联网技术发展，增强网络思想政治教育的时代性和影响力、关注学生在社交网络上的言论及行为，捕捉学生的是非判断从而分析学生的价值取向、做好工作研究，将理论成果转化为工作实效等具体安排和部署。

　　总体来看，从党的十六大到十八大，高校思想政治教育政策持续而有序改进，趋于规范化和科学化。高校思想政治教育治理能力不断完善，在大学生成长成才方面发挥了独特的优势。思想政治教育治理能力呈现出社会、群体与个体相互结合的良好局面。这段时期，高校思想政治教育治理顺应了网络化、信息化发展的时代特征和对象特征，高校思想政治理论课的课程内容越来越注重内容的科学性、系统性和整体性，课程体系将原理教育、历史学习与现实分析这三方面内容融为一个整体，更加完备、充实、科学合理，更加有利于培养和提高大学生思想政治素质，更加适应当前经济发展、社会变革的新需要，意味着高校思想政治教育治理能力走向独立纵深发展的新阶段。一个基于多主体的、互动式的敏捷性特色的高校思想政治教育治理体系开始出现，反映了高校思想政治教育治理能力整体性的提高。但思想政治教育方式仍然以传统灌输为主，思想政治理论课教师素质略显薄弱，还存在思政课教师非专科出身，自身都不是思想政治教育专业的学生，以至于思想立场不坚定，学科知识不熟悉，无法成为思想政治教育的引导人。全方位全社会协同育人治理能力仍还有待完善。

第三节　党的十八大以来高校思想政治教育治理能力的不断深化与完善时期

党的十八大以来，以习近平同志为核心的党中央站在新的历史起点上，开始了新一轮的治国理政理论和实践的创新，特别是党的十八届三中全会上党中央作出了推进国家治理体系和治理能力现代化的重大决定。由此开启了国家治理能力现代化的新历程。伴随着国家治理和教育现代化的进程，高校思想政治教育的治理能力也从单一管理模式转向多元治理模式，党中央根据中国特色社会主义实践中出现的新情况，坚持立德树人原则，采取了一系列重大举措来推进和完善高校思想政治教育，促使高校思想政治教育治理能力紧跟国家治理步伐，展现出空前的整合、互动、开放、协商能力，高校思想政治教育治理能力的发展进入到不断升级的高质量发展时期。

（一）党中央更加重视思想政治教育顶层设计，激发全社会对高校思想政治教育的认识不断深化，思想政治教育深入人心

党的十八大以来国际形势复杂多变，国内改革进入攻坚期和深水区，各种社会问题层出不穷；同时由信息化的普及以及人们自我主体意识的加强带来的社会参与欲望的提升，对高校思想政治教育治理能力提出了新要求。党的十八大以来，以习近平同志为核心的党中央更加重视思想政治教育顶层设计，多次就如何开展高校思想政治教育发表重要讲话，作出了重要指示，激发了全社会对高校思想政治教育的重视，激发了高校思想政治教育工作者的热情，坚定了高校思想政治教育治理主体的信心，高校思想政治教育迎来了前所未有的良好环境。

2016 年 5 月，习近平总书记在哲学社会科学工作座谈会强调哲学社会科学的重要性，指出哲学社会科学的目标。2016 年习近平总书记出席全国高校思想政治工作会议并发表重要讲话，首先，明确指出高校思想政治教育的战略地位是确保中国特色社会主义事业后继有人，指出高校思想政治教育的重要性和根本任务。并进一步指出完成这一根本任务的关键在于以学生为中心，使学生得到全方位提升，从而使学生成为德才兼备的人才。

强调思想政治教育工作的方式,即"做好高校思想政治工作,要因事而化、因时而进、因势而新。要遵循思想政治工作规律,遵循教书育人规律,遵循学生成长规律,不断提高工作能力和水平"。无论是"因事而化、因时而进、因势而新"的工作要求,还是对规律性认识的重视,都对新时代高校思想政治教育落实立德树人根本任务,培养担当民族复兴大任的时代新人,提升治理能力提出了新要求。其次,指出高校思想政治教育应奠定学生成长的科学思想基础。提出学生应立足中国,放眼世界,既关注中国的发展,也关注世界的动态;认识到中国特色社会主义是我国所特有的,与其他国家不同,不能盲目趋同。作为新时代的学生应有强烈的责任感;再次强调要利用好课堂这个主渠道,各门课程要与思政课程同向同行,形成协同效应。最后,习近平总书记还强调各级党委需重视高校思想政治教育,发挥党委领导作用,带动其他部门齐抓共管。① 这些论述体现了党中央注重形成思想政治教育整体合力的治理思维。习近平总书记重要讲话从全局和战略高度,深刻回答了事关高等教育事业发展和高校思想政治工作的一系列重大问题,深刻阐明了加强和改进高校思想政治工作的重大意义、目标定位、主要任务和基本要求,具有很强的政治性、思想性和针对性,是指导做好新形势下高校思想政治工作的纲领性文献,同时也反映了高校思想政治教育治理能力从管理服务的单维模式向多元、互动协商、共享共建的维度转变。

2019年3月18日,习近平总书记亲自主持召开学校思想政治理论课教师座谈会并发表重要讲话,强调思想政治理论课是落实立德树人根本任务的关键课程,高校因此不断努力推进思想小课堂与社会大课堂的融合。思政小课堂与社会大课堂的深度融合互动,强调,推动思想政治理论课改革创新,要不断增强思政课的思想性、理论性和亲和力、针对性。习近平总书记对高校思想政治教育的主体教师提出了"六个要"要求,对思政课改革创新提出了"八个相统一"方法,挖掘其他课程和教学方式中蕴含的思想政治教育资源,实现全员全程全方位育人等,成为新时期高校思想政治

---

① 《习近平在全国高校思想政治工作会议上强调 把思想政治工作贯穿教育教学全过程 开创我国高等教育事业发展新局面》,《人民日报》2016年12月9日。

理论课教学改革的又一纲领性文件。①

  2022年4月，习近平总书记在中国人民大学考察时指出："思政课的本质是讲道理，要注重方式方法，把道理讲深、讲透、讲活。"② 这一重要论述，深刻揭示了思政课的本质属性，为新时代高校思想政治教育创新发展、发挥思政课立德树人的关键作用，提供了行动指南和根本遵循。

（二）制定可操作可考核的马克思主义学院建设标准和思想政治理论课建设标准，马克思主义学院和思政课走向规范化科学化建设道路

  马克思主义学院是高校思想政治教育的主要承载主体，思想政治理论课是大学生思想政治教育的主渠道，是落实立德树人根本任务的关键课程。为了提升高校思想政治教育治理能力，党中央采取一系列政策举措来全面加强马克思主义学院和思政课的建设，促进高校思想政治教育治理能力向纵深推进。

  2015年7月27日，中央宣传部、教育部关于印发《普通高校思想政治理论课建设体系创新计划》的通知，提出要"重点建设一批有示范影响的马克思主义学院""建设一批集马克思主义理论教育、研究宣传、人才培养为一体的高水平马克思主义学院，使之成为办好高校思想政治理论课的坚强战斗堡垒。各地宣传、教育部门要整合资源，推动社会力量共建高校马克思主义学院"。

  2015年，中办和国办印发《关于进一步加强和改进新形势下高校宣传思想工作的意见》，提出要通过建设一批能作为优秀典型的马克思主义学院来加强新形势下的高校宣传思想工作。③ 同年7月，中宣部、教育部强调"马克思主义学院作为独立二级机构需要重点建强"④。中宣部提出马克思主义学院需要承担做好理论宣传研究创新工作的职责。2015年9月中宣部印发

---

① 习近平：《思政课是落实立德树人根本任务的关键课程》，《求是》2020年第17期。
② 《习近平在中国人民大学考察时强调　坚持党的领导传承红色基因扎根中国大地走出一条建设中国特色世界一流大学新路》，《人民日报》2022年4月26日。
③ 《中办国办印发〈关于进一步加强和改进新形势下高校宣传思想工作的意见〉》，《中国高等教育》2015年第1期。
④ 《中央宣传部教育部关于印发〈普通高校思想政治理论课建设体系创新计划〉的通知》，中华人民共和国教育部：www.moe.gov.cn/srcsite/A13/moe_772/201508/t20150811_199379.html。

《关于加强马克思主义学院建设的意见》,进一步明确马克思主义学院的根本任务、目标定位和建设重点。2017年2月,中共中央、国务院强调:"要将高校马克思主义学院建设成为集教学、研究、宣传和人才培养于一体的平台。"2017年9月,教育部为了严格验收学院建设成果,规范院建设,提出了量化标准。《高等学校马克思主义学院建设标准(2017年本)》之后又升级到《高等学校马克思主义学院建设标准(2019年本)》,标准包括五个一级指标、十七个二级指标。自此,马克思主义学院建设有了系统科学量化、可操作执行的具体建设标准和考核标准。

2021年9月21日,中共中央办公厅印发了《关于加强新时代马克思主义学院建设的意见》,指出要扎实推动马克思主义学院内涵式发展。大力推进思想政治理论课改革创新,强化课程体系和教材体系建设,将党的理论创新成果全面贯穿、有机融入各门课程,切实增强使命感、认同感、获得感。提高专业人才培养质量,源源不断培养马克思主义理论后备人才。要强化马克思主义学院建设政策支撑机制。以育人成效为标准,完善体现马克思主义理论学科特点、符合思想政治理论课教学内在要求、有利于教师职业发展的考核评价体系,健全教师成长激励机制。牢固树立全员、全程、全方位育人理念,建立协同育人机制,实现课程思政与思政课程同向同行、日常思政工作与思政课程同频共振。加强马克思主义理论学术阵地建设,培育和夯实发展平台,构建平台支持体系。建强建优全国重点马克思主义学院,提升发展质量,强化示范辐射,加强建设管理,以全国重点马克思主义学院为牵引,推动形成各类马克思主义学院相互促进、共同发展、一体推进的局面。强调要切实加强党对马克思主义学院建设的领导,推动建好建强马克思主义学院。①

与此同时,为进一步加强高校思想政治理论课的宏观指导,规范组织管理、教学管理、队伍管理和学科建设,教育部还制定了高校思想政治理论课建设标准。2015年,教育部印发《高等学校思想政治理论课建设标准》;2019年8月中共中央、国务院印发《关于深化新时代学校思想政治理论课

---

① 《中共中央办公厅印发〈关于加强新时代马克思主义学院建设的意见〉》,中华人民共和国教育部:www.moe.gov.cn/jyb_xwfb/s6052/moe_838/202109/t20210922_565443.html。

改革创新的若干意见》，对新时代如何增强思想政治理论课的实效性，如何将立德树人根本任务以及习近平总书记关于教育的重要论述融入思想政治理论课等做出了专门部署。指出全国重点马克思主义学院要率先全面开设"习近平新时代中国特色社会主义思想概论"课，构建思政课"必修课+选修课"的课程体系。①2021年11月，根据时代发展，教育部对2015年颁布的《高等学校思想政治理论课建设标准（暂行）》进行了修订。重新制定下发了《高等学校思想政治理论课建设标准（2021年本）》，进一步规范了思政课建设标准。

（三）统筹推进大中小思政课一体化建设，全面推进高校思想政治教育课综合改革创新

党的十八大以来，关于如何创新思政课党中央做了很多努力，制定了一系列思政课创新计划,统筹实施大中小学一体化思政课,实现"三全"育人。思政课教学效果得到了前所未有的提升。2015年7月，中宣部、教育部联合印发了《普通高校思想政治理论课建设体系创新计划》，全面推进高校思想政治理论课综合改革创新。2016年12月，习近平总书记在全国高校思想政治工作会议上明确提出，思想政治理论课要坚持在改进中加强，提升思想政治教育亲和力和针对性，满足学生成长发展需求和期待，2017年2月27日，中共中央、国务院印发了《关于加强和改进新形势下高校思想政治工作的意见》，《意见》中指出坚持"三全"育人。2019年8月，中办和国办印发了《关于深化新时代学校思想政治理论课改革创新的若干意见》，强调小学、中学、大学的思政课实现一体化并对如何实现一体化给予详细具体的指导。2020年12月18日，中共中央宣传部和教育部印发《新时代学校思想政治理论课改革创新实施方案》，指出为满足一体化要求，课程教材体系应是各学段层层递进。严格编审大中小学思政课教材配套用书，大中小学思政课教材主编和主要编写人员可以沟通联系,共同商讨。将优秀教案、课件和案例公开共享，构建大中小学思政课教材资源库。关于课程内容方

---

① 《中共中央办公厅国务院办公厅印发〈关于加强新时代马克思主义学院建设的意见〉》，中华人民共和国中央人民政府：http://www.gov.cn/zhengce/2019-08/14/content_5421252.html。

面，进一步细化大中小学思政课课程目标，规定课程教学内容与课时学分，设置可量化标准。关于组织领导方面，省级教育部门需要保证大中小学思政课建设有足够的专项经费，保证大中小学教师比例、课程学分和教学质量都达到要求。关于思政课教师建设方面，大中小学思政课教师都有学习培训的机会，确保实现全覆盖，提高教师素质。大中小学思政课教师通过集体备课来提高自身备课能力，结合教学实际情况进行探讨，积累思政课一体化教学经验，在研讨中互相学习，共同进步。

（四）推进课程思政建设，形成全方位协同育人共建共治体系，青年学生素质显著提高

2016年，在全国思想政治工作会议上，习近平总书记指出思政课是落实立德树人根本任务的关键课程，其他各门课都要守好一段渠、种好责任田，使各类课程与思想政治理论课同向同行，形成协同效应。自此，全国高校开始推行课程思政建设，各门课程都融入思政育人元素，形成协同效应。2020年教育部印发课程思政建设标准，在全课程、全方位、全领域育人模式下，学生思想政治素质显著提升。在2020年新冠肺炎疫情中，青年大学生发挥了积极作用。2021年《新时代的中国青年》白皮书中指出："新时代中国青年以更加自信的态度、更加主动的精神，适应社会、融入社会，参与社会发展进程，展现出积极的社会参与意识和能力，成为正能量的倡导者和践行者""在依法承接政府职能转移、开展行业自律、满足社会公众多样化服务需求、倡导文明健康生活方式、促进政府与社会沟通等方面发挥建设性作用，展现了强烈的参与意识和社会责任感"。

（五）全面加强高校思想政治教育队伍建设，建设一支专兼结合、优良素质、结构合理的专职教师队伍

党中央充分吸收党的十八大以来高校思想政治教育课教师队伍建设的理论研究和实践探索成果，认真总结队伍建设的规律，凝练上升为制度举措。2015年7月发布的《普通高校思想政治理论课建设体系创新计划》提到建设一支专兼结合、优良素质、结构合理的专职教师队伍。注重加入专家学者、党政领导干部、辅导员、特聘教授的力量，无论是选聘配备还是培养培训都严格把关。在选聘配备上，严格规定选聘要求，政治立场作为首要标准。设置配备比例，配齐教学人员和科研人员。在培养培训上，增加教师培训机会，强化教学科研骨干培养。此外，设置特聘教授资源库，选聘符合条件的社会人员兼任思想政治理论课教师。为了规范思政课教师队伍建设，同年9月10日教育部在《高等学校思想政治理论课建设标准》对教师队伍管理进行了量化考核评定。2017年2月，中共中央围绕加强队伍建设和提升教师素质提出具体措施。这些政策文件为高校教师队伍建设提供了根本制度保障，也提供了科学指导。

2019年8月，中办和国办在《关于深化新时代学校思想政治理论课改革创新的若干意见》文件为高校教师队伍建设提供了根本制度保障，也提供了科学指导。2019年8月，中办和国办在《关于深化新时代学校思想政治理论课改革创新的若干意见》中进一步阐述如何使思政课教师队伍达到"六要"。首先是保障思政课教师的编制，严格按照比例给予专职思政课教师编制。其次是通过专题研修班、学位专项计划、实践研修等培训渠道切实提高教师综合素质。再次是改革教师评价机制，奖罚分明。将教师的教学水平作为评价思政课教师的重要标准，促使思政课教师重视教学，而不是一味投入科研。适当提高思政课教师的工资待遇，让思政课教师的生活得到改善。为思政课教师的晋升打造平台，允许思政课教师担任学校干部。最后是整体规划思政课人才的培养，选拔高素质人才加入思政课教师队伍。

2020年1月，教育部出台《新时代高等学校思想政治理论课教师队伍建设规定》《普通高等学校思想政治理论课教师队伍培养规划（2019—2023年）》开始系统培养思政课教师队伍，提出了进一步完善国家、省（区、市）、校三级思政课教师培养体系，使新时代思政课教师理想信念更坚定、马克思主义理论功底更扎实、教书育人水平整体提升的目标，制定了"专题理论轮训计划""示范培训计划""项目资助计划""宣传推广计划"等系统培训计划，促进思政队伍水平提升。关于考核评价，严格把控思政课教师教学和科研成果的认定，设置多种方式进行考核评价。关于保障管理，奖惩分明，加大奖励力度，健全退出机制。这些制度的出台和贯彻执行促进了高校思想政治教育教师素质的整体提升。

（六）坚持依法治教与推进意识形态工作制度化相结合，不断推动高校宣传思想工作法治化、规范化

2015年中共中央办公厅、国务院办公厅印发《关于进一步加强和改进新形势下高校宣传思想工作的意见》提出要"不断提高做好新形势下高校宣传思想工作的能力"。强调要树立四种思维，一是树立战略思维，提高把握大势能力。二是强化底线思维，提高应对难题能力。三是增强系统思维，提高协同合作能力。四是运用法治思维，提高依法治理能力。坚持依法治教与推进意识形态工作制度化相结合，不断推动高校宣传思想工作法治化、规范化。

2017年，教育部发布《高校思想政治工作质量提升工程实施纲要》提出依法治教，促进教育治理能力和治理体系现代化。2017年2月27日，中共中央、国务院印发了《关于加强和改进新形势下高校思想政治工作的意见》着眼建设和管理并重。提出，一是要加强对课堂教学的建设管理。充分发掘和运用各学科蕴含的思想政治教育资源，健全高校课堂教学管理办法。二是要加强对校园各类思想文化阵地的规范管理，加强校园网络安全管理，营造风清气正的网络环境。

2019年中共中央国务院印发的《关于新时代加强和改进思想政治工作的意见》提出，"要把思想政治工作作为治党治国的重要方式"，"贯穿党的建设和国家治理各领域各方面各环节"。2020年3月教育部等还先后集中印发了《"新时代高校思想政治理论课创优行动"工作方案》、教育部等五部门印发《新时代高等学校思想政治理论课教师队伍建设规定》《深化新时代学校思想政治理论课改革创新先行试点工作方案》等，制度化建设更加科学规范。

2020年4月22日，教育部等八部门出台的《关于加快构建高校思想政治工作体系的意见》，详细规划了包括理论武装体系、学科教学体系、日常教育体系、管理服务体系、安全稳定体系、队伍建设体系、评估督导体系等在内的七个子体系。提出推动"一站式"学生社区建设，评估督导体系强调要构建科学评测体系，完善推进落实机制，健全督导问责机制。还特

别注重各子体系之间的系统性、整体性、协同性，以期形成一体化、全贯通的高校思想政治工作体系。文件还提出要推动形成学校、家庭和社会教育协同育人机制，发挥高校思想政治工作委员会的专家咨询作用，加大高校思想政治工作各类平台载体建设力度，做好高校思想政治工作专项资金使用管理，引导地方和高校增加投入，强化经费投入的育人导向，这些政策极大推动了高校思想政治教育治理能力的提升。

2021年，中共中央国务院印发的《关于新时代加强和改进思想政治工作的意见》指出，坚持遵循思想政治工作规律，把显性教育与隐性教育、解决思想问题与解决实际问题、广泛覆盖与分类指导结合起来，因地、因人、因事、因时制宜开展工作。坚持守正创新，推进理念创新、手段创新、基层工作创新，使新时代思想政治工作始终保持生机活力。思想政治工作的守正创新任务，对思想政治教育治理论题研究提出新的要求。因此，无论是中国共产党的治国理政，还是高校思想政治教育的创新发展，都使得治理论题成为高校思想政治教育研究的一个重要视域。

总体来说，这一时期党中央高度重视高校思想政治教育工作，密集出台的重点讲话和文件，为高校思想政治工作的开展提供了坚强的政策支持和政治保障。统筹大中小学思政课一体化建设，推动课程思政和大思政课建设，为高校思想政治教育实现全程育人和循序渐进的完成思想政治教育阶段性的任务，提供了系统性保证。广泛开展教师队伍培训，促使思想政治教育队伍素质整体提升，有利于增强思想政治教育实效性。通过以上多种举措，促进高校思想政治教育取得喜人成绩，高校思想政治教育治理能力逐步形成并不但深化和完善。2017年4月至6月，教育部用3个月时间实施完成了"地毯式全覆盖的大调研"，密集调研教育综合改革和全国高校思想政治工作会议精神贯彻落实情况，把高校思想政治教育课和马克思主义学院建设作为调研重点，深入高校听思政课，了解课堂教学情况，与师生深入交流，学生对高校思想政治教育课教师的满意度大幅度提升。2020年—2022年新冠肺炎疫情中青年大学生表现出了当代大学生的责任与担当，成为有远大理想、有健全人格、有正确价值观念、有时代责任感的人。高校思想政治教育在此过程中发挥了重要作用，显示出高校思想政治教育治理能力得到了有效提升。

当前，我国进入现代化治理体系和治理能力提高的新时期，国家治理体系和治理能力提升倒逼高校思想政治教育治理能力的迅猛发展，高校思想政治教育治理能力迅猛提升，进入系统构建和创新发展时期。在这一阶段中，高校思想政治教育治理能力既由大大改善的政策、校内生态系统、权责边界优化、社会关联因素协同改良取得了飞跃性的发展，但是对于治理能力主体多边化的建设总体还落后于互联网社会和信息社会的发展程度，发展空间极大。高校思想政治教育治理能力在新一轮建设中，必将不断健全匹配度，舍去过时和滞后的做法，以更为开放、可控、建立自进化机制的视角进行建设和发展。

国家治理现代化是新时代党对治国理政理论的一次重要创新，思想政治教育作为国家政治体系的重要组织部分，必将融入国家治理体系和治理能力现代化建设中。但思想政治教育作为一门学科，有着自身的发生发展规律，在国家治理视域下，思想政治教育治理能力的发展要从探寻思想政治教育治理规律、实现思想政治教育治理自身的现代化、提升思想政治教育治理的效能、创新思想政治教育的治理方法四个方面着手。[①] 在党和国家领导人的高度重视下，在思政学界学者领导的共同努力下，相信未来高校思想政治教育治理能力必将达到新的高度。

---

① 冯刚：《思想政治教育学学科发展新论域》，中山大学出版社 2022 年版，第 124 页。

第四章
高校思想政治教育治理能力的现实境遇

党的十九届四中全会通过的《中共中央关于坚持和完善中国特色社会主义制度推进国家治理体系和治理能力现代化若干重大问题的决议》（以下简称《决定》）指出："坚持和完善中国特色社会主义制度、推进国家治理体系和治理能力现代化，是全党的一项重大战略任务"[1]，这凸显了当前中国社会发展的时代主题和重要内容就是推进国家治理体系和治理能力现代化。高校思想政治教育工作受到党和国家高度重视，《决定》中也强调，"要加强和改进学校思想政治教育，建立全员、全程、全方位育人体制机制"[2]。在国家治理体系和治理能力现代化的背景下，提升高校思想政治教育治理水平和治理能力既是国家治理体系和治理能力现代化的应有之义，也是新时代思想政治教育创新发展的必由之路。在国家治理现代化视域下，高校思想政治教育治理的现实境遇给治理能力提升不仅带来了极大机遇，同时也带来了巨大的挑战。正确认识高校思想政治教育治理能力所面临的宏观、中观、微观环境，正确认识高校思想政治教育治理主体的变化，正确认识高校思想政治教育治理目标、结构和机制的变化，正确认识高校思想政治教育治理的活动载体、管理载体和传媒载体的现实运用，有助于高校思想政治教育治理能力的全面提升。

---

[1] 《中共中央关于坚持和完善中国特色社会主义制度推进国家治理体系和治理能力现代化若干重大问题的决定》，《人民日报》2019年11月6日。

[2] 《中共中央关于坚持和完善中国特色社会主义制度推进国家治理体系和治理能力现代化若干重大问题的决定》，《人民日报》2019年11月6日。

第一节　高校思想政治教育治理能力的环境分析

环境，是指人类生存和发展的空间，一般分为自然环境和社会环境。思想政治教育环境作为环境内的一部分，不仅具有环境的一般特点，而且也具有自身的特点。简单来说，思想政治教育环境是指环绕并影响思想政治教育活动开展和思想、行为形成、发展的一切外部因素的总和。[①] 而高校思想政治教育治理的环境作为思想政治教育教育环境的一部分，其内涵是指高校在统筹思想政治教育治理的过程中，思想政治教育作为相对独立运行的系统或高校的一个子系统，其治理行为得以实施、治理条件赖以依存的环境。[②] 高校思想政治教育治理环境是高校思想政治教育治理实施的条件和保障，在当前时代背景，高校思想政治教育治理面临诸多机遇和挑战，本文按照宏观环境、中观环境和微观环境进行分析和考察。

一、高校思想政治教育治理能力生成的宏观环境

高校思想政治教育治理面对的宏观环境，包括国际的宏观环境和国内的宏观环境。

（一）国际环境：百年未有之大变局

2017年12月28日，习近平总书记在接见驻外使节工作会议上专门指出，"中国特色社会主义进入了新时代，在这一宏观环境中做好外交工作的重要前提之一是正确认识当今时代潮流和国际大势，放眼世界，我们面对的是百年未有之大变局"[③]。"百年未有之大变局"是习近平总书记对世界历史发展趋势做出的宏观判断，是我国较长一段时间内各领域战略决策的分析基础，当然也是高校思想政治教育治理的宏观分析基础。深刻理解百年未有

[①] 《思想政治教育学原理》编写组：《思想政治教育学原理（第二版）》，高等教育出版社2018年版，第280页。

[②] 冯刚、高山等：《新时代高校思想政治教育治理论》，中国社会科学出版社2021年版，第280页。

[③] 《习近平接见二〇一七年度驻外使节工作会议与会使节并发表重要讲话》，《人民日报》2017年12月29日。

之大变局的特点和内涵，有助于从大变局视域下分析和提升高校思想政治教育的治理能力。百年未有之大变局可以从以下几个方面来分析。

第一，新一轮科技革命重塑世界版图。20世纪末期，工业时代渐近尾声，进入21世纪，以信息技术为主导的第四次科技革命到来，新一轮科技革命成为世界经济新旧动能转换的加速器、经济社会发展的第一推动力以及影响国家竞争力的核心力量。云计算、大数据、人工智能等新一代信息技术发展将带动一系列产业的发展和变革，新能源、海洋开发、空间开发、气候变化等相关技术创新越发密集，绿色经济、低碳技术、碳排放交易等新兴产业蓬勃兴起，都展现科技变革的力量。世界主要国家为了在一轮科技革命中占据优势，都相继出台一系列科技领域的创新战略，加大资金投入以及人才培养的力度。毋庸置疑，随着科技成果的快速发展并运用，这势必助推经济全球化、世界多极化、文化多元化等进程，这也增强了大国之间博弈的激励程度。

第二，经济全球化持续发展推进全球治理变革。虽然当前一些国家实行"逆全球化"的举措，但是经济全球化的进程并不会因为这些国家的逆行举措而停滞不前，经济全球化是世界发展的趋势。随着经济全球化进程的推进，全球供需链、产业链、价值链不断完善，各国之间的联系更加紧密。经济全球化带来科技发展、商品流通、产业链升级的同时，也会对经济主体形成一定的冲击，这就需要全球治理也进行相应的变革。

第三，世界多极化稳步推进使国际力量趋向平衡。随着世界科技和经济的快速发展，世界强国的数量开始逐步增加，世界也逐步从单级向多级转变。同时随着新兴经济体的经济总量在全球经济总量中所占比重持续增加，也助推了全球经济版图的均衡，为全球政治版图、军事版图和科技版图的均衡创造了有利条件。世界的多极化发展有助于协调各种国际力量，促进各国的稳定发展。

第四，大国战略博弈推动国际体系深刻变革。冷战结束后，美国试图构建单级的强权世界，但并没有成功，随着各国的发展，尤其是新兴大国的群体性崛起使得国际力量对比正在发生着巨大的变化，影响着国际体系的深刻变革。当今世界正值"权力转移的黎明期"①,但是在当前的国际格局中,依然是西强东弱,东西方的较量与博弈将成为一种常态化的趋势。

第五,文明交流强化世界多元。随着各主要文明代表国家之间的实力差距的缩小,各种文明之间的交流互鉴成为一种趋势,这为世界的多元构建及其完善创造了条件。但是,霸权主义、强权政治、保护主义、单边主义、战乱恐袭、饥荒疫情等现象依然存在,传统安全和非传统安全问题复杂交织。②这些情况又在不同程度上阻碍着世界各种文明的交流,使得不同思想文化之间的竞争甚至冲突加剧。

总而言之,当今世界正在经历新一轮的大发展大变革大调整时期,新冠肺炎疫情又加速了这个大变局的演变,在这样的背景下,高校思想政治教育治理面临着巨大的机遇和挑战。在百年未有之大变局下,有助于高校思想政治教育治理转变治理观念,提升治理效率为国家治理现代化提供助力。同时,百年未有之大变局又带来了新矛盾和新挑战,尤其是外部的意识形态渗透加剧,使得高校思想政治教育治理面临着巨大的压力。高校担负着立德树人,为国家培养社会主义现代化建设者和接班人的艰巨任务,高校的这些自身特点,便成为意识形态工作的前沿阵地。在当前的世界变局中,西方敌对势力加紧对我国进行隐性渗透,希望侵入我国青年的精神空间,从而达到其颠覆的险恶目的。在这样的背景下,高校思想政治教育如何站稳阵地,如何正确认识这些错误的意识形态,如何正确引导学生用马克思主义立场、观念和方法去分析中外局势,认清社会现实,驳斥这些错误思潮,是高校思想政治教育治理面临的巨大挑战。

(二)国内环境:国家治理体系和治理能力现代化

党的十八届三中全会明确提出,全面深化改革的总目标是完善和发展中国特色社会主义制度,推进国家治理体系和治理能力现代化。③党的十九届四中全会通过了《中共中央关于坚持和完善中国特色社会主义制度推进

---

① [美]阿尔温·托夫勒:《权力的转移》,中共中央党校出版社1991年版,第9页。
② 《携手共命运同心促发展——在二〇一八年中非合作论坛北京峰会开幕式上的主旨讲话》,《人民日报》2018年9月4日。
③ 《中国共产党第十八届中央委员会第三次全体会议公报》,《人民日报》2013年11月13日。

国家治理体系和治理能力现代化若干重大问题的决定》(以下简称《决定》)。《决定》指出,"坚持和完善中国特色社会主义制度、推进国家治理体系和治理能力现代化,是全党的一项重大战略任务"①,这凸显了推进国家治理体系和治理能力现代化就是当前中国社会发展的时代主题和重要内容。国家治理体系和治理能力的现代化涉及中国社会发展的各个方面,不仅融于国家经济建设、政治建设、文化建设、社会建设、生态文明建设等领域的政策制度的现代化,而且也体现在意识形态工作领域的治理现代化。"这一治国理政的创新理念在意识形态工作领域的贯彻必然要求思想政治教育的治理转向,即从思想政治教育到思想政治教育治理的创新发展。"②高校思想政治教育工作作为思想政治领域的重要组成部分一直受到党和国家的高度重视,《决定》中强调指出"要加强和改进学校思想政治教育,建立全员、全程、全方位育人体制机制"③。所以,高校思想政治教育治理作为国家治理体系和治理能力现代化在思想政治教育领域内的重要体现,必然要抓住这个宏大的历史机遇,努力承担其历史使命,同时也需要积极应对国家治理体系和治理能力现代化提出的现实挑战,进一步明确在国家治理现代化体系中的地位和作用,更好地服务于国家治理体系和治理能力现代化。

第一,国家治理体系和治理能力现代化的时代语境。

要明确高校思想政治教育治理在国家治理体系中的历史使命,积极应对时代语境下的现实挑战,首先要厘清国家治理体系和治理现代化这个时代背景。国家治理体系和治理能力现代化是国家治理现代化的两个重要维度,是保证我国成功实现社会主义现代化国家的重要保障。习近平总书记指出:"推进国家治理体系和治理能力现代化,就是要适应时代变化,既改革不适应实践发展要求的体制机制、法律法规,又不断建构新的体制机制、法律法规,使各方面制度更加科学、更加完善,实现党、国家、社会各项

---

① 《中共中央关于坚持和完善中国特色社会主义制度 推进国家治理体系和治理能力现代化若干重大问题的决定》,《人民日报》2019年11月6日。

② 冯刚,徐先艳:《现代性视域中思想政治教育治理的生成逻辑、基本内涵及时代价值》,《教学与研究》2021年第5期。

③ 《中共中央关于坚持和完善中国特色社会主义制度推进国家治理体系和治理能力现代化若干重大问题的决定》,《人民日报》2019年11月6日。

事务治理制度化、规范化、程序化。要更加注重治理能力建设，增强按制度办事、依法办事意识，善于运用制度和法律治理国家，把各方面制度优势转化为管理国家的效能，提高党科学执政、民主执政、依法执政水平。"① 所以，从这可以看出国家治理体系的现代化侧重于国家制度的现代化，国家治理能力的现代化侧重制度执行能力的现代化。

国家治理体系现代化，即是指作为现代政治要素的制度和法律不断发展、完善的突破性变革过程，也就是"一个国家从传统社会向现代社会转型过程中，其规范社会权力运行和维护公共秩序的一系列制度和程序的产生、发展、成熟的现代化过程"②。这一现代化过程主要体现在两个方面：其一，从具体内容来看，包括规范主体行政行为、市场行为和社会行为的一系列制度和规则的制定和设计实现程序化、规范化、法治化、科学化，这就意味着政府治理、市场治理和社会治理中的制度设计是现代国家治理体系中最重要的次级体系；其二，从整体来看，实现这些保障国家和社会有序运行的制度、规则的体系化建设，从而构成和形成系统完备、紧密协作的制度体系和法治体系，这些各个层级的治理制度体系不是简单的相加，而是一个有机的整体。具体来说，国家治理体系的现代化体现在公共权力运行的制度化和规范化，公共治理和制度安排要从根本上体现人民的主体地位，宪法和法律成为公共治理的最高权威，治理效率得到极大提高，从中央到地方的各个层级是统一、协调和有序的。

国家治理能力现代化，即是指，"运用国家制度管理社会各方面事物的能力，包括改革发展稳定、内政外交国防、治党治国治军等各个方面，主要表现为治理的措施、方针、方法的科学正确和高效率"③。具体来说，国家治理现代化是在国家治理体系现代化的基础上，对制度体系的执行和贯彻更加彻底、更加有效、更加透明、更加公正，真正将科学完备的制度设计贯彻落实到现实生活中去的能力或执行力。

概而言之，国家治理体系和治理能力现代化是国家治理现代化的两个

---

① 《习近平谈治国理政（第一卷）》，外文出版社 2018 年版，第 92 页。
② 俞可平：《推进国家治理体系和治理能力现代化》，《前线》2014 年第 1 期。
③ 徐海清：《国家治理体系和治理能力现代化》，中共中央党校出版社 2013 年版，第 12 页。

重要维度，一个体现为社会秩序的现代化，是国家治理现代化的外在表征；一个体现为人的能力的现代化，是国家治理现代化的内在诉求。二者是一个有机整体，相辅相成，相互促进。良好的国家治理体系，有利于提高治理主体的治理能力；同样，治理主体能力的提高，有利于充分发挥国家治理体系的效能。

第二，国家治理体系和治理能力现代化下的高校思想政治教育治理提升的历史使命。

推进国家治理体系和治理能力现代化是中国特色社会主义现代化建设和政治发展的必然要求，是对改革开放 40 多年来我国现代化建设成功经验的理论总结，也是对我国在新的发展阶段所面临的各种严峻挑战的主动回应。推进国家治理体系和治理能力现代化涉及各个层面和领域，需要各个层面和领域的共同发力，作为党和国家事业发展生命线的思想政治教育工作，应该认清自己的历史使命，积极推动思想政治教育治理体系和治理能力的现代化，为国家治理现代化提供精神支撑和人才保障。而高校思想政治教育作为思想政治教育领域的排头兵，理应走在思想政治教育治理体系和治理现代化的前列。国家治理体系和治理能力现代化赋予了高校思想政治教育治理重大的历史使命，高校思想政治教育在承担使命的同时，也为其自身治理提升带来了巨大的机遇。

首先，为国家治理现代化提供价值观念引导。我国的治理体系和治理能力现代化是具有中国特色社会主义特征的现代化，是要服务于中华民族伟大复兴宏伟愿景的现代化。因此，国家治理现代化始终坚持应有的价值方向，不仅要坚持合乎现代化的价值要求，更要坚持以人民为中心的价值立场。这就离不开思想政治教育的价值引导，尤其是高校思想政治教育的引导。高校思想政治教育是思想政治教育领域的主要引领者，在意识形态教育中有着先锋和堡垒的作用。

其次，为国家治理现代化提供人才支撑。实现国家治理现代化的关键在于人，只有个人具备了现代社会发展所需要的素质，国家治理实现现代化才能真正落到实处。高校思想政治教育治理通过塑造大学生的政治、文化、道德人格，引导大学生形成与社会主义现代化相适应的思想政治素质、道德文明素质和现代社会治理理念，培育他们的奉献精神、使命意识和担当意识，从而成为现代化国家治理所需要的德智体美劳全面发展的社会主义建设者和接班人。概言之，高校思想政治教育的第二大历史使命，就是为国家治理现代化培育赢得未来的时代新人。

最后，为国家治理现代化营造精神氛围。国家治理要实现现代化，不仅需要物质环境提供助力，更需要精神环境提供支撑。正如前面所说，国家治理现代化的本质是人的现代化，国家治理现代化要落到实处，离不开全社会成员的社会心态、价值观念和精神状态。只有当国家治理所奉行的现代性价值理念真正为社会成员所认同，形成崇尚现代文明、坚守现代性价值的氛围，国家治理现代化才能得到合理开展并实施。高校思想政治教育作为一种观念性的政治实践活动，可以从思想意识、价值观念、精神状态等角度渗入到国家治理现代化的各项环节之中，从而为营造出一种与国家治理现代化价值要求相一致的精神氛围。这主要体现在以下几点：一是积极引导国家治理现代化的社会舆论。高校思想政治教育利用自身优势通过宣传党中央关于国家治理现代化的要求，展现国家治理现代化的历史必然性、价值指向性和实践规律性，为国家治理体系和治理能力现代化的有效展开提供舆论支撑。二是引导学生辨析影响国家治理体系和治理能力现代化的各种错误思潮。高校思想政治教育以马克思主义的立场、观念和方法，科学审视有关国家治理体系和治理能力现代化的各种认识、观念和主张，辨析认识误区、澄清价值偏见、强化科学引导，揭示国家治理体系和治理能力现代化的科学性和价值性。三是培育全社会理性平和的心态。高校思想政治教育通过宣传现代文明的思想成果，营造崇尚理性、接纳现代文明、积极向上向善的校园风气，通过校园风气影响社会风气，从而为国家治理体系和治理能力现代化培育良好的社会心态。

第三，国家治理体系和治理能力现代化下的高校思想政治教育治理的现实挑战。

高校思想政治教育治理现代化不仅是国家治理体系和治理能力现代化的重要组成部分，也为国家治理体系和治理能力现代化提供重要的精神支撑。在国家治理体系和治理能力现代化的宏大伟业中，高校思想政治教育承担着重大的历史使命，要完成这项重大使命，就需要高校思想政治教育治理进一步科学化，这给高校思想政治教育治理能力提升带来历史机遇的同时，也带了巨大的挑战。

首先，治理目标的全局性意识还不强。高校思想政治教育治理从属于高校治理、社会治理和国家治理，因而高校思想政治教育治理应该以全局的眼光来进行规划，但目前全局性意识还不强，这主要表现为，高校思想政治教育治理与国家治理的融合度不够。高校思想政治教育治理要从国家发展的总体战略安排，从国家现代化全局出发，把高校思想政治教育治理与国家治理融合起来。高校思想政治教育要明确责任和目标，为国家治理提供内在的价值合法性基础，构筑主流价值体系，发挥统一思想、凝聚共识的重要作用。

其次，治理结构的系统性还不够完善。在国家治理体系和治理能力现代化的视域下，高校思想政治教育治理的外部结构和内部结构的系统性还不够完善。一方面，还需要正确厘清行政权力和学术权力的边界，明确各自的责任。另一方面，还需要进一步激发各治理主体的积极性和参与性，形成外部治理和内部治理共同推进的局面。

再次，创新性还不够。在国家治理体系和治理能力现代化的视域下，高校思想政治教育在治理改进上的创新性还不够。一方面，高校思想政治教育治理要从我国的社会主义初级阶段的国情出发，立足党情、世情、国情、民情办好具有中国特色的思想政治教育。既彰显中国特色，又能够走出去，讲好中国故事。另一方面，创新人才的培养方式还不够。在创新立德树人落实的机制上，在深化全员、全程、全方位的"三全育人"的综合改革上，在发挥政府、学校、家庭、社会等合力的协同机制等问题上的创新度还不够。

最后，治理评价的科学性还不够。要实现高校思想政治教育治理的现代化，离不开科学的治理评价体系。高校思想政治教育治理目的是通过治理达到立德树人的目的，因而评价应该注重质量和贡献，强调定量、定性与同行评价相结合的多元方式进行考核评价，但目前高校的评价机制仍然需要进一步完善。比如，虽然目前高校在唯分数、唯升学、唯文凭、唯论文、唯帽子的问题上进行大刀阔斧的改革，但"五唯"的评价标准在一些高校仍然存在，这势必影响高校思想政治教育治理的有效性。

二、高校思想政治教育治理能力生成的中观环境

高校思想政治教育治理面对的中观环境包括本校环境和地区环境。[①]

（一）本校环境

本校的环境是指高校思想政治教育治理在本校所依赖的环境。思想政治教育作为高校的子系统，其发展受到高校制度环境、教学环境、科研环境、管理环境、文化环境等多种环境因素的影响。在诸多环境因素中，最能体现思想政治教育治理环境的就是制度环境。比如，高校对思想政治教育治理的认知程度、认同程度和支持力度都可以从相关制度上体现出来。党的十八大以来，党中央高度重视思想政治教育尤其是高校思想政治教育，并把高校思想政治教育摆在了治国理政的高度上，颁布了一些相关政策、文件和制度，比如，2016年全国高校思想政治工作会议后就发布了《关于加强和改进新形势下高校思想政治工作的意见》等文件，在这种宏观背景下，高校也十分重视本校的思想政治教育治理工作，普遍建立了本校的思想政治教育制度体系，健全了绩效考核、反馈评估等相关制度，思想政治教育治理在高校的环境得到了很大的改善。

（二）地区环境

地区环境是指高校思想政治教育治理在本地区所依赖的环境。高校的治理主体，当地政府的教育行政部门是高校的治理主体，并且对高校治理有着十分重要的作用。当地政府的教育行政部门是否重视思想政治教育，影响着高校思想政治教育的治理效能。党的十八大以来，随着一系列对高校思想政治教育政策的颁布，各地方的教育行政部门不断加强高校思想政治教育工作，高校也不断融入地方政府的校地战略合作框架，积极争取当地政府的支持，通过服务当地经济社会发展，与地方政府形成了较为良性

[①] 冯刚、高山等：《新时代高校思想政治教育治理论》，中国社会科学出版社2021年版，第283页。

的互动。但不可忽视的是,有些地方仍存在政府行政权力对高校统得过细,制约着高校思想政治教育治理效能。

三、高校思想政治教育治理能力生成的微观环境

高校思想政治教育治理面对的微观环境,不仅包括本校的基层单位、个体,也包含社会相关力量。①

(一)本校基层单位和个体

高校思想政治教育治理在高校内部的实践,是要通过基层单位和个体,比如学校的院系和学校师生来最终落实。所以,在高校思想政治教育治理中,基层单位和个体的认识以及实施就十分重要。基层单位和个体不是被动的执行者,而是积极的参与者。基层单位和个体要认清自己的主体地位,积极发挥自己的主观能动性。在现实实践中,基层单位和个体的主动参与性还不够,这不仅是因为个体的认识不够,也在于管理体制不完善,沟通渠道不完善等原因。

(二)社会相关力量

高校思想政治教育治理不是封闭的自我治理系统,而是一个开放的系统,需要社会各方力量参与进来共同治理。比如,家庭、社区、相关企业、校友、社会团体等,这些社会相关力量与高校教育存在紧密的利益关系,与高校教育形成了难以分割的利益共同体,所以发挥他们的作用,对高校思想政治教育治理有着极大的协同作用。随着对思想政治教育重要性认识程度的加深,社会相关力量也逐渐积极参与学校的治理工作中,比如,家庭的积极参与,形成了家校共同体;社区积极支持高校的思想政治教育工作,为其提供教育场地和教育体验;社会团体提供社会资源助力高校思想政治教育治理;等等。不过,相对高校思想政治教育治理现代化的要求,社会相关力量的协同治理还远远不够,需要加大配合力度共同助益高校思想政

---

① 冯刚、高山等:《新时代高校思想政治教育治理论》,中国社会科学出版社2021年版,第284页。

治教育治理能力的提升。

第二节 高校思想政治教育治理主体的现实状况

在国家治理现代化的时代背景下,切实加强和提升高校思想政治教育治理水平和治理能力,是实现高校思想政治教育治理现代化的必由之路。要加强和提升治理能力和治理水平,根本加强党的领导,不断提升治理主体的专业素质和能力。因此,作为高校思想政治教育治理系统中的子系统,高校思想政治教育治理主体是推进高校思想政治教育治理现代化的关键。在当前的时代背景下,高校思想政治教育主体发生了许多新的变化,不仅表现为主体系统的变化,而且也表现为主体能力和主体观念的变化。

一、高校思想政治教育治理主体系统的改变

随着国家治理体系和治理能力现代化的不断推进,高校思想政治教育治理的主体系统也发生了相应的变化。不仅表现为主体内涵得到了极大地拓展,而且也表现为育人模式的丰富和发展。

(一)主体内涵不断拓展

通过前文的辨析可以看出,治理不同于管理,在治理体制下,政府不再是行使国家公共权力的唯一主体,而是包含了除政府外的企业组织、社会组织和居民自治组织等。[①] 当然,作为国家治理体系和治理能力现代化体系重要组成部分的高校思想政治教育治理的主体内涵也必然得到了极大地拓展,从原来的"一元"主体拓展为"多元"主体。这主要表现为形成了以政府、高校党委为代表的治理决策主体,以高校行政部门为代表的治理执行主体,以高校思想政治教育课程和课程思政课教师为代表的治理引导主体,以高校学生为代表的治理反馈主体,以社会、家庭为代表的治理协同主体等。高校思想政治教育治理主体内涵的拓展是高校思想政治教育治

---

① 俞可平:《推进国家治理体系和治理能力现代化》,《前线》2014年第1期。

理主体变化的首要特征，这不仅体现为高校思想政治教育治理主体"种类"的多元化，更重要的是体现为高校思想政治教育治理主体分工的明晰化。不同的治理主体需要承担不同的责任和义务，比如，以政府、高校党委为代表的治理决策主体就需要承担好决策主体作用，以高校行政部门为代表的治理执行主体就需要做好执行主体的作用。主体之间理顺关系，根据各自的优势进行分工，共同参与到高校思想政治教育的治理实践中。只有在明确分工的基础上，主体之间才不会出现"越界"的行为，这也是当前高校思想政治教育治理实践中需要不断改进和完善的地方。

（二）育人模式不断丰富

高校思想政治教育治理能力提升的目的在于落实高校立德树人的根本任务，随着现代化治理理念的不断深入，高校思想政治教育治理主体的多元化发展，高校思想政治教育的育人模式也在不断丰富，逐渐形成全员育人的共同体育人模式。除了高校思想政治理论课教师、高校党委、行政人员以及辅导员、班主任、心理健康教育教师等作为治理主体参与高校思想政治教育的育人实践，学校、家庭、社会等相关利益方都在不断加入高校思想政治教育的育人实践。正如，2020年教育部等八部门发布的《关于加快构建高校思想政治工作体系的意见》中专门列举了高校思想政治教育育人的其他重要力量，不仅囊括了"全面推进所有学科课程思政建设"涉及的各类课程老师，以及需要提高开展思想政治教育意识和能力的研究生导师，而且也包括"各地区各部门负责同志""领导干部、'两院'院士等专家学者、各方面英雄模范人物""国家勋章和国家荣誉称号获得者、最美奋斗者、改革先锋、时代楷模等新时代先进人物"[①]等。可见，随着高校现代化治理理念的不断深入，高校思想政治教育治理正不断致力于推动构建政府、社会、学校、家庭协同联动的全员育人模式，并强调任何一方都不能缺席。正如习近平总记所强调的，"要建立党委统一领导、党政齐抓共管、有关部门各负其责、全社会协同配合的工作格局，推动形成全党全社会努力办

[①] 《教育部等八部门关于加快构建高校思想政治工作体系的意见》，中华人民共和国中央人民政府：http://www.gov.cn/zhengce/zhengceku/2020-05/15/content_5511831.htm。

好思政课、教师认真讲好思政课、学生积极学好思政课的良好氛围"①。

二、高校思想政治教育治理主体能力的现状

主体的能力不仅包括单个主体自身的能力，也包括多个主体的协同配合能力。随着国家治理体系和治理能力现代化的不断推进，高校思想政治教育治理主体的个体素质也得到不断提高，但由于我国复杂的国情，主体之间的协同配合能力，即主体的纵向和横向之间仍然存在着衔接不够、互动不足等问题。

（一）高校思想政治教育主体素质不断提高

"影响国家治理能力除了制度因素外，还有一个及其重要的因素，即治理主体的素质。"② 同理，高校思想政治教育治理能力的提高也离不开治理主体的素质。随着社会现代化的进程不断推进，治理主体的素质也随着不断提高。这主要体现在以下几个方面。

首先，治理主体的认识趋于理性化。随着我国从传统社会进入到现代社会，人们的认识逐渐趋于理性。理性虽然源自于古希腊，但人们普遍认识的理性化则是伴随着近代自然科学的产生而兴盛的。自文艺复兴以来，理性精神的张扬，为近代自然科学革命奠定了思想文化基础，科学上的辉煌成就又反过来促进理性精神的发展。伴随着理性精神的张扬，整个社会的精神面貌被重新塑造，以至于个体的主体性和理性成为现代社会的精神文化内核。从某种程度上来说，现代社会就是理性的社会。③ 理性化的本质在于唤醒人的自主、自觉和自由，也就是高扬人的主体性。现代意义上的人便是作为单个的个体从自在自发的动物性生存状态下进化到自由自觉的、具有人的主体性和自我意识的生存状态。这种生存状态下的人是独立自由的，是能够成为自律自主、实现自我救赎和解放、摆脱外在权威控制，同

---

① 《习近平谈治国理政（第三卷）》，外文出版社2020年版，第331页。
② 俞可平：《推进国家治理体系和治理能力现代化》，《前线》2014年第1期。
③ 陈嘉明："'现代性'与后现代主义哲学"，《厦门大学学报（哲学社会科学版）》1993年第3期。

时又能遵守现代社会公共规约的人。这样的人是具有理性的，是能够成之为人，能够实现自我的全面发展。正是因为人的这种理性，人才能使自由自主以及自由创造成为可能，才能为自己开辟发展新道路，才能基于现实又超越现实，向着未来的无限可能性发展。① 简言之，进入现代社会，人们的认识开始逐渐走向理性化，开始重视个体的主体性意识、逐渐生成个人的权利观念、规则意识、契约精神、批判精神等现代社会价值观念。因此，在这样的社会文化背景下，无论是高校思想政治教育的领导主体，还是执行主体和协同主体，伴随着自身主体性意识的增强，对高校思想政治教育的治理的认识也是趋于理性化，这极大有利于提高高校思想政治教育治理水平的提高。

其次，治理主体的民主意识、参与意识得到提高。人民民主是社会主义的生命。没有民主就没有社会主义，就没有现代化，就没有中华民族的伟大复兴。② 新中国成立以来，我国开始进行社会主义民主政治建设，这开启了人们的民主意识。改革开放以后，我国加快了社会主义民主政治建设的进程，这极大提高了人们的民主意识。尤其是党的十八大以来，我国社会主义民主政治建设进入到新时代，社会主义民主政治制度化、规范化、程序化全面推进，民主选举、民主协商、民主决策、民主管理、民主监督得到具体落实。在这样的现代政治形态下，我国公民的民主意识得到极大提高，人民的参与度也得到了不断扩大化和制度化。这不仅表现为参政的主体不断扩大，即从精英阶层向普通阶层扩大；也表现为参政的内容不断扩展，即从浅层次的参与向深层次的参与扩展；还表现为参政的渠道更加多元，即从单一参与到现在多渠道参与。比如网络参政、政治性论坛、政府微博等。所以，在这样的民主参与氛围下，高校思想政治教育的主体参与高校思想政治教育治理的民主意识和参与意识也得到很大的提升。

最后，治理主体的法治意识的提升。现代国家的核心精神之一就是契约精神，契约的基本要求之一是遵守契约规则，而遵守国家的契约规则便

---

① 吴永军：《理性精神：教育的永恒追求》，《教育发展研究》2020 年第 2 期。
② 中共中央宣传部：《习近平新时代中国特色社会主义思想学习纲要》，学习出版社、人民出版社 2019 年版，第 123 页。

是遵守国家的法律法规。随着我国不断推进社会主义现代化建设，我国的法治建设也取得了巨大的进步，尤其是党的十八大来，以习近平总书记为核心的党中央对全面依法治国高度重视，把全面依法治国放在党和国家事业发展的全局中来谋划和推进，社会主义法治国家建设取得了历史性成就。与此同时，人们的法治意识也得到了极大提高。法治意识就是人们对法治实践活动中的主观意向和内在认同。人们对法治信仰的关键就在于增强法治意识。法治意识的核心内涵主要包括法治敬畏意识和法治自律意识。[①]法治敬畏意识即是人们对法治心存敬畏和畏惧，并自觉遵守法律法规的行为意识。法治自律意识即是人们从法治本质上通过他律的形式来达到自觉的自律意识。相较于法治敬畏意识，法治自律意识是法治意识的最高阶段。只有达到自律，人们从内心去遵从法治、信仰法治，法治才真正体现出其本真的要义。在全面推进法治国家建设，人们从传统的"人治"意识转向了现代的"法治"意识，这是人们认识的提高，这种认识的提高，就赋予许多领域的改变。高校思想政治教育治理从传统的人治管理转向了法治治理，这最根本的原因就是治理主体的法治意识的提升。当然，我国仍处于现代化法治国家建设的进程中，几千年宗法制度传袭下的人治意识仍然或多或少影响着治理主体，这需要不断加强治理主体法治意识的提升。

（二）高校思想政治教育治理主体纵向之间的衔接不够

高校思想政治教育治理的决策主体、执行主体、引导主体、反馈主体和协同主体之间是一个相互衔接的整体，五大主体之间相互适应、相互协调才能促使高校思想政治教育治理达到良好的效果。但是，随着我国高等教育的迅速发展，外部环境的不断冲击，高校思想政治教育治理主体纵向之间的衔接不够、权力失衡现象凸显，面临着衔接失效的困境。主要表现为：

一是角色认知影响纵向衔接。在高校思想政治教育治理体系中，高校思想政治教育治理主体之间是一个相互衔接的整体，各自特定的结构功能决定了高校思想政治教育治理主体特定的角色定位。但在高校思想政治教

[①] 曾荻，龚雄亭：《论法治精神和法治意识的核心意蕴及当代价值》，《甘肃理论学刊》2017年第4期。

育治理的具体实践中,对于不同的高校思想政治教育治理主体,并没有正确充分地考虑其在高校思想政治教育治理体系中结构功能的特殊性,没有充分考虑不同主体所能利用的基本资源和其所应该承担的基本职能的平衡,针对其权责关系没有予以严格的界定和区分,这影响了治理主体的角色认知,极大影响高校思想政治教育治理主体纵向之间的衔接。

二是交流模式影响纵向衔接。首先,以政府、高校党委为代表的治理决策主体与以高校行政部门为代表的治理执行主体之间更多体现为上传下达的工作模式,单纯的工作化趋势明显,这就会导致主体之间缺少有效的衔接,必然会形成消息闭塞、人力浪费、资源浪费等现象,最终导致高校思想政治教育治理效率低下。其次,以高校行政部门为代表的执行主体和以高校思想政治教育课程和课程思政课教师为代表的治理引导主体以及以高校学生为代表的治理反馈主体之间也存在着互动、平等交流不足等现象。这主要表现为行政部门的行政管理势力的膨胀与泛化,容易导致以执行主体与引导主体和反馈主体之间的疏离与隔阂,从而影响主体纵向之间的积极互动,从而削弱了高校思想政治教育治理的实效性。

再次,以高校思想政治教育课程和课程思政课教师为代表的治理引导主体与以高校学生为主的反馈主体之间的矛盾。这主要表现为,虽然在高校思想政治教育的治理实践中,学生也是主体,但由于受传统"主客体二分"的思维范式的束缚,以及学生的参与意识淡薄,参与动机功利化以及参与能力较弱等问题,学生作为高校思想政治教育治理的反馈主体的地位并没有很好体现出来,其主体作用也没有很好得到发挥。

(三)高校思想政治教育治理主体横向之间的协同不足

在高校思想政治教育治理的实践中,个别高校在思想政治教育治理中的主体协同由于各种原因容易出现互动不足的现象,从而影响高校思想政治教育治理的有效性。比较突出的问题主要表现在以下几个方面:一是以高校行政部门为代表的治理执行主体之间的相互分离。这主要表现为高校行政部门协同不足,在高校思想政治教育治理的实践中各自为战,并没有形成思想政治教育的育人合力。二是以高校思想政治教育课程和课程思政课教师为代表的治理引导主体横向之间的相互分离。这主要表现为思想政治理论课教师与辅导员队伍以及其他课程思政课教师之间的分离。比如，有些高校辅导员只关注日常思想政治教育，对理论知识教育不愿意深入学习；思想政治理论课教师更关注课堂上的理论教育，而对大学生日常的思想政治教育关心不够；专业课程教师现在虽然也逐渐开始强调课程思政，但是缺乏深度理解，所以在课程上融入思政元素就显得很僵硬，呈现两层皮的现象。所以，个别高校思想政治教育教师队伍这种各自为战的现象，很难形成合力促进高校思想政治教育治理的提升。三是以社会、家庭为代表的治理协同主体之间的相互分离。这主要表现为相关企事业单位、社会团体组织、社区、家庭等为主的高校思想政治教育治理的协同主体由于各自目标的不同，各自工作方式的不同，各自认知的差异等原因，使得在高校思想政治教育治理的实践中没有进行很好整合，他们"各自为政"，这不仅造成思想政治教育资源的浪费，也削弱了高校思想政治教育治理的有效性。

三、高校思想政治教育治理主体观念的变化

思想是行动的先导。高校思想政治教育治理现代化，最根本的是治理主体观念的现代化。在国家治理体系和治理能力现代化的背景下，目前高校思想政治教育治理主体观念呈现以下几种现象。

（一）从传统"一元主导"的管理观念向"一元主导，多元协商"的治理观念转变不足

如前所述，作为国家治理现代化的重要组成部分的高校思想政治教育随着国家治理体系和治理能力现代化进程的深入推进，其治理主体的内涵得到了极大拓展，从原来的"一元"主体拓展为"多元"主体，当然在思想政治教育治理活动中，党的领导是根本保障，因而治理理念必然从原来的"一元主导"的管理理念转变为"一元主导，多元协商"的治理理念。从管理到治理，是高校思想政治教育治理现代化的必然趋势，然而个别高校思想政治教育治理主体在治理理念上却具有一定的非同步性和滞后性，这使得当前高校思想政治教育治理更多仍然停留在管理层面，这主要表现

为：其一，高校思想政治教育治理决策主体指导高校的治理，在治理视域下与多元主体的协商不够。其二，以高校思想政治教育课程和课程思政课教师为代表的治理引导主体和以高校学生为代表的治理反馈主体之间更多呈现为引导主体对反馈主体的单向作用，学生的主体作用不能得到有效发挥。其三，以社会、家庭为代表的治理协同主体更多认为高校思想政治教育治理是政府和高校内部的事情，因此大多时候只是被动地参与高校思想政治教育治理的实践活动，并没有认识到作为治理主体的职责和任务。所以，在高校思想政治教育治理过程中，各大主体需要继续转变观念，深入沟通与合作，要在协商与平等互动中实现共治和善治。

（二）从传统行政化的管理思维向法治化的治理思维转变不够

如前所述，高校思想政治教育中的法治理念简单来说就是对社会主义民主、自由、平等等现代法治理念的认同和追求，随着社会主义法治建设的不断深入推进，人们的法治意识得到了极大提升。在高校思想政治教育治理中，人们也转变治理意识，开始从传统的行政化管理思维转向法治化的治理思维。但正如上文所言，受传统管理方式的束缚，高校思想政治教育治理难以超越与扬弃传统的行政化管理思维，转向法治化的治理思维。比如，治理决策主体、执行主体往往习惯于用计划、审批、命令等强制性的管理手段对高校思想政治教育进行管理。同样，对于引导主体而言，受这种行政化思维影响，呈现在教学场景中就是中心化的话语权结构、垄断式的知识解释权与权威化的教师地位，很容易忽视教育对象的主体地位和个体意识，缺乏教学语境下的民主、平等、自由、包容等特质。所以，随着治理现代化的不断推进，在高校思想政治教育治理实践中，治理主体需要用法治思维和法治方式来理顺各自的关系，分清各自的权力和职责，找准合力点，从而推进高校思想政治教育治理有序进行。

（三）从传统侧重于知识传授的育人理念向以人为目的的育人理念转变不够

习近平总书记在学校思想政治理论课教师座谈会上的讲话中明确指出，

立德树人是高校思想政治教育的根本任务。[①]坚持立德树人就需要强调以人为目的，为主体赋能的育人理念。高校思想政治教育治理现代化的主要目的就是实现立德树人，因此高校思想政治教育治理需要突出人文关怀，从偏重"物的逻辑"向"人的逻辑"转变，[②]这也是顺应国家治理现代化的根本要求，因为"国家治理现代化在实践推进中始终关照人本身的发展，重视促进人的全面发展以带动国家治理的全面进步，透溢着以人民为中心、以人为本的价值理念"[③]。因此，高校思想政治教育治理实践中，其育人理念不仅要服务于国家经济社会发展的需要，同时也要注重主体自身的发展诉求。然而，在实践中，高校思想政治教育治理中的育人理念中仍然存在忽视主体多元需求的倾向，单纯强调知识传授，这限制了高校思想政治教育的价值提升和功能的充分发挥。所以，在高校思想政治教育治理过程中，要继续转变育人理念，要以开发人的主体潜力，满足人的全面发展需要为着力点，激发主体的内生动力，调动主体的积极性、主动性和创造性，从而推动高校思想政治教育治理的能力提升。

第三节 高校思想政治教育治理活动的现实呈现

随着国家治理体系和治理能力现代化的不断推进，高校思想政治教育治理的环境发生了变化，治理主体也发生了改变，相应地高校思想政治教育的治理目标、结构和机制也会发生了改变。

一、高校思想政治教育治理目标的时代变化

在百年未有之大变局的国际形势下，在为了实现中华民族伟大复兴中国梦进行国家治理现代化的国内背景下，高校思想政治教育治理的目标也

[①] 习近平：《思政课是落实立德树人根本任务的关键课程》，《求是》2020年第17期。
[②] 冯刚、徐先艳：《现代性视域中思想政治教育治理的生成逻辑、基本内涵及时代价值》，《教学与研究》2021年第5期。
[③] 冯刚：《治理视域下高校思想政治教育队伍专业化建设的理论与实践》，《学校党建与思想教育》2020年第9期。

必然会根据具体国际国内发展，发生了相应的变化：在新时代强调为国家治理现代化培养担当民族复兴大任的时代新人，培养德智体美劳全面发展的社会主义建设者和接班人是其根本目标。由于高校思想政治教育治理最终需要高校来进行具体落实，高校层面是高校思想政治教育治理现代化的关键，所以本部分的治理目标主要针对高校的管理部门、高校教师和高校学生这三个角度来进行分析。

（一）高校管理部门注重思想引领和协调

高校管理部门作为高校思想政治教育治理的重要主体，在高校思想政治教育治理中，起着思想引导和协调作用。在高校思想政治教育治理现代化的背景下，对高校管理部门的治理能力提出了新的要求。其一，坚持马克思主义的指导地位。习近平总书记在全国高校思想政治工作会议上强调，"我们的高校是党领导下的高校，是中国特色社会主义高校。办好我们的高校，必须坚持以马克思主义为指导，全面贯彻党的教育方针。"[①]2022年4月25日，习近平总书记考察中国人民大学时再次强调高校要"坚持党的领导，坚持马克思主义指导地位，坚持为党和人民事业服务，落实立德树人根本任务，传承红色基因，扎根中国大地办大学，走出一条建设中国特色、世界一流大学的新路"[②]。高校承担着培养中国特色社会主义事业的建设者和接班人的重大任务，是我国意识形态工作的前沿阵地和重要堡垒。坚持马克思主义指导地位，才能在复杂的国际国内形势下，坚定正确方向。因此，对于高校思想政治教育治理的目标对于高校层面，首先就是坚定马克思主义的指导地位。其二，坚持培育和弘扬社会主义核心价值观。社会主义核心价值观是以马克思主义为根本指导思想，把马克思主义基本理论同中国传统优秀文化相结合，并汲取了人类文明的优秀成果，在逐渐深化对社会主义精神文明建设、社会主义核心价值体系认识的基础上所提炼出来的。社会主义核心价值观是当前我国社会占主导地位的意识形态和科学世界观，体现了社会主义的本质要求，是全体中国人民所共同追求的价值观。当然，

---

① 《习近平谈治国理政（第二卷）》，外文出版社2017年版，第377页。
② 《习近平在中国人民大学考察时强调　坚持党的领导传承红色基因扎根中国大地走出一条建设中国特色世界一流大学新路》，《人民日报》2022年4月26日。

高校作为培养时代新人的重要平台，理应把培育和弘扬社会主义核心价值观作为基本治理内容目标。其三，坚持促进高校的和谐稳定。高校的稳定和谐是开展高校一切教育活动的前提和基础。高校学生是思维最为活跃的群体，随着市场经济的高速发展，外来文化涌入，多元的思想聚集在高校，信息鱼龙混杂，加之网络媒体的快速传播，往往牵一发而动全身，极易引发群体性的突发事件，因此促进高校的和谐稳定就显得尤为重要。高校思想政治教育治理要注重维持校园的稳定，这不仅包含现实层面的安全，而且也包含精神层面的人文关怀。其四，坚持培养优良的校风。校风即学校的风气，是校园文化建设的核心内容，体现了整个学校人员的精神面貌，包括学校管理层面的工作作风、教师的教风、学生的学风等，也包含对其办学目标、管理理念和教学经验的浓缩和总结，是学校与学校之间的本质区别。优良的校风即是教育和管理的成果之一，又对教育和管理具有特殊的作用。

（二）高校教师注重执行和引导

高校教师是高校思想政治教育治理最重要的引导主体，在高校思想政治教育治理现代化的背景下，也对高校教师的治理能力提出了新的要求。习近平总书记在全国高校思想政治工作会议上专门针对教师提出了"四个相统一"，即"坚持教书和育人相统一，坚持言传和身教相统一，坚持潜心问道和关注社会相统一，坚持学术自由和学术规范相统一"[①]。而这"四个相统一"正是高校思想政治教育治理中教师的需要达成的目标。其一，坚持教书和育人相统一。教书和育人是一个整体，二者相互渗透缺一不可。教书是教师的基本职责，但教师不能仅仅局限于是教书，而是需要通过教书这种手段达成育人的根本目的。尤其是要培养社会主义现代化建设的接班人，更需要把教书和育人二者更好地结合起来。其二，坚持言传和身教相统一。言传和身教是教育教学的两个不同的环节，专指教育者通过自身的言语和行为引导受教者，使其接受教化的过程。在教育过程中，言传和身教也是不能分割的整体。教师不仅是知识的传授者，也是引导学生成人成

---

① 《习近平谈治国理政（第二卷）》，外文出版社 2017 年版，第 379 页。

才的榜样。教师的言行影响着学生的成长,所谓"文以载道,亲其师,才能信其道",就是这样的道理。其三,坚持潜心问道和关注社会相统一。潜心问道是科研的必然要求,高校教师不仅是给学生传授知识的主体,也是科研创作的主体,这是高校特征所赋予的。教学和科研对于高校教师而言,是不可偏颇的,二者相互促进高校教师的提升进步。关注社会是从教的责任所在,高校教师不能囿于高校这个象牙塔,而是应该努力承担社会责任,观察现实社会客观规律。教师的潜心问道正是基于社会现实的进行研究的,正如习近平总书记所强调的,高校教师要自觉回答"中国之问、世界之问、人民之问、时代之问",努力"研究解决事关党和国家全局性、根本性、关键性的重大问题"[①]。因此,高校教师正是通过教学科研活动,来服务国家和社会的现实需要。其四,坚持学术自由和学术规范相统一。学术发展是高校科研发展的基石,是推进国家科学进步的重要力量,而推动学术发展的主力军就是高校教师。推动学术发展,就需要坚持学术自由,因为学术自由是学术繁荣的保障,同时也不能忽略学术规范,这是学术发展的基本要求。总之,作为高校思想政治教育治理现代化的重要主体,需要"坚持四个相统一"。

(三)高校学生注重参与

高校学生作为高校思想政治教育治理现代化不可缺少的参与力量,其对治理能力的要求也有了相应的变化。其一,正确认识世界和中国发展大势。当今世界正处于百年未有之大变局,国内正在紧张有序地开展社会主义现代化建设,作为社会主义现代化建设的接班人,应该正确认识国际和国内的发展大势,从而为明晰自己的发展目标和责任担当。其二,正确认识中国特色和国际比较。作为社会主义现代化的建设者和接班人,应该正确认识中国特色社会主义的"特"到底特在哪里,为什么历史和人民选择了中国共产党,为什么我们要坚定走发展中国特色社会主义道路,为什么说中国的现代化发展道路不同于西方国家,这些不同在哪里?只有正确认识这

---

① 《习近平在中国人民大学考察时强调 坚持党的领导传承红色基因扎根中国大地走出一条建设中国特色世界一流大学新路》,《人民日报》2022年4月26日。

些问题，才能坚定中国特色社会主义的道路自信、理论自信、制度自信和文化自信，才能坚信中华民族伟大复兴中国梦一定能够实现，才能讲好中国故事、传递中国声音。其三，正确认识远大志向与躬身实践。青年学生正是树立鸿鹄之志的关键时期，当前时代也是青年实现自己人生理想的黄金时代，青年要用远大志向来指引自身前进的步伐，正如习近平总书记对青年的谆谆教诲，"青年一代有理想、有本领、有担当，国家就有前途，民族就有希望"[①]。同时，有了远大理想还需要躬身实践。不付诸实施的理想只能是空想和幻想，青年学生唯有把理想抱负落实到实际行动中，勤奋刻苦学习，增长本领，才能实现自己的远大抱负。

二、高校思想政治教育治理结构的现状分析

治理结构是指利益相关主体之间的决策权配置，不同的决策权配置模式会形成不同的治理结构。按照同大学的利益相关者分类，大学的治理结构分为大学的外部治理结构和内部治理结构。大学与外部利益相关者之间的决策权配置模式形成了大学的外部治理结构，比如，大学与政府、社会组织之间的权力配置模式；大学与内部利益相关者之间的权力配置模式形成了大学的内部治理结构，比如，大学的管理者、教师、学生等内部各利益主体之间的权力配置模式。思想政治教育治理作为大学治理的重要组成部分，在结构上也分为外部治理结构和内部治理结构。随着高校外部的经济环境、政治环境、社会文化等环境与高校治理结构之间的互动频繁，以及高校内部民主化改革对高校治理结构的影响，高校思想政治教育治理结构也从传统的单一治理结构向综合治理结构发生改变。由于大学作为社会公共性组织，自身结构十分复杂。正如组织理论所揭示的，一个组织的子系统越多以及涉及的因素越多，那么这个组织的关系就越复杂，其行为的不确定性也就越大，导致的行为结果也就难以预测。大学就是这样的复杂组织，所以在当前的现代化治理进程中高校思想政治教育治理结构仍然存在着许多问题。

---

① 《习近平谈治国理政（第三卷）》，外文出版社2020年版，第54页。

（一）高校思想政治教育治理结构的改革探索

从外部来看，强调从单一治理结构向综合治理结构转变。传统的高校思想政治教育治理结构更多倾向于内部治理结构，主要由高校各级党委、各院系辅导员、班主任、心理健康教育老师以及思想政治理论课和哲学社会科学课等相关教师组成。随着高校教育治理教育现代化的推进，高校思想政治教育治理结构强调内部结构和以政府、社会相关组织为主的外部结构共同治理，在强调完善内部结构治理的基础上，加强政府的宏观引导，同家庭、社区、社会团体的协调配合，共同构建起政府、学校、家庭、社会四位一体的高校思想政治教育治理结构。

从内部来看，高校思想政治教育内部治理结构通过各种改革举措得到优化。首先，通过治理现代化进程的推进，政府也相继出台相关政策，拓宽了内部治理主体。比如，2020年发布的《关于加快构建高校思想政治工作体系的意见》就把高校思想政治教育的治理主体从原来的各级党委、各院系辅导员、班主任、心理健康教育老师以及思想政治理论课和哲学社会科学课教师等拓展到"所有学科课程思政建设"所涉及的各类课程老师，以及需要开展思想政治教育意识和能力的研究生导师。换言之，与思想政治教育有关的所有高校教育者都是高校思想政治教育治理的主体，同时也把学生看作了治理主体，提升了学生在高校治理的主动性和积极性。其次，强调权力运行的双向过程。与统治或者管理的权力单向不同，治理强调的权力运行既包括自上而下，也包括自下而上，是一种动态的双向互动。高校思想政治教育在推进治理现代化的过程中，也是强调治理主体权力的双向互动。即强调教育者的主导作用，也强调受教育者的主动作用，二者是相互统一的。最后，探索监督形式的多样化。高校思想政治教育在治理过程中，探索多种形式的监督，使权力之间、职能之间、上下级之间、机构之间、成员之间相互牵制、相互监督。

（二）高校思想政治教育治理结构的突出问题

虽然目前我国高校思想政治教育治理结构在治理过程中得到进一步完善，但由于大学自身的复杂性，目前我国高校思想政治教育治理结构仍然存在一些突出的问题。

第一，作为外部结构的政府对高校的权力边界不清。虽然在高校思想政治教育治理现代化进程中强调厘清政府与高校的权力边界，但在当前的现实实践中，由于体制机制的不健全，政府对高校的思想政治教育治理干预的范围往往过宽，超出了政府和学校之间运行的合力界限。政府在高校思想政治教育治理过程中的角色定位还不是太准确，超越了自身的职能与权限，这使得高校在高校思想政治教育治理过程中缺乏自主性和主动性，不利于高校思想政治教育治理的现代化。

第二，作为外部结构的社会组织参与治理的主体性缺失。作为外部结构的社会组织在高校思想政治教育治理过程中，能够提供很多信息资源和物质资源，因而对高校思想政治教育治理现代化有着十分重要的作用。虽然，社会组织在高校思想政治教育治理中有一定程度的参与，但是由于高校思想政治教育治理工作相对于别的思想政治教育治理的门槛更高，这使得以家庭、社区、社会团体组织为代表的社会外部结构缺乏积极性，难以形成治理的合力。

第三，学术权力与行政权力失衡，作为内部结构的教师和学生参与治理的主动性缺失。行政权力是一种有利于管理的时效性及权威性、自上而下的单向行使的权力形式。[①] 学术权力是指专家学者依据其学术水平和学术能力，对学术事务和学术活动所施加影响和干预的力量。学术权力相较于行政权力，具有松散型、自主性和民主性等特征。行政权力相较于学术权力，是一种更具效率性，但大学所具有学术组织属性决定了大学决策事务不能仅仅依靠行政权力，而需要学术权力和行政权力的平衡。然而在个别高校的治理结构中，行政力量占据结构中的第一阶层，而本应该与之平权的学术权力被边缘化了，很难在决策学校的事务中起到关键作用。学术权力与行政权力失衡是高校教育治理中所共同面对的问题，作为高校教育治理的重要组成部分的高校思想政治教育治理同样也面临这样的问题。高校行政力量在高校思想政治教育治理中的权力过大，以至于高校教师在高校思想

---

① 眭依凡：《论大学的善治》，《江苏高教》2014年第6期。

政治教育治理中的成为被动接收者，更不用说高校学生在高校思想政治教育治理中的力量了。

三、高校思想政治教育治理机制的逻辑演进

所谓机制就是指在一个系统中，各要素之间相互作用的过程和功能。按照张耀灿主编的《现代思想政治教育学前沿》一书中对思想政治教育机制的界定，即是指在思想政治教育运行过程中各构成要素按一定的组合方式而形成的机理和运行方式。[①] 高校思想政治教育治理机制是实现高校思想政治教育治理目标的重要保障。高校思想政治教育治理是一个持续不断地、与时俱进地促进思想政治教育各领域协调发展的实践过程，高校思想政治教育机制必然也是一种循序渐进、动态发展的运行方式。不同时代所具有时代矛盾和所赋予的时代使命引发了高校思想政治教育机制的变化。根据新中国成立以来国家治理模式的嬗变可以看出高校思想政治教育治理机制的逻辑演进。

（一）1949年—1978年，全能型国家治理模式下高校思想政治教育治理机制

新中国成立后，由于面临着国内外严峻的政治经济形势，同时随着我国全面学习苏联的国家治理模式和计划经济体制，整个国家采取的是一种"全能型国家治理"模式，党和政府作为唯一的治理主体，控制了几乎全部政治和社会资源。[②] 在这种全能型国家治理模式下，高校思想政治教育机制也相应建立起了集中统一的领导机制，在育人机制上强调以社会主义教育为中心，培养有社会主义觉悟有文化的劳动者。以政治为导向，强调高校思想政治教育的重要性。在《关于教育工作的指示》中明确提出，所有学校，必须进行马克思列宁主义的政治教育和思想教育，培养教师和学生的工人阶级的阶级观点，群众观点和集体观点，劳动观念，辩证唯物主义观点。

[①] 张耀灿：《思想政治教育学前沿》，人民出版社2006年版，第258页。
[②] 李晓乐：《新中国国家治理模式嬗变的历史逻辑》，《广西师范大学学报（哲学社会科学）》2018年第1期。

必须改变政治教育中脱离我国社会主义革命和社会主义建设的实际、脱离具体教育对象的教条主义的教学方法。要以学生的政治觉悟和实际行动进行评价。① 在接受机制上，受苏联模式的影响，教育者更多体现的是灌输的教育模式。在动力机制上，强调权威驱动。在集中统一领导下的高校思想政治教育，党和政府、高校的领导干部是主要的主体，通过自上而下的行政力量对高校进行全面直接的集中控制和计划管理，具有明显的权威驱动的特征。

总的来说，全能型国家治理模式下的高校思想政治教育治理机制在短期内促进了新中国大学思想政治教育工作的改革与发展，同当时的国情和经济社会发展基本是适应和有效的。通过强调贯彻党的教育方针，培养有社会主义觉悟有文化的又专又红的劳动者，不仅提高了教师和学生的社会主义觉悟，同时也为新中国建设培养了大批急需的专业技术人才和高级专门人才。但是，对高校思想政治教育的高度集中管理具有简单生硬的一面，对不同主体参与高校治理积极性的调动带来了一定程度的影响。

（二）1978年改革开放—十八大以前，发展型国家治理模式下的高校思想政治教育机制

1978年党的十一届三中全会后，国家的工作中心从"阶级斗争"开始向"经济建设"转移，国家的治理模式也随之转型，以经济建设为中心的发展型国家模式开始替代全能型国家治理模式。这种发展型国家治理体现为把经济发展作为国家治理的首要目标，高校思想政治教育机制也随之发生了相应的改变。在育人机制上，强调培养面向现代化、面向世界、面向未来需要的社会主义建设者和接班人。在1984年中共中央宣传部、教育部发布的《关于加强和改进高等院校马列主义理论教育的若干规定》中强调高校思想政治教育要紧密结合时代和科学技术发展，紧密结合社会主义现代化建设和党的路线方针政策，紧密结合学生中普遍存在的思想认识问题，同时还要引导学生增强各种西方思潮的辨别能力，提升对马克思主义的认

---

① 中共中央文献研究室：《建国以来重要文献选编（第十一册）》，中央文献出版社1995年版，第491页。

同和信仰。随后的三次思想政治理论课的改革,即"85"方案、"95"方案、"05"方案的相继提出和实施,都是强调高校思想政治教育要把培养符合中国特色社会主义发展需要的人才作为首要任务。在接受机制上,开始改变传统的灌输方法,强调以人为本,增强教育者的主导型和受教育者的主动性。在动力机制上,强调改革驱动。随着我国改革开放的不断深入,我们党越来与重视通过改革来推动高校思想政治教育的体制完善。与权威驱动强调的权力本位相比,改革驱动则强调通过结构调整、分权改革以及利益分配方式等,不断扩充高校主体的权力,从而不断调动高校主体参与改革的积极性。

总的来说,发展型国家治理模式下的高校思想政治教育治理机制激发了高校思想政治教育的活力,催生了高校思想政治教育的极大发展,提升了高校思想政治教育在促进国家经济建设需要的人才支撑能力,同时也对我国大学的现代进程起到极其重要的思想引领的作用。但是,不可忽视的是,随着竞争机制的引入和市场化的冲击,教育过度"产业化""商业化"倾向加剧。引发把本来正确的"教育为经济发展服务"变成"教育商品化"等问题。①在这样的背景下,高校思想政治教育治理也出现了受到弱化与轻视的境遇。

(三)党的十八大以来,现代化国家治理模式下的高校思想政治教育治理机制

党的十八大以来,中国特色社会主义进入新时代,国家治理模式进入全面推进治理体系现代化和治理能力现代化的全新阶段。当前国家治理模式的一个基本目标就是现代化,这是国家治理体系和治理能力现代化的出发点和落脚点。国家治理的现代化不仅仅是制度的现代化,而且也强调国家各领域治理能力的现代化。这样的新时代必然带来的新矛盾,赋予了新的历史使命,也促使高校思想政治教育机制的新变化。首先,党的十九大明确提出,党的领导决定着中国特色社会主义的性质和方向,是中国特色社会主义的最本质特征。因此,坚持党的领导核心作用,是推动思想政治

---

① 潘懋元:《高等教育主动适应经济与社会发展的理论思考——在第二次全国大学教育研讨会上的发言》,《教育评论》1989年第1期。

教育制度机制形成的关键,也是推进高校思想政治教育治理发挥效能的根本保障。因此,高校思想政治教育治理机制最根本的也是首要的就是健全完善党对思想政治教育全面领导的体制和机制。其次,在育人机制上,强调立德树人,致力于人的全面发展。党的十八大报告强调把"立德树人"作为教育的根本任务,培养德智体美全面发展的社会主义建设者和接班人。党的十九大报告要求落实立德树人的根本任务,并将"立德树人"置于人的全面发展之上。在2018年全国教育大会上,习近平总书记将原来的"德智体美"演进为"德智体美劳",拓展了立德树人的内涵和要求。[1]通过对立德树人的强调,体现了高校思想政治教育育人机制要不断完善从而体现人的全面发展的根本需求。同时,在育人机制上,也强调通过"三全育人"来拓展思想政治教育的创新舞台和空间。习近平总书记在2016年全国高校思想政治工作会议上强调:"要坚持把立德树人作为中心环节,把思想政治工作贯穿教育教学全过程,实现全程育人、全方位育人。"[2]因此,高校思想政治教育治理机制需要整合全社会的资源来服务与高校育人,从而形成全社会关系、支持、服务高校思想政治工作的机制体系。再次,在接受机制上,高校思想政治教育治理的本质在于提高高校立德树人的功能。在治理现代化的背景下,更加强调教育者和受教育者的双向互动,因而高校思想政治教育的接受机制需要积极发挥教育者的主导型和受教育者的主动性。最后,在动力机制上,强调深化改革来进行驱动。随着国家治理现代化和治理能力现代化进程的不断推进,高校的治理主体更加多元,并赋予高校治理主体更多的民主参与权力,提供更广泛的民主参与渠道,这极大提高了高校思想政治教育治理的效率。同时,还加强了权力的监督机制和制约机制,使得高校思想政治教育治理更加规范化和科学化。

---

[1] 《习近平在全国教育大会上强调 坚持中国特色社会主义教育发展道路 培养德智体美劳全面发展的社会主义建设者和接班人》,《人民日报》2018年9月10日。

[2] 《习近平在全国高校思想政治工作会议上强调 把思想政治工作贯穿教育教学全过程 开创我国高等教育事业发展新局面》,《人民日报》2016年12月9日。

第四节　高校思想政治教育治理载体的现实运用

在现代汉语中，载体是指某些能够传递能量或运载其他物质的物质。思想政治教育载体是指在思想政治教育过程中，思想政治教育者为实现一定的教育目标，选择、运用承载一定的思想政治教育信息的教育中介。① 高校思想政治教育治理载体则是指在高校思想政治教育在治理过程中，高校思想政治教育主体为实现治理目标而选择的治理中介。高校思想政治教育治理载体既可以是语言文字、实践活动，也可以是一定的管理和文化，等等。在新时代的条件背景下，高校思想政治教育治理面临着新的时代发展特征、中国改革的实际以及高校发展的现实状况，与之相适应，高校思想政治教育治理的载体也在发生着新的变化。针对高校思想政治教育治理实际，本部分主要分析高校思想政治教育治理对活动载体、管理载体和传媒载体的现实运用。

一、高校思想政治教育治理的活动载体运用

活动是由共同目的联合起来并完成一定社会职能的动作的总和。② 高校思想政治教育治理的活动载体，是指高校思想政治教育的治理主体为实现高校思想政治教育治理的目的所设计开展的有计划有组织的活动。马克思指出："生产劳动同智育和体育相结合，它不仅是提高社会生产的一种方法，而且是造就全面发展的人的唯一方法。"③ 高校思想政治教育本身就是一种实践活动，是一种高等学校专业化的治理活动。同时，治理活动也是高校思想政治教育治理现代化的重要载体。随着中国社会的发展，高校思想政治教育治理在改进中加强、在创新中发展，因而其活动载体的运用也在不断丰富和发展。

---

① 《思想政治教育学原理》编写组：《思想政治教育学原理（第二版）》，高等教育出版社 2018 年版，第 231 页。
② 《思想政治教育学原理》编写组：《思想政治教育学原理（第二版）》，高等教育出版社 2018 年版，第 235 页。
③ 《马克思恩格斯选集（第二卷）》，人民出版社 2012 年版，第 230 页。

（一）活动载体的选择范围更广

新中国成立以来，特别是改革开放以来，随着中国社会的革故鼎新的发展，高校思想政治教育治理也在不断完善和发展，对高校思想政治教育治理的认识也在不断深化。高校思想政治教育作为一种专业化的治理活动，在开展治理活动的过程中，对活动载体的选择更加灵活，范围越来越广。在中共中央国务院引发的《关于加强和改进新形势下高校思想政治工作的意见》中明确指出："坚持全员全过程全方位育人。把思想价值引领贯穿教育教学全过程和各环节，形成教育育人、科研育人、实践育人、管理育人、服务育人、文化育人、组织育人长效机制。"[①] 从这里的要求可以看出，在"三全"育人的体系中，高校思想政治教育的治理载体也越来越丰富，选择范围也原来越广。科研活动、社会实践活动、管理活动、大学服务和业务活动、校园文化活动、组织活动等都是高校思想政治教育治理所运用的重要载体。

（二）活动载体的运用更加专业化

随着高校思想政治教育治理现代化的不断推进，因而要求高校思想政治教育治理活动载体运用更加专业化。这不仅体现在高校思想政治教育治理的每一项活动目标都需更加明确，而且也体现在每一项活动都会进行有效分解，从而使得治理活动更为具体、更具有可操作性，更能够激发参与者参与治理活动。所以，高校思想政治教育治理活动会在活动前进行针对性的活动策划和培训，在活动中会进行阶段性的考核与指导，在活动后期会进行专门的评价和总结。通过一系列的措施，使得高校思想政治教育治理的活动载体运用更加专业化，从而有效提升高校思想政治教育治理的有效性。

（三）活动载体的运用更加强调参与者的治理主动性和创造性

高校思想政治教育治理活动是一个整体性的治理活动，需要凝聚各方力量，组织各方要素。因而，高校思想政治教育治理活动不仅包含组织者，也包含参与者。随着对高校思想政治教育治理的深入认识，高校思想政治

---

① 《中共中央国务院<关于加强和改进新形势下高校思想政治工作的意见>》，《人民日报》2017年2月28日。

教育治理的活动载体的运用从最初单方面强调组织者的作用到越来越强调组织者和参与者的共同作用。在新时代的高校思想政治教育治理活动中，不仅要求组织者积极发挥组织作用和引导作用，而且也要求参与者积极参与治理活动的组织、策划、管理和评估等活动，从而积极发挥参与者的主动性和创造性。通过组织者和参与者的共同作用于治理活动，从而有效把治理活动中的各项资源有机整合起来，提升治理活动的有效性。

总而言之，随着时代条件的发展，高校思想政治教育治理的活动载体的运用也在不断丰富和拓展。不仅高校思想政治教育治理活动载体的选择范围越来越广，而且高校思想政治教育治理活动载体的运用也越来越专业，并且在运用中越发凸显参与者的主动性和创造性。但不可忽视的是，高校思想政治教育治理的活动载体运用仍然存在一些问题，比如，在治理活动中，高校思想政治教育治理的组织者、主办方仍然会出现大包大揽、包办代替的现象；在治理活动中，由于组织者的认识不到位，对活动载体的选择不恰当等现象，这些都不利于高校思想政治教育的治理。

二、高校思想政治教育治理的管理载体运用

管理是在社会组织中，为了实现预期的目标，以人为中心，采用计划、组织、指挥、协调、控制以及创新等手段实施的协调活动。①如前所述，治理不同于管理。但是治理源于管理，强调治理并不等于要取消管理，同时高校思想政治教育作为一种专业化的治理活动也离不开管理。所以，高校思想政治教育治理强调运用管理载体，侧重于强调管理的与时俱进，通过不断调整管理观念，创新工作方式，从而提高高校思想政治教育治理的效果。

（一）管理载体的运用更加强调民主化

新时代高校思想政治教育作为一种专门性的治理活动离不开管理，在其治理过程中必然会运用管理载体来提高治理的效果。随着治理现代化的不断推进，高校思想政治教育治理中所运用的管理载体也发生了改变，首

---

① 《思想政治教育学原理》编写组：《思想政治教育学原理（第二版）》，高等教育出版社2018年版，第243—244页。

要的就是在运用管理载体上更加强调民主化。从主体来看，以往的高校思想政治教育虽然也强调在管理过程中发挥受教育者的主动性、积极性和创造性，但在实际的日常教育和管理过程中，仍然习惯于从管理者的角度出发，采用自上而下的管理方式，受教育者仍然是被动的参与者。而新时代高校思想政治教育治理强调在运用管理载体的时候，打破自上而下的管理模式，强调无论是教育者还是受教育者都应该积极参与高校思想政治教育的治理实践活动，成为高校思想政治教育治理的主体。从方式来看，以往的高校思想政治教育管理在实际的管理过程中，由于受传统党政一体化思想的制约，采用一种单向式的管理方式，从而带有行政命令的色彩。而新时代高校思想政治教育治理主张打破这种单向式的、带有行政命令色彩的管理方式，强调多元主体共同管理，主张采取协商、合作、互动等管理方式。所以，从主体和方式来看，高校思想政治教育治理的管理载体运用更加民主化。

（二）管理载体的运用更加强调制度化

制度化是新时代高校思想政治教育治理的管理载体运用的另外一大特点。高校思想政治教育从管理走向治理，实际上就是制度化的过程。在这个过程中，高校思想政治教育管理从计划、组织、指挥，再到协调和控制，都更加系统和规范，呈现出制度化的特点，这为高校思想政治教育治理提供给了制度保障。首先，从岗位职责来看，在管理上更加明确高校部门和岗位的科学设置，明确各部门和各岗位人员的职责，避免权责不分、任务不明、职责划分不清所导致的相互推诿和扯皮等现象的发生。其次，从教育制度上来看，在管理上更加制度化和规范化。比如，学校的日常政治学习，各级党组织的活动，学院、年级、班级的活动、爱国主义教育、形势政策教育、文明创建活动等都给予明确的规定。再次，从管理制度来看，逐渐建立和完善了学校的日常管理制度、校纪校规、奖惩制度等，为高校思想政治教育治理的顺利进行提供重要有效的手段。最后，从工作制度来看，对高校思想政治教育治理系统所属的工作机构和工作人员的性质、职责，以及工作范围等进行了统一的规范要求，主要包括政治理论学习制度、考核评估制度、请求汇报制度等，这为高校思想政治教育治理提供了有效的支持和保障。概言之，通过高校思想政治教育治理现代化进程的全面推进，高校思想政治教育治理的管理载体运用更加制度化。

（三）管理载体的运用更加强调法治化

法治化是新时代高校思想政治教育治理的管理载体运用的一大特点。高校思想政治教育治理从管理到治理，是不断制度化的过程，同时也是不断法治化的过程。这不仅是高校治理现代化进程中对高校思想政治教育治理法治化水平和法治化能力的必然要求，而且也是国家治理现代化进程中，高校思想政治教育治理的必然选择。在高校思想政治教育不断从管理到治理的转型升级过程中，高校思想政治教育治理的管理载体运用的法治化水平和程度也不断得到提高。首先，高校思想政治教育者的法治能力和法治水平不断提高。高校思想政治教育治理的管理载体的运用主体是高校思想政治教育者，所以在运用管理载体，不断提升高校思想政治教育治理法治化的进程中，高校思想政治教育者的法治能力和法治水平也得到了相应的提高。这不仅体现为高校思想政治教育者在运用管理载体从事治理工作更加依法依规，更重要的是体现为高校思想政治教育者运用法治思维使用管理载体从事治理工作。法治思维是现代国家的治理理念，是国家治理现代化的精髓，所以运用高校思想政治教育者运用法治思维进行治理，是高校思想政治教育治理的管理载体运用法治化的重要体现。其次，运用管理载体，促使教育与治理相统一。高校思想政治教育者在运用法治思维提升运用管理工具能力的同时，也立足本职岗位，做好思想政治教育。换言之，高校思想政治教育者在育人的同时，又运用管理载体做好高校思想政治教育的治理工作，做到教育与治理相结合。通过高校思想政治教育治理的法治化，促使教育法治化和规范化；反过来，教育又使高校思想政治教育治理法治化理念入脑入心，又进一步提升高校思想政治教育治理法治化水平。最后，运用管理载体，营造良好的治理法治化环境。高校思想政治教育治理的管理载体无论是形式上还是内容都非常丰富，比如，日常管理中教学管理、学生管理、社团管理、后勤管理等都是其管理载体。随着高校思想政治教育治理现代化的推进，高校思想政治教育治理的这些管理载体的运用也逐渐法治化，通过载体的法治化，也促进了高校思想政治教育治理的法治化。

总而言之，随着国家治理体系和治理能力现代化进程的推进，高校思想政治教育治理的管理载体的运用也在不断丰富和拓展。不仅表现为高校思想政治教育治理管理载体运用越来越强调民主化、制度化，也体现为高校思想政治教育治理管理载体运用更加法治化。但不可忽视的是，高校思想政治教育治理的管理载体运用仍然存在一些问题，比如在实际的治理活动中，对管理载体运用不当，仍然还存在教育与治理的"两张皮"现象，这不利于高校思想政治教育治理法治化。

三、高校思想政治教育治理的传媒载体运用

传媒，简单来说就是大众传媒，是指承载、传递信息的物理形式，主要包括报纸、书刊、广播、电影、电视、网络等。大众传媒是人类社会发展到一定阶段的产物，并随着人类科学技术的发展形成了特有的形式。通常，人们把报纸、书刊、广播、电影、电视等传播媒介称之为传统媒介，把以互联网为技术支撑的传播媒介称之为新传媒，如网络电视、网络期刊、网络图书、手机电视等。[①] 随着网络信息技术的迅速发展，大众传媒借助互联网的发展优势，正在从传统媒介向新媒体快速发展和转变。高校思想政治教育治理要实现现代化就要适应这样的转变，积极运用新媒体和融媒体，做好高校思想政治教育的治理工作。伴随着高校思想政治教育治理体系和治理能力的提升，高校思想政治教育治理的传媒载体的运用能力也得到了增强。

（一）传媒载体运用坚持传统与现代相结合

面对新媒体和融媒体的发展，高校思想政治教育在治理过程中，积极运用新媒体和融媒体。这主要表现为依托学校互联网平台和移动终端建设，构建高校的思想政治教育治理平台，如大学生评奖评优平台，大学生就业指导平台等。也与高校其他业务主管部门合作，构建学校的网络宣传平台、

---

① 《思想政治教育学原理》编写组：《思想政治教育学原理（第二版）》，高等教育出版社2018年版，第241页。

教务管理平台、科研平台等。通过新媒体和融媒体，不仅实现学校内部之间的有效传播与互动，也实现了学校与学校之间、学校与社会之间、学校与家庭之间的有效传播与互动。另外，也表现为高校思想政治教育者广泛运用新媒体和融媒体，比如，在教学过程中使用QQ群、微信群、微博、雨课堂、学习通、大学生慕课平台等开展网络思想政治教育，从而打破思想政治教育的空间和实践，拓展思想政治教育的广度和深度。同时，高校思想政治教育在治理过程中，并没有忽略传统媒体的运用，而是依托新媒体、融媒体，不断开发传统媒体在思想政治教育治理中的功能，从而把传统媒体与新媒体、融媒体相结合，共同促进高校思想政治教育治理的有效性。

（二）传媒载体运用坚持"内容为王"

"高校立身之本在于立德树人"[①]，高校思想政治教育治理的根本任务就是通过治理提升高校立德树人的能力。所以，面对形式多样的传媒载体，高校思想政治教育在治理过程中越来越坚持"内容为王"，以传媒载体所承载的内容去吸引和感染学生。一方面提升传媒载体所承载内容的专业性、趣味性，从而满足学生对优质教育内容的需求；另一方面，高校思想政治教育者通过了解新时代大学生的精神需求、学习诉求，从而把学生关注的热点设置成教学内容，引导学生理性面对学习和生活中的问题，正确辨析社会中的问题等等。简言之，高校思想政治教育治理在运用传媒载体中，始终以实现治理的目标和任务为根本落脚点，因为在传媒载体的运用中越来越坚持"内容为王"。

（三）传媒载体运用坚持以"智能化"为发展目标

随着4G时代的到来，5G时代的发展，中国已经开始进入一个万物互联、信息互通的时代，新媒体、融媒体已经开始向智媒体发展转变，如5G通信、云计算、大数据、人工智能等智能技术，已经越来越多地介入到新媒体和融媒体的运行传播过程中。习近平总书记指出："全媒体不断发展，出现了全程媒体、全息媒体、全员媒体、全效媒体，信息无处不在、无所不

---

① 《习近平在全国高校思想政治工作会议上强调 把思想政治工作贯穿教育教学全过程 开创我国高等教育事业发展新局面》，《人民日报》2016年12月9日。

及、无人不用,导致舆论生态、媒体格局、传播方式发生深刻变化,新闻舆论工作面临新的挑战。"[①]大众传媒的时代性转变同样给高校思想政治教育治理带来了挑战。高校思想政治教育治理面对这样的挑战,也开始积极依托新媒体和融媒体,充分运用媒体的新技术和新业态,促使高校思想政治教育治理的大众传媒载体向"智能化"方向发展。比如,借助 4G 和 5G 技术,高校开始探索基于大数据、云计算和智能互联在内的各种校园数据媒体平台的互联互通。通过整合优化校园内部的媒体资源,打造校园智媒体平台,从而推进高校思想政治教育治理的智能化。

总而言之,随着信息化、智能化等新兴技术的迅猛发展,高校思想政治教育治理的传媒载体的运用也在不断丰富和拓展。高校思想政治教育治理传媒载体的运用不仅坚持传统与现代相结合,坚持"内容为王",更注重随着科学技术的发展向智能化方向发展。但不可忽视的是,高校思想政治教育治理的传媒载体的运用仍然存在一些问题,比如,新媒体、融媒体的运用存在碎片化、零碎化的问题,传媒内容上存在创新还不够的问题,"全员、全息、全程、全效"的全媒体指导理念存在缺位的问题,信息技术运用上滞后的问题等,还需要不断推进高校思想政治教育治理的传媒载体的创新发展,进而为高校思想政治教育治理提供技术保障。

---

① 《习近平谈治国理政(第三卷)》,外文出版社 2020 年版,第 317 页。

第五章
高校思想政治教育治理能力的体系框架

高校思想政治教育治理水平的高低与高校思想政治教育治理能力密切相关。有效提升高校思想政治教育治理能力，需要明确高校思想政治教育治理能力的体系框架。依据相关治理理论及高校思想政治教育的特点，我们认为高校思想政治教育治理能力的体系框架由思想引领力、社会服务力、协同合作力、现代技术力四个部分构成，这些部分共同作用形成了思想政治教育治理能力。

第一节　高校思想政治教育治理的思想引领力

思想引领力是高校思想政治教育治理的重要能力之一，直接决定着思想政治工作对象的思想素养，具体表现为学习力、阐释力、批判力、表率力、传播力、团结凝聚力等。

一、思想引领力的内涵与特点

（一）高校思想政治教育治理的思想引领力内涵

党的十九大报告指出："全党要更加自觉地坚定党性原则，勇于直面问题，敢于刮骨疗毒，消除一切损害党的先进性和纯洁性的因素，清除一切侵蚀党的健康肌体的病毒，不断增强党的政治领导力、思想引领力、群众组织力、社会号召力,确保我们党永葆旺盛生命力和强大战斗力。"① "思想引领力"是对新时代对思想领域党的领导更为科学、合理和准确的表述,这种表述更加准确地反映了党的思想领导的内在特点,更加符合党在全面建设社会主义现代化进程中思想引领工作的现实需要。

关于思想引领力,有学者认为,党的思想引领力,是指中国共产党在马克思主义理论指导下认识世界和改造世界所必备的维系和调适自身的世界观和方法论,并以此整合社会力量、引导社会进步乃至推动社会变迁发展的能力。②认为思想引领力既指某一种思想体系或理论体系的引导力,即指隶属关系;更指其内在逻辑体系和精神实质所演绎出来的真理力量,即吸引力和感染力,由建构力、创新力、传播力、解释力、整合力、凝聚力以及战斗力七个要素构成。还有学者从一般思想教育主体的角度探讨思想引领力,如戴焰军认为,"我们所说的思想引领力,就是通过我们的思想宣传和教育工作,让广大人民群众更好地理解、认同和接受我们党的各项主张、各项路线方针政策,让广大人民群众明确我们共同的奋斗目标和实现目标的基本条件,明白实现这样的目标和他们向往的美好生活的关系,从而紧紧围绕在我们党周围,和我们共同奋斗"③。也有学者从高校学生思想引领工作来定义思想引领。如蔡婕萍,黄佩认为,大学生处于世界观、人生观和价值观的形成时期,思想引领工作就是不断引领大学生形成正确的"三观",帮助广大青年树立正确的理想、坚定的信念,坚持和维护中国共产党的领导,为实现"中国梦"而不断奋斗。

学界的不同观点使得我们在界定思想引领力时必须厘清一个问题:思想引领的主语和宾语是什么?也就是要清楚到底是思想(理论)引领还是引领思想还是思想引领思想?基于思想政治教育治理工作的特点,我们认为思想政治治理中的思想引领其主语和宾语都可以是思想,只是第一个思想常常是广义上的思想,包括了理论,如马克思主义理论、习近平中国特

---

① 《决胜全面建成小康社会夺取新时代中国特色社会主义伟大胜利——在中国共产党第十九次全国代表大会上的报告》,人民出版社2017年版,第16页。
② 刘明:《论党的思想引领力及其构成》,《集美大学学报(哲学社会科学版)》2021年第2期。
③ 戴焰军:《不断增强党的思想引领力是实现党的全面领导的内在要求》,《中国党政干部论坛》2018年第3期。

色社会主义思想；第二个思想指的是人民群众及青年学生的思想，是相对于身体及行为而言的。这里我们认为更多是人民群众及青年大学生的思想，只是这里的思想是广义的思想，也包括了对其政治态度、观念的引导。

为此，我们认为高校思想政治教育治理主体的思想引领力是高校思想政治教育治理主体利用马克思主义理论及各种先进的思想政治教育理论对青年大学生的思想进行引领的能力。

（二）高校思想政治教育治理思想引领力的特点

对高校思想政治教育治理主体的思想引领力深层剖析发现，高校思想政治教育治理主体的思想引领力呈现出如下特点：

引领内容的广泛性。高校思想政治教育治理的思想引领力在引领的内容方面是广泛的。我们知道，高校思想政治教育治理主体在思想引领时重在对青年大学生的思想进行引领，但这里的思想是广义的思想，包含对学生思想、政治、道德等多方面的引领。

引领方式的民主性。高校思想政治教育治理主体在思想引领时方式是民主的。随着现代治理理念的深入，高校思想政治教育治理主体在进行引领时在方式方法上更加强调民主、平等，不是命令式的"跟我走"，而是强调让青年大学生这一客体乐意跟随，主动跟随，积极主动靠近。

引领主体的多元性。高校思想政治教育治理主体的思想引领力的主体是多元的，其并不是单一的高校思想政治教育课教师，也不只是学校的党团组织等，在大思政的背景下，思想引领力的主体及拥有者应是所有与青年学生思想政治教育工作相关的主体，此处，我们不排斥校外，但这里主要指的是校内。主要指的是校内的全体教职员工及校内的各机关部门。

二、思想引领力的体系构成

在对高校思想政治教育治理思想引领力内涵深刻把握的基础上，我们认为高校思想政治教育治理思想引领力至少包含学习力、阐释力、批判力、传播力、团结凝聚力等。

（一）学习力

首先，学习力是高校思想政治教育治理引领力的首要能力，是主体在参与治理过程中具备的基本能力。作为高校思想政治教育治理主体，首先需要具备比较强的学习力。一方面，要在高校中对党的路线方针政策进行宣传阐释，就必须深入学习和领会新时代党的创新理论，准确把握其科学内涵和精髓要义。同时，思想政治工作者作为思想政治教育治理的主要主体，要成为学生成长过程中的引路人，为科学解决其思想之困，人生之惑，也需要学习教育学、心理学及思想政治教育方面的理论知识、技能和方法。在今天知识日益更新的时代，面对学生成长中日益出现的各种新问题，高校思想政治教育治理主体只有具备较强的学习力，才能胜任其引领人的角色。

（二）阐释力

理论阐释力指在对理论准确把握和理解基础上对其进行的解释，基本特点是根据阐释者自身的经验和理解对理论本身所进行的对象性解读。从这个意义上看，党的路线方针政策是否能够正确传达到青年学生群体，青年学生群体是否能够正确理解党的方针政策，这很大程度上依赖于思想政治教育治理主体对党的创新理论的阐释能力。如果思想政治教育治理在解读中出现误解、歪解或浅化解读等问题，则党的政治领导、思想引领就无法落地，就无法号召动员青年大学生群体从理论上心服口服听党话，跟党走，为社会主义事业奋斗，为中华民族复兴贡献自己的青春力量。

（三）批判力

当今时代，意识形态领域斗争日益复杂，多元化思想相互碰撞，而青年大学生尚处于思想还未完全成熟、知识方面还需要丰盈的阶段，容易被不良思潮影响甚至利用，这就需要高校思想政治教育治理主体对其进行及时正确地思想引领。如果高校思想政治教育治理主体自己都对这些思潮缺乏深刻地认知和批判能力，显然不能胜任对青年学生群体的思想政治引领任务。因此，思想政治教育主体必须自己先对这些思潮有深刻地认知和批判能力，能深刻认识各种思想思潮的本质和危害，并运用马克思主义理论对其进行深刻批判。

（四）传播力

传播力是思想引领力的重要表现。思想政治引领，需要将相关知识传播给青年大学生，也需要高校思想政治教育主体具有较强的传播力。我们知道思想政治教育虽然也强调主动学习，但更需要通过主体的传播，新媒体时代如何让其传播的思想理论入耳入脑入心，作为一名优秀的思想传播者，应掌握让受众接受其传播的思想的技能，能灵活使用各种传播工具及运用适切的语言进行传播，能熟练运用传播的心理知识进行传播。

（五）凝聚力

思想政治教育治理主体要做好思想政治引领工作，还需要具有很强的团结凝聚力，将青年学生团结凝聚在自己周围。在思想政治教育治理过程中，要真正以学生为中心，与学生形成良性的互动机制，注重倾听学生的心声，了解学生的思想动态，同党的创新理论团结凝聚学生，形成为中华民族伟大复兴团结奋斗的凝聚力和向心力。

三、思想引领力的意义与价值

（一）落实党的思想引领的重要途径

在 2018 年全国宣传思想工作会议上，习近平总书记提出"建设具有强大凝聚力和引领力的社会主义意识形态，是全党特别是宣传思想战线必须担负起的一个战略任务"[①]，思想引领已成为思想战线的一个战略任务，那么如何让党的引领在高校落实呢？高校思想政治教育治理主体作为青年学生的引路人，作为党的创新理论的传播者，当然义不容辞也担负着对青年大学生思想引领的任务。因此，提升高校思想政治教育治理主体的引领力实质上成为抓好党在高校思想引领的重要抓手。

---

① 《习近平在全国宣传思想工作会议上强调 举旗帜聚民心育新人兴文化展形象更好完成新形势下宣传思想工作使命任务》，《人民日报》2018 年 8 月 23 日。

（二）凝聚青年学生实现民族复兴伟业的需要

提升高校思想政治教育治理的思想引领力是凝聚青年学生实现民族复兴伟业的需要。"中国特色社会主义新时代是一个承前启后、继往开来、在新的历史条件下继续夺取中国特色社会主义伟大胜利的时代；是一个决胜全面建成小康社会、进而全面建设社会主义现代化强国的时代；这是一个全国各族人民团结奋斗、不断创造美好生活、逐步实现共同富裕的时代；是一个全体中华儿女戮力同心、奋力实现中华民族伟大复兴中国梦的时代；是一个我国日益走向世界舞台中央、不断为人类作出更大贡献的时代。"[①]实现中华民族复兴伟业，需要凝聚全体中华儿女的力量，而这当然包含着富有朝气的青年大学生。高校思想政治教育治理主体的思想引领力越强越好，年轻大学生就越容易凝聚在党的周围，听党话，跟党走，为民族复兴贡献自己的力量。

（三）提升青年学生增强意识形态领域斗争能力的需要

党的十八大以来，以习近平同志为核心的党中央不断加大意识形态工作力度，建立健全意识形态工作责任制，有效扭转了意识形态领域一度出现的被动局面，意识形态领域总体保持了向上向好态势。同时要看到意识形态领域仍不平静，面对的形势依然错综复杂，面临的风险挑战依然严峻，意识形态斗争和较量优势十分尖锐。青年学生处于多元思想碰撞，意识形态斗争复杂的现实社会中，如何才能不被侵蚀并且拥有抗"腐蚀"、强纠错能力呢？这就需要我们高校思想政治教育引领主体切实担负起思想引领的作用，提升青年学生在意识形态领域的斗争能力，为巩固党的意识形态阵地作出重要贡献。

（四）助力青年学生健康成长实现人生价值的需要

高校思想政治教育治理服务于培养德智体美劳全面发展的社会主义合格建设者和可靠接班人的根本目的，这一基本定位决定了思想政治教育治理必须适应青年大学生健康成长的需要。青年大学生身处变化剧烈的时代，

---

① 《决胜全面建成小康社会夺取新时代中国特色社会主义伟大胜利——在中国共产党第十九次全国代表大会上的报告》，人民出版社 2017 年版，第 11 页。

思想逐渐走向成熟，面对各种困惑和不解需要进行释疑解惑，指点迷津。因此，思想政治教育治理能力的提升对于实现大学生的健康成长具有非常重要的作用。

第二节　思想政治教育治理的社会服务力

党的十八大报告明确指出"建设学习型、服务型、创新型的马克思主义执政党"①，"建设职能科学、结构优化、廉洁高效、人民满意的服务型政府"②。在治理视域下，服务型理念已成为各行各业所必备的基本理念。高校思想政治教育治理工作也应与时俱进，形成具有较强服务力的高校思想政治教育治理格局。

一、社会服务力的内涵与特点

（一）社会服务力的内涵

关于服务力，学界主要探讨的是企业服务力。如李羿锋认为：行行都是服务业，环环都是服务链，人人都是服务员。他认为企业服务力是服务经济时代服务型企业的核心竞争力，是影响人类共同命运的时代力量！服务力是一个企业通过整合资源，来塑造超越客户期望体验的能力，它是一种综合能力，是一种资源整合力，是一种塑造用户体验的创造力，同时它也是一种创造高于竞争对手价值的能力，也可以称之为价值创造力。简单来说，服务力就是资源整合力，体验塑造力和价值创造力，更是通过服务创造利润的能力。冯俊、冉斌认为，服务力也称为服务能力，是指企业服务部门满足顾客需求、赢得顾客忠诚和创造利润的能力。服务力可以表现在一线服务部门、服务团队和服务员个人三个层次上。服务部门的服务力

---

① 《坚定不移沿着中国特色社会主义道路前进为全面建成小康社会而奋斗——在中国共产党第十八次代表大会上的报告》，人民出版社 2012 年版，第 50 页。

② 《坚定不移沿着中国特色社会主义道路前进为全面建成小康社会而奋斗——在中国共产党第十八次代表大会上的报告》，人民出版社 2012 年版，第 28 页。

是通过各个服务团队的有效协作形成的,服务团队的服务力又是许多服务员个人的有效协作形成的。因此,服务力在制造企业中一般不被看作生产能力,一般不和企业的利润水平直接挂钩。基于这个观点和认识,服务企业的服务能力属于生产能力,而且是一种活的生产能力,对它的评价除了及时性、服务效率、服务质量、顾客满意度等外,还要包括它直接创造的利润。

我们认为,高校思想政治教育治理的服务力是高校思想政治教育治理主体在从事高校思想政治教育治理工作的过程中,以学生为中心,以为学生服务为宗旨,在思想政治教育治理的各环节如教学、学生工作、管理工作等中融入服务理念,通过显性或隐性的途径,以专业性的服务有效帮助助力学生思想政治素养提升的一种能力。

(二)社会服务力的特点

1. 无偿性

与服务业的服务是有偿的不同,高校思想政治教育治理主体的服务力的服务具有无偿性特点,社会服务是高校思想政治教育治理主体的本职工作,蕴含在高校思想政治教育的工作范畴之中,不带有任何逐利的性质,其动机是为了学生的发展,目的是为时代新人的培养提供支持。

2. 分权性

借鉴新公共管理理论特点,高校思想政治教育治理主体的服务力的服务也倡导在服务学生的同时注意听取学生的心声,给他们权利,还倡导让青年大学生及青年大学生组织自我服务,给他们自我服务的权利,让其在自我教育中成长。当然,学生自我服务是对高校思想政治教育治理主体的协助、配合,高校思想政治教育治理主体仍是为学生服务的主体。

3. 专业性

高校思想政治教育是一门专业的学问,具有科学性,并非是一般生活性的服务,因此,高校思想政治教育治理主体在为学生提供服务时,还需要不断学习思想政治教育的相关理论及方法,与时俱进提供服务水平,才能真正为学生提供满意的服务,也才能真正落实以学生为中心理念。

二、社会服务力的体系构成

我们认为，高校思想政治教育治理主体的服务力至少包括民主协商力、问题解决力、亲和力三种。

（一）民主协商力

民主协商力是高校思想政治教育治理主体服务力的基本内容之一，没有民主协商力的服务力并不是治理范式下的服务力。民主协商力是高校思想政治教育治理主体在进行思想政治教育治理工作时，以民主而非独断专行的形式议事沟通和决策的能力。高校思想政治教育治理主体的民主协商力，不仅体现在进行高校思想政治教育时，多元的高校思想政治教育治理主体之间如教师与行政人员、领导与普通员工之间，而且还表现在各高校思想政治教育治理主体与青年学生之间，比如学生与课任教师之间、领导与学生之间、辅导员与学生之间等都要强调民主协商。

高校思想政治教育治理主体的民主协商力不仅强调民主协商的精神，而且强调民主协商的能力。民主协商精神体现在办理事情时民主不专断、愿听并听进去同行和教育对象的观点并理性、友好沟通，商量着办事情，愿意给其他同行和教育对象提供出主意、提建议的环境和制定有相应的制度、机制保障，能在思想政治教育过程中灵活运用各种民主的沟通技巧和方法。

（二）问题解决力

马克思主义的鲜明特点之一就是坚持问题导向。马克思曾明确提出，"问题就是时代的口号，是它表现自己精神状态的最实际的呼声"，并强调"真正的批判要分析的不是答案，而是问题"[1]。中国共产党也在实践中积累了诸多解决问题的经验和方法。继承中国共产党优秀传统并结合高校思想政治教育治理的特点，我们认为治理视域下的高校思想政治教育治理主体的问题解决力除了一般的解决问题的知识、技巧外，还同时强调"服务精神"的问题解决力。比如，思想政治教育治理主体的问题解决力要求主动

---

[1] 《马克思恩格斯全集（第四十卷）》，人民出版社1982年版，第289—290页。

发现问题、在事情未发之前就能发现苗头、不是坐等问题、不是出现问题再解决，而是主动出击、积极预防、扼杀于摇篮之中。在分析与解决问题时，不仅能娴熟运用各种沟通技巧，而且具有强烈的责任意识，面对问题不回避、不逃避，勇敢直面问题，不搞花架子真解决问题，解决问题时能鞭辟入里、分析到位、说理透彻，让学生豁然开朗、心服口服，直达学生心田。千方百计解决问题，能真正体现"以学生为中心"，站在学生的立场思考问题，能真正贯彻民主的原则，倾听学生的心声及同行的意见，解决学生们真实存在的、又是学生特别关心需要研究解决的真问题。

（三）亲和力

亲和力在《现代汉语词典》中被解释为"两种以上的物质结合成化合物时相互作用的力"。从中可以看出，亲和力是一种关系，是发生在双方或多方之间的关系中的一种能力，亲和力是一种表现或结果，是一方对一方影响或双方在交互影响后产生的一个结果或表现出的一种行为。依此类推，高校思想政治教育治理主体的亲和力是高校思想政治教育治理在从事思想政治教育治理工作时，高校思想政治教育治理主体与作为对象的大学生或作为共同从事同一任务的其他思想政治教育治理主体之间相互作用时让对方愿意接近、亲近的一种能力。强的亲和力有利于树立高校思想政治教育治理主体的健康形象，作为强动力有利于推动工作顺利进行，也有利于打破僵局，实现工作的新突破。亲和力不仅是服务行业所要求的基本能力，亲和力也是中国共产党治国理政的一个鲜明的做事风格，历届中国共产党领导人都为我们思想政治教育治理工作者作出了亲民的光辉典范。

高校思想政治教育治理主体服务力不仅表现在语言的亲和，也表现在行为的亲和，不仅表现在方式方法的亲和，也表现在内容的亲和，不仅要掌握培养与形成亲和力的知识及相关技能，而且还要树立正确的亲民观，弘扬一种积极健康的亲民风气，坚决抵制那种"亲亲疏疏""团团伙伙""一团和气""和稀泥搅浑水"的庸俗亲和。当今时代是科技和生活日新月异的时代，面对年轻的"00后"青年，高校思想政治教育治理主体要因事而化、因时而进、因势而新，说学生想听的问题，在话题内容、话语方式等方面围绕学生、关照学生、服务学生，让学生想听、乐听，拉近与思想政治教育治理主体的关系。当然，高校思想政治教育治理主体的亲和力也还表现在不同的高校思想政治教育治理主体之间，尤其是高校思想政治教育治理主体中的领导和普通教职员工之间，作为高校思想政治教育治理主体一员的领导在和教职员工共同进行思想政治教育治理时也应有亲和力，让同志们敢于说话、愿意听话。

三、社会服务力的意义与价值

高校思想政治教育治理工作归根结底取决于人，取决于参与高校思想政治教育治理工作的治理主体。明晰培养与提升高校思想政治教育治理主体的服务力，有利于我们更加积极主动推动高校思想政治教育治理工作。

（一）思想政治教育治理从管理到治理范式转变的关键

高校思想政治教育治理服务力的提升有利于思想政治教育从管理到治理范式转变。治理理论在 20 世纪 90 年代兴起于一些西方国家，治理在实践中也从最初的地方治理扩展到公司治理及公共治理、国家治理等。在我国，治理理念也在各领域被广泛重视并践行运用，尤其是党的十八届三中全会通过的《中共中央关于全面深化改革若干重大问题的决定》把"推进国家治理体系和治理能力现代化"[①] 列为全面深化改革的总目标，使得我国各领域也都加快了从管理到治理范式的转变步伐。但从管理到治理这一范式转变不是自然发生的，而需要管理主体理念的转变及行为的践行。高校思想政治教育从管理到治理的范式转变也不是自发产生，也需要高校思想政治教育主体理念及行为与时俱进，而高服务力的高校思想政治教育治理主体其在情感、态度、价值观方面奉行民主平等的治理理念，强调大思政理念，认同教育主体不仅包含高校思想政治教育课教师还包括专业课教师，不仅包括教师还包括全校教辅人员，不仅包括教职员工还包括学生自己，强调教育者多元，且把学生也作为教育主体的重要一元。在方法上以服务者为

---

① 《中共中央关于全面深化改革若干重大问题的决定》，人民出版社 2013 年版，第 11 页。

中心创新思想政治教育方式方法，在情境创设上重设置轻松、和谐的教育环境，在评价方法上不仅注重他人评价还强调自我评价的多元评价，它更强调灵活性、协调性、沟通性，彰显了教育的公平、正义，注重环境的和谐、有序，这些都体现出鲜明的治理特征，推动了思想政治教育从管理到治理的范式转变。

（二）有效促进思想政治教育入耳入脑入心

高校思想政治教育治理主体的服务力提升也能有效促进思想政治教育入耳入脑入心提升实效性。高校思想政治教育如何才能入耳入脑入心？什么因素影响着高校思想政治教育入耳入脑入心的实效？我们知道，促进高校思想政治教育入耳入脑入心的方式、途径及策略多样，影响入耳入脑入心的因素也很多，其中高校思想政治教育治理主体的素养及教育方式、方法是影响思想政治教育实效性的重要因素。众所周知，"亲其师，信其道"，拥有高服务力素养的高校思想政治教育主体在进行思想政治教育时，其民主、平等的态度较之高高在上的不对等态度，学生会少点抵触心理，使得大学生更容易接近和接受其思想政治教育思想，从而也有利于思想政治教育的入耳入脑入心。其次，具有高服务力的高校思想政治教育治理主体在教育方式、方法上也更加利于让思想政治教育入耳入脑入心。具有高服务力的高校思想政治教育治理主体在思想政治教育的方式、方法选择及情境设置上，更会以学生为中心，充分考虑学生的特点，想学生之所想，充分尊重学生、考虑学生，这样的思想政治教育就更能动其情，润之心，自然能促进思想政治教育入耳入脑入心，提升实效性。

（三）有效促进学生发挥主体性进行自我教育

高校思想政治教育治理主体的服务力的提升能有效促进青年大学生发挥主体性进行自我教育。教育的方式一种是他教育，一种是自我教育，两种教育各有优势，可相互补充。以往在思想政治教育工作中我们往往注重他教育，而这种他教育中，教师和学生地位是不平等的，学生是思想政治教育的对象和客体，教育者是知识的化身，以权威、长者的身份对学生进行指导甚至指令，而学生往往被看作是被改造、被教育的对象，像一个等待装满知识的口袋一样等待着接受或被灌输的对象。而自我教育则强调学生的主体性，在不排斥他育的同时也能进行自我教育，而这除了学生自己要有自我教育的意识及相应的知识技能外，外在环境也很重要，比如，高校思想政治教育主体是否愿意给予其自我教育的机会，是否愿意挖掘青年大学生自我教育的能力。而拥有高服务力的思想政治教育治理主体本身就接纳"扁平治理"思想，本身就尊重志愿团体、慈善组织、社区组织、民间互助组织等社会自治组织力量参与治理的治理权。因此，在思想政治教育治理过程中，拥有高服务力的思想政治教育治理主体会乐意让高校大学生个人或团体作为平等主体参与思想政治教育治理工作，发挥其主动性，通过与他育结合的自我教育方式来共同完成对自我的思想政治教育。因此，高服务力的思想政治教育治理主体总是会激励开发学生的这一教育资源，比如让优秀学生发挥榜样作用，让学生社团、学生自组织等通过开展丰富多样的活动来自我提升思想道德素养。

第三节　思想政治教育治理的协同合作力

在高校思想政治教育治理工作中，随着大思政、协同教育理念的深入人心，协同合作力已成为高校思想政治教育治理的必备能力，协同协作已成为高校思想政治教育治理主体的必备素质。

一、协同合作力的内涵和特点

高校思想政治教育教育治理主体的协同合作力是高校思想政治教育教育治理工作者在高校思想政治教育治理工作中，为高效完成高校思想政治治理工作、促进思政治理工作产生协同效应而需具备的一种能力。

（一）协同合作力的内涵

作为一种教育实践活动，思想政治教育协同合作力不仅仅包含教育主客体，还包括教育内容、教育方法和手段、教育载体、教育情境等相互联系的要素之间的协同合作。思想政治教育协同合作力与思想政治教育治理主体的协同合作力异中有同，一个是人的协同合作力，一个是事件的协同合作力，但两者也有联系，思想政治教育的协同合作力的发挥离不开思想政治教育治理主体的协同合作力。

我们认为，高校思想政治教育治理主体的协同力是在进行思想政治教育的过程中，通过协同制度、协同机制等的促进，思想政治教育治理各主体对共享各类教育资源通过、对共同协作完成各类思想政治教育任务所需要具备的一种能力。

（二）高校思想政治教育治理主体协同合作力的特点

1. 隐形性

首先，高校思想政治教育治理主体的协同力是一种隐性能力，如果把思想政治教育治理的资源分为有形资源和无形（隐形）资源的话，高校思想政治教育治理主体的协同力是一种无形资源，可感觉到也可通过载体看到但并不能触摸到或直接看到，是一种无形的资源，是一种隐性的知识技能，并不像某项技术技能那样特别明显。协同效应也主要是提供对隐性资产的使用来得已实现。

2. 实践性

高校思想政治教育治理主体的协同力来自于实践，并在实践中加强，虽然这一协同力的培养也需要理论的指导，但这一协同力更需要在理论的指导下的实践，离开了协同实践，协同力的提升也无从谈起，而且在协同实践的过程中，协同主体还能独立创造或摸索出自己独特的协同经验并体验协同带来的乐趣及收获，从而不断提升思想政治教育治理的协同效应。

3. 叠加增值性

作为一种资源，高校思想政治教育治理主体的这一能力具有叠加增值的特点。其并不遵循用进废退的原则，不会随着使用而被耗费甚至耗尽。高校思想政治教育治理主体的协同力就如同文化一样，它不怕被使用、利用和传播，而是怕寂寞、怕冷落。高校思想政治教育治理过程中高校思想政治教育治理主体的协同力越是被开发使用，其协同力越强。

4. 凝聚性

高校思想政治教育治理主体的协同力具有强大的凝聚性。一旦高校思想政治教育治理主体具有了协同力，那么就会在工作中自觉自愿积极主动地践行协同理念，在工作中自觉团结、合作，而不会等、靠或被领导催着协作。他们在进行思想政治教育治理时，第一时间可能想到的就是，和谁一起？利用什么资源？如何共享资源？如何充分利用资源等问题，而不会第一时间埋头一个人、一个单位苦干。

二、协同合作力的体系构成

高校思想政治教育治理主体的协同力是一种综合能力，在对高校思想政治教育治理主体协同力内涵深刻解读的基础上，我们认为，基于高校思想政治教育治理工作的特点，高校思想政治教育治理主体协同力至少包括：规划力、协调力、合作力、执行力、独立思考力等几种能力。

（一）规划力

规划力是高校思想政治教育治理主体协同力的重要部分。高校思想政治教育治理的协同首先是使命的协同，使命决定着一次任务所要抵达的终点，也就是说，你要去哪里以及为什么去。要圆满完成高校思想政治教育治理工作，高校思想政治教育治理主体尤其是领导必须具有较强的规划力，能正确制定自己工作的使命，并且在正确制定并明晰使命后，不能将使命束之高阁，摆放在那里等待员工去学习领悟，而应积极主动对单位及本次工作的使命进行阐释，使得每一位员工明晰，这是其能同向同行的前提。为此，高校思想政治教育治理主体在不同的分工中，可能有时是领导者，有时是执行者，可能在此处是领导者，到不同场合又是执行者，不管以何种身份出现，高校思想政治教育治理主体都应明晰使命的重要性及制定工作使命的策略，也要对使命完成过程中可能碰到的各种困难有足够的应对策略。

(二)协调力

协调力是高校思想政治教育治理主体的协同力的一部分。在思想政治教育治理过程中,我们不仅要面对并协调各种各样的人际关系、部门关系,而且还需要利用好各种思想政治教育资源以取得用最少的资源办最多的事,接力他人、他部门资源办成事。而这些都需要思想政治教育治理工作者具备协调人际关系及资源的能力。在今天,高校思想政治教育治理主体如何在进行思想政治教育时能充分利用他人的力量、资源而减少重复工作,能乐意将资源共享给他人而减少同一部门或不同部门的不必要的劳动,这其实既需要愿意共享、乐意接受协调的态度,而且如何获取信息协调资源等技能也是高校思想政治教育治理过程中需要培养的一种技能。

(三)合作力

基于高校思想政治教育治理的特点,高校思想政治教育治理的合作力主要表现在圆满完成其思想政治教育工作任务时所需的一种能力。在态度及价值观方面,高校思想政治教育治理主体应深刻认识到当今思想政治教育治理合作的意义,从而有乐于合作、积极合作的态度。高校思想政治教育治理主体还应在合作中有担当意识、责任意识,顾大局、识大体,不能遇事逃避、该担当的责任、义务推诿逃避。在合作中注重合拍,组织内各部门和各岗位要同频共振,在节奏上能协同一致,互相补位,不拆台。在知识技能方面,高校思想政治教育治理主体应掌握基本的合作知识及技能,包括合作团队组建的原则、方法,同质、异质分组的利与弊、各自弊端的避免方法及优势发挥的方法等,避免伪合作、伪团结,通过合作提升团队的凝聚力和战斗力。

(四)执行力

执行力也叫行动力。高校思想政治教育治理是一项系统工作,高校思想政治教育治理主体在工作中的协同也离不开其独自的分工。整个高校思想政治教育治理工作完成质量如何既取决于协同,也取决于在协作过程中各单位及单位个人在分工过程中的完成质量及对整个规划的执行能力。如果哪个部门或哪个人员在分工过程中未能及时完成自己所担负工作或完成不好，将会影响到整个思想政治教育治理工作的时效。

（五）独立思考力

独立思考力也是高校思想政治教育治理主体协同力的重要部分。高校思想政治教育治理工作强调协作并不是否定个体的独立性。实质上，高效能的协同也需建立在每一个协同者独立思考的能力上。在团队作业时，既需要听取规划者及领导者的安排，也需要和其他思想政治教育治理主体同向而行为完成任务尽力。但这并不排斥高校思想政治教育治理主体具有一定的独立思考能力。因为越是工作复杂、人员参与众多的工作，也越需要听取自己的内心和有自己的独立判断力，能敢于提出自己的看法和见解，能在其他主体讨论中最终选择出最适宜的策略、方案。

三、协同合作力的意义与价值

当今时代，随着对合作、团队日益重要性的认识，协同力也成为现代社会人的一种重要素养，高校思想政治教育治理主体的协同力提升及培养还具有如下意义：

（一）落实协同育人理念、促动思想政治教育协同效应实现

高校思想政治教育治理主体的协同力是落实协同育人理念、促动思想政治教育协同效应实现的保障。中国共产党历来重视高校思想政治教育工作，强调高校思想政治教育应落实协同育人理念，促动思想政治教育协同发挥协同效应。2012年出台的《教育部关于全面提高高等教育质量的若干意见》指出："要创新人才培养模式，以提高实践能力为重点，探索与有关部门、科研院所、行业企业联合培养人才模式""推进协同创新，启动实施高等学校创新能力提升计划。探索建立校校协同、校所协同、校企（行业）协同、校地（区域）协同、国际合作协同等开放、集成、高效的新模式，形成以任务为牵引的人事聘用管理制度、寓教于研的人才培养模式""建设优质教育资源共享体系，建立高校与相关部门、科研院所、行业企业的共建

平台，促进合作办学、合作育人、合作发展"。①2016年习近平总书记在全国高校思想政治工作会议强调"提升思想政治教育亲和力和针对性，满足学生成长发展需求和期待，其他各门课都要守好一段渠、种好责任田，使各类课程与思想政治理论课同向同行，形成协同效应"②。协同创新、发挥协同效应已成为我党在高等教育方面的一个鲜明的教育的政策导向。

所谓协同效应，又称协同作用，还称增效作用，它是系统形成有序结构的内部驱动力。简单来说，就是通过协同，资源整合产生"1+1>2"的效果。协同创新、发挥协同效应在思想政治教育方面就是协同搭建协同育人平台，健全落实协同育人机制，而这一切都离不开思想政治教育治理主体协同力的提升。没有思想政治教育治理主体的协同力提升，协同创新将是一句空话，没有思想政治教育治理主体的协同力提升，思想政治教育"1+1>2"的协同效应也无从产生。要形成协同效应，离不开各科教师在教育教学过程中的协作，协同育人理念的落实，离不开拥有高协同力的思想政治教育治理主体。提升或培养思想政治教育治理主体的协同力则能使得治理各主体取长补短，有效促进思想政治教育的实效性，有效促进思想政治教育协同效应的实现。

（二）凝聚团结奋斗的磅礴力量，圆满完成立德树人根本任务

高校思想政治教育治理主体的协同力的提升有助于高校凝聚团结奋斗的磅礴力量，圆满完成新时代中国特色社会主义教育发展立德树人的根本任务。随着我国高等教育大众化到高等教育普及化的历史性迈进，接受高等教育的大学生人数将常年保持在一个较高的数量上。当今时代，青年学生处在一个思想活跃、观念碰撞、文化交融的时代，完成立德树人这一根本任务不能靠一己之力，需要高校思想政治教育治理各主体及社会及家庭的合作参与。其中，高校思想政治教育治理主体发挥着关键作用。对于青年大学生的思想政治教育因其任务之艰困而需要各主体、各力量自觉自愿

---

① 蔡志奇：《协同育人平台的背景、内涵及管理要素研究——基于应用型本科教育视阈》，《现代教育科学》2016年第4期。

② 《把思想政治工作贯穿教育教学全过程　开创我国高等教育事业发展新局面》，《人民日报》2016年12月9日。

奉献力量，因其之复杂需要各力量齐心协力劲往一处使，共同朝一个目标奋斗，需要思想政治教育治理主体具有大局意识、担当意识、合作意识及其特有的团结协作的知识技能，愿意为高校思想政治教育治理工作、为立德树人这一根本任务完成奉献自己最大的力量。

（三）提升高校竞争力，培育高校协同合作文化

协同是 21 世纪组织的基本成长方式。协同力是单位、团队精神的核心推动力和粘合剂。没有协同力的企业就是没有竞争力的企业，没有协同力的高校也同样是没有竞争力的高校。当今时代，高校面临着生源、资源、学校声誉、排名等多方面的竞争，而高校是否能取得胜利取决于其方方面面的工作，而高校的很多工作都非一人一部门所能承担或圆满完成，而需各部门协作完成。如何在高校竞争中立于不败之地，说到底还是靠人，清华大学校长梅贻琦曾言"所谓大学之大，非有大楼之谓也，而有大师之谓也"[1]。当今时代，学会合作也被列为二十一世纪教育的主题之一，大学之大，除有大师，还须有会合作、能合作、能带领团队合作的大师。

思想政治教育治理主体分布于高校各个部门，高校思想政治教育治理主体强的协同力有利于高校在承担每一项任务时都能团结一心，戮力同心，为了学校、团队利益而发挥自己最大力量，为了学校声誉拼尽全力、废寝忘食而苦中作乐、以苦为乐，为了集体荣誉和利益而发扬乐观主义精神，不计私利为学校奉献自己最大能量。文化的培育一种是刻意为之，有意打造，文化的培育还有一种是在做中形成，在实践中形成。在高校思想政治教育治理工作中，高校思想政治教育治理主体强的协同力一旦形成，必然会在教学、行政、服务、科研等高校的方方面面工作中体现和运用，由此带动整个高校形成协同合作团结的优秀文化。

第四节　思想政治教育治理的现代技术力

现代技术力也是高校思想政治教育治理的重要能力之一，是影响思想

---

[1] 梅贻琦：《大学一解》，《中国大学教学》2002 年第 10 期。

政治治理工作实效性的重要因素。基于高校思想政治教育治理特点及需求，高校思想政治教育治理主体的现代技术力至少包括信息搜集力、信息识别力、信息处理力、信息利用力、信息表现力等能力。

一、现代技术力对提升思想政治教育治理能力的意义

信息技术时代，提升高校思想政治教育治理主体的信息技术力显得尤为重要，它既是高校思想政治教育治理主体引领青年学生赢得网络意识形态战的需要，也是对青年学生精准思想政治教育的需要，还是拓宽思想政治教育渠道占领网络育论主阵地的需要。

（一）赢得网络意识形态斗争的需要

党的十九大报告指出，要"牢牢掌握意识形态工作领导权……坚持正确舆论导向，高度重视传播手段建设和创新，提高新闻舆论传播力、引导力、影响力、公信力。加强互联网内容建设，建立网络综合治理体系，营造清朗的网络空间"[①]。意识形态工作是高校思想政治教育的重要部分，青年学生作为网络的原住民，其生活学习已经与网络密不可分，而随着互联网的普及，以及网络便捷性和高效性的提升，意识形态领域的斗争不断升级。互联网作为社会公众沟通和交流的主要平台，已经成为意识形态传播的主阵地和意识形态斗争的主战场。

网络时代，人人都是主持人、人人都有发声权的网络平台为人们自由发表自己的看法和观点提供了便捷的传播渠道，但这种自由发声也使得网络平台上充满了良莠不齐，性质不一的各种观点，虽然网民获得了很大的言论自由，但同时也为思想政治教育工作带来了更多挑战，就要求思想政治教育治理主体能深刻把握网络舆论这一特点，深刻意识到网络意识形态斗争的复杂性，提高自己的信息技术应用能力，通过大数据、数据挖掘等技术及时发现网络上的各种不良观点，及时了解青年大学生对网络上各种

[①] 习近平：《决胜全面建成小康社会夺取新时代中国特色社会主义伟大胜利——在中国共产党第十九次全国代表大会上的报告》，人民出版社2017年版，第42页。

不良观点的反应，对网络上各种信息能准确甄别判断，及时引领网络舆论，占领网络舆论主战场，打赢意识形态斗争这场"攻坚战"。

（二）精准思想政治教育的需要

对青年大学生进行精准思想政治教育实质上主要是进行思想政治教育的精准供给，精准供给是思想政治教育提质增效的"硬核"问题，也是思想政治教育内容创新与网络社会发展的时代要求，是确保立德树人、铸魂育人的各项要求落到实处的关键。精准思政作为新时代思想政治教育工作创新发展的新样态，需要切实抓住提质增效的"硬核"问题，推进思想政治教育精准供给，从而增强思想政治教育的理论性、思想性、亲和力和针对性。精准供给需要在进行教育时能做到有的放矢，以"有理有据"的内容直击青年学生的思想意识中的问题，及早做好充分准备，在进行思想政治教育时能心里有数，提升思想政治教育的效果和效率。

随着线上线下教育方式的普及，面对碎片化教育势不可当的冲击，结合大学生网络生活的特点进行思想政治教育方式及场所的创新也势在必行。一方面，高校思想政治教育的主体必须了解青年大学生所熟悉的网络语言，善于运用这些具有天然亲和力、通俗易懂、生动鲜活的网络语言和青年大学生进行沟通，才能有利于思想政治教育入耳入脑入心。另一方面，专业化的数据和信息挖掘、采集、分析、整合、存储、运用的共建共享机制，是当前思想政治教育加快个性化节奏、完善精准化供给的必要前提，而思想政治教育者和管理者的数据素养、能力和思维模式的持续提升机制，是思想政治教育精准供给的主体准备和实践基础，直接决定着精准供给能否推动文化精品在网络空间完成创造性转化。

（三）拓宽思想政治教育渠道的需要

一方面，随着网络时代的发展，青年大学生的生活空间从现实空间扩展到网络虚拟空间已成为不可阻挡的现实。面对网络发展对思想政治教育带来的机遇与挑战，提升思想政治教育治理主体的信息技术应用能力是拓宽拓广思想政治教育渠道的需要。

课堂是对大学生进行思想政治教育的主要场所，但课堂不是唯一场所，

2021年全国两会期间，在看望参加全国政协十三届四次会议的医药卫生界、教育界委员时，习近平总书记指出："'大思政课'我们要善用之，一定要跟现实结合起来。上思政课不能拿着文件宣读，没有生命、干巴巴的。"①只有通过跟社会现实结合起来，善用"大思政课"，才能让主阵地有大后方支持，才有利于把道理讲深、讲透、讲活，最终发挥思政课立德树人的应有作用。思政课不仅应该在课堂上讲，也应该在社会生活中讲，这是我们党的历史经验，"思政课不是视野狭窄的'小学问'，也不是'躲进小楼成一统'的'纯学问'，而是旨在教育引导青年引人以大道、启人以大智、育人以大德的'大学问'，是指向人才培养目标达成度、质量保证运行有效度的'人生大课'。"②因此，"大思政课之'大'绝非物理意义上的大课堂、人数多，其'大'在宏大的时代、宽阔的视野、鲜活的实践、生动的现实，强调社会各方参与力量多、纵横辐射范围广。"③而要建立大思政课，我们不能不注重线上线下的衔接，不能不注重现实生活和网络虚拟生活的两种现实，让思政课课堂从扁平走向立体，实现线上线下的即时联动。而大思政的推行当然离不开思想政治教育治理的信息技术能力的同步提高，高校思想政治教育治理主体越是能善用网络，越是能拥有高超的信息技术应用能力，就越容易让大思政落实落地。

二、现代技术力的特征

高校思想政治教育治理的现代技术力指的是思想政治教育治理主体在信息化环境下，利用信息技术，搜集、挖掘各种思想政治教育资源及思想政治教育教学的各项信息，通过对相关信息进行分析、鉴别、整合，通过线上线下、课内课外、教学和非教学多种手段对青年大学生进行思想政治教育所需要及展现的包括知识、技能及信息态度、价值观等的综合能力，

---

① 《"'大思政课'我们要善用之"（微镜头·习近平总书记两会"下团组"·两会现场观察）》，《人民日报》2021年3月7日。
② 张晓明：《善用"大思政课"培育时代新人的三重逻辑》，http://theory.people.com.cn/n1/2022/0425/c148980-32407897.html，2022年4月25日。
③ 张晓明：《善用"大思政课"培育时代新人的三重逻辑》，http://theory.people.com.cn/n1/2022/0425/c148980-32407897.html，2022年4月25日。

具有信息性、技术性、实践性三个特征。

（一）信息性

高校思想政治教育治理的现代技术力首先表现为信息性。这一能力不是一般的思想政治教育技术能力，如它不是一般的教学方法和教学技术，而是信息技术能力，是利用互联网、通过计算机技术进行思想政治教育的一种技术。因此，信息技术应用能力的信息性强调高校思想政治教育治理主体必须懂得互联网，利用互联网，必须熟练掌握各种操作技能及计算机挖掘、分析及技术。

（二）技术性

高校思想政治教育治理主体的信息技术应用能力还表现为技术性。这一能力不是单纯的信息知识，也不是单纯的对信息的态度及价值取向，而是重在强调对信息技术的利用，这一能力往往不能通过单纯的掌握理论，通过阅读、领悟而习得，而是需要将理论运用于实践，强调学以致用，学后要用，注重操作方面的技巧。

（三）实践性

高校思想政治教育治理主体的信息技术应用能力还表现为实践性。这一能力不是一般的"清谈"，这种能力不是对于某一理论或思想的简单掌握，他需要依靠一定的理论，但其更强调将理论与实践结合，也就是说这一能力来自于实践并服务于实践。总之，思想政治教育治理主体的信息技术应用能力是在掌握一定信息理论知识的前提下，运用信息技术，通过对思想政治教育客体、环境、内容等的实际了解及分析，然后对思想政治教育实践进行干预改变。

三、现代技术力的体系构成

针对高校思想政治教育的特点，高校思想政治教育治理的现代技术力可分为信息搜集力、信息识别力、信息处理力、信息利用力等能力。

（一）信息搜集力

信息搜集力是指高校思想政治教育主体在互联网通过各种途径和方法搜集各种思想政治教育信息、查找各种思政资料、挖掘思想政治教育资源、查找发现思想政治教育问题的能力。信息搜集力是高校思想政治教育治理主体信息技术应用能力的基本能力之一，也是思想政治教育治理主体能利用网络资源、开发网络上思想政治教育元素、发现思想政治教育问题的关键。如果没有这一能力，思想政治教育治理主体在进行思想政治教育时就无法合理使用网络上各种有用信息及思政资源，失去了网络资源这一大宝藏，也无法及时将网络上的不良思想及思潮整合于课堂，让思想政治教育发挥思想引领作用。

思想政治教育讲究"理直气壮"、讲究用事实说话，讲究思想政治教育要有历史根据，应积极借鉴前人及当今学界优秀成果，而要做到这些，思想政治教育治理主体就应熟练掌握各种知识检索工具，并熟谙如何通过主题词、关键词、高级检测、爬虫等多种方式多种角度搜索到有用信息。当今时代，网络数据挖掘技术不再是计算机专业人士的"专利"，思想政治教育的时代性、科学性也对思想政治教育治理主体提出了这一技术要求，作为高校思想政治教育治理主体，应积极学习，掌握一定的信息挖掘技术，提升自己的信息技术应用能力。

（二）信息识别力

信息识别力或信息鉴别力是高校思想政治教育治理主体信息技术应用力的重要组成部分。信息识别是对信息内容和信息来源及信息质量的一种判断，是对搜集到的信息进行初步整理，鉴别信息质量和评价信息价值，决策信息取舍，并为后续的信息处理及信息利用奠基服务。面对网络上丰富而又杂乱且良莠不齐的信息，思想政治教育治理主体只有练就一双慧眼，从杂乱无章中筛选出真善美的正面思想政治教育资源及信息，及时发现假恶丑的信息，才能有效利用网络对青年大学生进行思想政治教育。

提升信息识别力，高校思想政治教育教育治理主体面对网络上移花接木、修图抠图等运用现代信息技术做出的"事实"，要通过现代信息技术手段识破其真伪,通过摆事实、讲道理占领舆论网络主战场。面对海量的信息,思想政治教育主体只有通过自己扎实的理论功底以及对信息来源的科学判断来决定对信息的取舍,从而为思想政治教育提供有效的教育资源。

(三)信息处理力

信息处理力是高校思想政治教育治理主体信息技术力的关键能力之一,决定着信息资源被合理科学利用的程度。高校思想政治教育治理主体对信息处理主要是在对信息初步判断的基础上,通过技术手段对信息进行分类、比较、去粗取精,或者对信息进行再加工进而得出某些结论,找到某些数据图表,获得某些关键信息及重要结论等。

大数据时代,面对眼花缭乱的海量数据,如何从无序中找出有序?相关的统计学知识和数据挖掘技术也成为高校思想政治教育治理需要掌握的技能之一。作为最基本的数据挖掘技术,多元统计分析,如判别分析、主成分分析、因子分析、相关分析、多元回归分析在处理海量的思想政治教育调查数据时会常常用到,而SPSS、SYATA统计软件也是思想政治教育治理工作者需要掌握的分析软件之一。另外,聚类分析和模式识别、决策树分类技术、人工神经网络和遗传基因算法、规则归纳、可视化技术也都是数据挖掘常用的方法,分布式和并行计算、大数据云以及大数据内存计算等也都是最主要的支撑大数据处理的技术,高校思想政治教育治理主体要想对网络上海量的思政资源进行有效利用,也必须尽可能地学习这些技术。

(四)信息利用力

信息利用力主要是思想政治教育治理主体如何使用这些信息的能力,是将相关信息服务或融入或整合于思想政治教育工作中的能力。思想政治教育治理主体在思想政治教育治理工作中利用信息技术也表现在很多方面,一是服务于思政课教育教学。比如,思政课教师在教学工作中,为了精准教育,在课堂教学时就可以基于对学生感兴趣问题的调查进行课堂设计,从而进行精准教育。二是直接将其作为教育教学的材料。比如,课程设计是高校思想政治教育课教师的重要工作之一,因此利用相关信息进行课程设计也是其信息技术力的重要一种。为了能在课堂教学中适时融入网络上的案例及数据等，那么就要有利用信息的意识，平时还要养成数据分类、排序等技术以便第一时间找到相关教学资料。第三，创新或开拓新工作。高校思想政治教育治理主体在工作中利用信息时还要有利用信息创新工作的意识。我们知道，站在前人的肩膀上我们才能看得越远，面对已有的信息数据，我们还应思索我能利用这些信息，开创性地能做些什么？为创新思想政治教育工作，哪些信息能为我所用。第四，服务于思想政治教育的科学研究和社会服务。高校思想政治教育治理主体要运用信息技术服务于自己的科学研究，通过已知信息挖掘信息的潜在价值和意义并综合运用，以创造新知识的能力。

第六章
高校思想政治教育治理能力体系的科学构建

2019年10月,党的十九届四中全会审议通过《中共中央关于坚持和完善中国特色社会主义制度,推进国家治理体系和治理能力现代化若干重大问题的决定》,系统总结我国国家制度和国家治理体系的巨大成就和显著优势,对新时代坚持和完善中国特色社会主义制度,推进国家治理体系和治理能力现代化作出顶层设计和全面部署。高校思想政治教育伴随中国特色社会主义进入新时代而迈入新征程,应因事而化、因时而进、因势而新,切实肩负起新时代赋予的新使命。高校思想政治教育治理是国家治理的重要组成部分,国家治理中不可回避的问题就是国家能力和国家能力治理体系,中国最早关注国家能力的学者王绍光和胡鞍钢教授认为国家能力包括汲取能力、调控能力、合法化能力、强制能力,国家能力主要指中央政府能力,而不是泛指公共权威的能力。刘建军教授将能力性国家治理体系划分为国际层面的治理体系和国内层面的治理体系,能力性国家治理体系不仅对制度设计的要求比较高,而且还显示出对专业知识和专业精英的高依赖度。①研究高校思想政治教育治理能力体系的科学构建或许从国家能力的相关理论中得到启示。

国家治理现代化已成为新时代中国特色社会主义事业的重要主题和时代使命,关于思想政治教育与国家治理的研究也成为学界关注的话题。其

---

① 刘建军:《和而不同:现代国家治理体系的三重属性》,《复旦学报(社会科学版)》2014年第3期。

研究主要从两个基本维度出发：一是将自身作为国家治理的一个重要部分，依靠自身独特的优势和力量，参与国家治理，发挥其对国家治理的重要作用。在这一维度上，它是实现国家治理的一种特殊方式和手段，因而具有"工具性"特征；二是将自身作为治理的对象，关照国家治理的一般特征，实现自身的调整、改革和创新。在这一维度上，它以实现自身的科学化为目标，可以理解为"本体性"的维度。①

深化高校思想政治教育工作治理体系建设，是凝练与升华高校思想政治工作经验、推进高校思想政治工作综合改革、破解高校思想政治工作"碎片化"问题的客观要求，高校思想政治教育治理能力体系的构建既拓展国家治理体系的丰富内涵，又丰富思想政治教育学科的研究内容。思想政治教育治理能力和治理能力体系是思想政治教育治理的两个不同维度，也可以从"微观"和"宏观"层面来认识和把握。从"微观"层面上来说，治理能力更加突出教育者或实施者所拥有的主体性作用，体现治理主体的能动性作用，从主体治理能力的类型、治理能力的差异和治理能力提升方法等来认识和把握；从"宏观"层面上来说，治理能力体系则更加突出体系在治理过程的功能和作用，强调体系中涉及的各个要素和各个系统的构建原则、运行机理、作用机制、构建方法、实现路径等方面来认识和把握。本章将主要围绕治理能力体系的科学构建来论述，从体系构建的理论遵循、体系构建的基本原则和方法、体系构建的实践路径等方面来阐述。

第一节 高校思想政治教育治理能力体系构建的理论遵循

马克思指出："理论在一个国家实现的程度，总是取决于理论满足这个国家的需要的程度。"② 高校思想政治教育从"治理"到"体系构建"的研究转变，实现从单一层次研究到立体层次研究的转化，是高校思想政治教育现代化转型的需要，也为国家治理现代化赋能，这些都离不开科学理论的指导。体系的构建首先基于事物之间存在着一定的联系或关系，而这种联

---

① 李春华：《论思想政治教育之于国家治理价值的三重逻辑》，《学术探索》2020年第10期。
② 《马克思恩格斯选集（第一卷）》，人民出版社2012年版，第11页。

系有可能是无序的，也有可能是有序的，影响体系构建的因素可以划分为外因和内因，外因主要指体系与外部因素产生作用的结果，内因主要是指体系内各要素发生关系的结果。高校思想政治教育治理体系的构建是高校高质量发展的内在要求，涉及高校思想政治教育过程中的效率效能、发生作用、要素结合、运行方式、原则把握、方法运用等问题，本节主要从理论维度上阐述思想政治教育治理体系构建的理论基础，也是研究思想政治教育治理能力的理论依据。

一、马克思关于人的自由全面发展的理论

马克思、恩格斯认为："实现人的自由发展的基本条件，就是整个社会实行生产资料公有制，发展生产力，消灭工农之间、城乡之间、体力与脑力劳动之间的差别。代替那存在着阶级和阶级对立的资产阶级旧社会的，将是这样一个联合体，在那里，每个人的自由发展是一切人的自由发展的条件。"[①] 这样一个联合体，事实上强调的就是人民的自我组织和自我治理。马克思主义所说的人的自由全面发展，是指每个社会成员的体力智力获得全面发展和自由运用，个人的全部智慧、力量和潜能素质都能全面自由地尽量发挥，每个社会成员可以按照自己的兴趣、爱好、意愿以及社会的需要自由地选择职业和变换工作。当然，人的自由全面发展是我们追求的最终目标，每个社会发展阶段都承担不同的任务，也会遇到不同的时代境遇和时代主题的转变，将伴随着人类社会发展的始末。俞可平教授也曾撰文指出："实现人的自由而全面的发展，是贯穿马克思主义发展史的主线，也是马克思主义者的根本命题或最高价值。"[②]

人的自由全面发展的实现是建立在人类社会高度发达和个人综合素质普遍提高的基础上。共产主义社会是人的自由全面发展实现的社会发展阶段，人类社会高度发达就是体现为生产力高度发达，社会产品极大丰富，社会生产资料可以满足社会个体的需要，社会各个组织体系和谐运行，社

---

① 《马克思恩格斯选集（第一卷）》，人民出版社2012年版，第294页。
② 俞可平：《努力实现人的自由而全面的发展》，《马克思主义与现实》2008年第3期。

第六章　高校思想政治教育治理能力体系的科学构建

会治理体系合理运行，高校思想政治教育治理能力体系就是为社会服务体系或者治理体系服务，为社会运行提供思想指引，为社会管理提供理论武装，增强思想政治教育的时效性和针对性，这与我党提出的思想政治教育作为治党治国的重要方式的论断有着天然的联系，是一脉相承的。个人综合素质普遍提升表现为个人的精神境界极大提高，个人的道德素质得到极大提升，个人精神追求作为个人的人生意义的表征，是人的现代化的重要体现。共产主义社会是人的精神境界极大提高，人的综合素质普遍提升的社会发展形态，在物质资料得到极大丰富和满足的前提下，人们对精神需求的满足和精神世界的塑造将更有意义。马克思的实践观认为，人的本质在于其自由自觉性，人的自由自觉性体现为人的实践过程中本质力量的展现，是人的创造精神的展现，个人综合素质的提升蕴含在思想政治教育的体系之中，也蕴含在高校思想政治教育治理体系之中。

因此，高校思想政治教育治理能力体系现代化作为新时代高校高质量发展而提出的新要求，以国家治理价值理念为指引，广泛发动思想政治教育治理的多主体参与，不断创新思想政治教育治理方式，构建出多元社会主体合作共治模式，在和谐的社会环境中获得自由而全面的发展。因此，将"人的自由全面发展"作为中国国家（社会）治理的最高目标，它是对马克思主义关于人的自由全面发展理论的灵活应用与新发展。

高校思想政治教育治理体系和治理能力体系既有联系又有区别，治理能力体系是治理体系的有机组成部分，治理体系对治理能力体起着指导性作用。治理能力体系以推进思想政治教育治理现代化为目标指向，而治理现代化归根到底要依靠人的主体力量，最终实现人类社会解放和人的自由全面发展（人的现代化）。有研究认为，思想政治教育治理现代化，是思想政治教育治理或的各层面和各领域，根据社会和人的现代化发展需要，为促进社会和人的现代化发展作出相应超越和变革的动态发展过程，它以促进思想政治教育现代化发展、造就国家治理现代化所需人才、培养自由全面发展的时代新人为目标遵循。[①] 高校思想政治教育治理作为国家治理的重

---

① 王学俭、阿剑波：《思想政治教育治理现代化的内涵、特征和发展路径》，《思想理论教育》2020年第2期。

要内容和新时代高校高质量发展的重要任务，从个人层面讲，它的最高目标和价值归宿就是"实现人的自由全面发展"。马克思依据社会历史变迁与人的发展内在关联，将人的发展概括为对人的依赖、物的依赖、人的全面发展三个阶段。马克思指出，未来社会中人的自由、全面发展的实现取决由于这一时代的物质经济基础，一切人的自由发展的必要的团结一致和在现有生产力基础上的个人的共同生活方式。现代化是通向"自由王国"，实现人的全面发展的必由之路，中国式现代化新道理的价值旨归就是人的全面自由发展，思想政治教育有助于人的思想道德素质和整体素质的培养和提高，是实现中国式现代化道路的重要方式，思想政治教育治理能力体系的科学构建是实现现代化治理体系和治理能力现代化的重要途径和方法。

二、人与社会和谐发展的理论

马克思在1844年8月11日给费尔巴哈的信中提到他的《未来哲学原理》等著作所产生的影响时，就写道："在这两部著作中，您给社会主义提供了哲学基础，而共产主义者也就立刻这样理解了您的著作。建立在人们的现实差别基础上的人与人的统一，从抽象的天上降到现实的地上的人类这一概念，如果不是社会这一概念，那是什么呢。"① 马克思的这一论断表明，人与社会的相互生成、相互诠释，两者之间发生着密切的联系。社会作为具有一定约束力和束缚力的组织形态，具有普遍意义上的存在，而个人作为主体意义的存在，具有追求个人本性的本能，那么两者在"交往"过程中就会存在矛盾甚至是冲突，而维持这种状态的途径就是保持"和谐共处"，那么人与社会和谐发展的哲学理论基础也就找到了归处。

《论语》有言："礼之用，和为贵。"和谐是古今中外人类不断追求的理想境界，和谐是对立事物之间在一定的条件下，具体、动态、相对、辩证的统一。"我认为中国传统文化比较重视人与自然、人与人之间的和谐与统一的关系。"② 可以说，和谐思想是中国传统文化核心价值观的最高准则。"天

---

① 《马克思恩格斯文集（第十卷）》，人民出版社2009年版，第13页。
② 《张岱年全集（第六卷）》，河北人民出版社1996年版，第186页。

人合一"是中国传统和谐文化思想的基本特征。所谓天与人合为一体、和谐共生就是在处理人与自然的关系过程中要做到顺应自然规律、顺应万事万物的生成、发展过程,不违"天意",不与自然对抗,以"敬天""顺天"而达到"保民""养民"的目的。① 人作为自然属性的个体存在,在个体的自我发展中要处理个体与群体、个体与社会、个体与环境等多重关系,而在多重关系处理的过程中,人的社会属性就会显现出来,形成了自然属性和社会属性的统一。

高校思想政治教育治理能力体系的现代化是高校治理现代化与人的现代化的统一,就是通过一系列的思想、制度、措施、资源、队伍的有序安排,提升社会主体处理人与社会、人与人等诸多关系的能力。高校思想政治教育治理体系和现代化是国家治理现代化的有机组成部分,人与社会的关系问题是两者的重要关系节点,人与社会既关涉国家治理现代化的主体能力与治理体系两方面,也关涉高校思想政治教育治理的主体能力与治理体系两方面。高校思想政治教育治理能力体系的现代化从一定程度上来说,就是人与人、人与社会、人与自然的和谐发展。治理本身就蕴含着和谐的基本思想,和谐是治理的目标,治理是和谐的手段,治理体系包含各个要素之间有机组合,各个系统有机组合,包含治理的主体、治理的客体、治理介体、治理方式、治理原则等各个要素,各个要素或系统相互之间要和谐共存,和谐共存并不是相互之间静止不变,而是各个要素或系统要发生关系,而这种关系的产生是在一定的条件下进行,并不会脱离治理体系的系统而发生"外溢",这么这种矛盾的运行就具有合理性和可操作性,这种体系就是合理的存在。与此同时,构建是一种动态发展的过程,就是各个要素或系统相互之间以什么样的形式或样态进行组合,从而发挥不同要素或系统的职能和功能,各个要素之间要"和谐"运行,产生反应,要不断实现"1+1>2"的效果,形成良性循环,这样构建才会具有意义和价值,正如习近平总书记强调:"自然界内部、人与人、人与社会、人与自然之间以及社会内部诸要素之间实现均衡、稳定、有序,相互依存,共生共荣。这是一种动态中

---

① 杨宝忠:《社会主义和谐文化研究》,人民出版社2018年版,第55页。

的平衡、发展中的协调、进取中的有度、多元中的一致、'纷乱'中的有序。"①这些都体现了和谐发展的理念,也是高校思想政治教育治理体系构建所内涵的基本理念和内在要求。

三、以人民为中心的思想理论

党的十八大以来,以习近平总书记为核心的党中央坚持"以民为本"的执政理念,始终将"民生工作和社会治理"紧紧挂钩。关于改善民生,习近平总书记强调:"以人民为中心的发展思想,不是一个抽象的、玄奥的概念,不能只停留在口头上、止步于思想环节,而要体现在经济社会发展各个环节,要着力践行以人民为中心的发展思想,我们要不断解决人民最关心最直接最现实的利益问题,努力让人民过上更好生活。"②"让老百姓过上好日子是我们一切工作的出发点和落脚点。"③党在十九大报告明确提出"保障和改善民生要抓住人民最关心最现实的利益问题,既尽力而为,又量力而行……形成有效的社会治理、良好的社会秩序,使人民获得感、幸福感、安全感更加充实、更有保障、更可持续"④。作为实践经验总结和集体智慧结晶的理论创新成果,习近平新时代中国特色社会主义思想始终把人民放在心中最高的位置,始终全心全意为人民服务,始终为人民利益和幸福而努力工作,体现了"人民至上论"。从世界观层面来看,人民是历史的创造者,波澜壮阔的中华民族发展史是中国人民书写的;从价值观层面来看,人民是政绩的阅卷人,要把人民拥护不拥护、赞成不赞成、高兴不高兴、答应不答应作为衡量一切工作得失的根本标准;从方法论层面来看,人民是奋斗的出发点,每一个人都是新时代的见证者、开创者、建设者。

新时代以来,党的思想政治教育更加强调和聚焦以人民为中心,积极

---

① 习近平:《干在实处走在前列——推进浙江新发展的思考与实践》,中共中央党校出版社 2016 年版,第 237 页。
② 《领导干部要讲政德》编写组:《领导干部要讲政德》,人民出版社 2018 年版,第 43 页。
③ 中共中央宣传部:《习近平总书记系列重要讲话读本》,学习出版社、人民出版社 2016 年版,第 213 页。
④ 习近平:《决胜全面建成小康社会夺取新时代中国特色社会主义伟大胜利——在中国共产党第十九次全国代表大会上的报告》,人民出版社 2017 年版,第 45 页。

满足人民群众对生活的美好追求，切实解决人民群众在追求美好生活的过程中产生的实际问题和思想问题，用实际行动得人心、暖人心、感人心，始终坚持情感感化与说服教育相结合、精神激励与物质鼓励相结合，实现显性教育与隐性教育价值的共振协调与有机融合，促进个体自我精神境界提升。① 人民群众的根本利益是思想政治教育调适的价值基础，思想政治教育调适必须坚持人民主体地位，加强对人民群众的宣传教育，使理论为群众所掌握，成为改造世界的武器。

我国的国家性质决定了一切权力属于人民，人民群众既是国家权力的主体，也是国家治理的主体。坚持人民主体地位，保证人民当家作主，才能充分调动人民群众的积极性、主动性、创造性，最大程度凝聚人民群众的智慧与力量，共同推进国家治理体系和治理能力现代化。中国共产党在从成立之初到现在发展到9000多万党员的历程中，形成了坚持"以人民为中心"的人民立场，体现了我们党的宗旨和唯物史观。中国共产党带领人民取得历史性成绩的实践充分证明：我们党干革命、搞建设、抓改革，都是为人民谋利益，都是为了让人民过上好日子。党的十八届五中全会鲜明提出要坚持以人民为中心的发展思想，把增进人民福祉、促进人的全面发展、朝着共同富裕方向稳步前进作为经济发展的出发点和落脚点。无论是经济治理还是社会治理，我们党都从人民根本利益出发，不断提高发展质量和效益，不断满足人民过上美好生活的新期待。我们党领导人民治国理政，很重要的一个方面就是要回答好实现什么样的发展、怎样实现发展这个重大问题。面向未来，我们党始终践行以人民为中心的发展思想，深入推进中国式现代化，实现更高质量、更有效率、更加公平、更可持续、更为安全的发展，让人民更多更好享有经济、政治、文化、社会、生态文明发展成果。

四、人类命运共同体的思想理论

2012年11月，党的十八大报告中明确提出"要倡导人类命运共同体意

---

① 冯刚、高山等：《新时代高校思想政治教育治理论》，中国社会科学出版社2021年版，第129页。

识"。2017年10月,党的十九大报告中提出,坚持和平发展道路,推动构建人类命运共同体。2019年10月,党的十九届四中全会提出,"坚持和完善独立自主的和平外交政策,推动构建人类命运共同体"。人类命运共同体"蕴含了利益观、权力观、治理观、可持续发展观等丰富内涵",是习近平新时代中国特色社会主义思想的重要组成部分。人类命运共同体在理论上丰富了马克思世界历史理论,在战略上为解决人类问题贡献了"中国智慧"和"中国方案",在实践上为马克思"自由人联合体"的最高理想创造了现实条件。① 人类社会的发展就是一个由原始封闭向开放交融的历史过程,随着生产力的发展和生产关系关系的紧密互动,人类在客观上已经形成了命运与共的现实局面,而马克思早在20世纪80年代,科学分析人类社会发展的历史规律,确立人们对共产主义的信仰,指出只有全世界无产者联合起来,无产阶级才能解放自身,解放全人类,建立一个公平、正义、和平、和谐、富裕、友爱的美好社会。人类命运共同体就是中国共产党集体指挥的结晶,是坚持和发展马克思主义的最新理论成功,并有利于推动马克思主义在中国大地的继续发展。推动人类命运共同体的构建是党和人们对人类社会发展历史进程的客观把握,也是坚持共产主义信仰,顺应人类对美好社会向往的主观自觉,

构建人类命运共同体理念以马克思的共同体思想为哲学基础,是对马克思的共同体思想的当代继承。马克思设想了一个"自由人联合体",这是按社会主义原则组织起来的联合体,即"真正的共同体"。马克思认为,个人只有在真正的共同体中才能获得全面发展其才能的手段,才可能有个人自由。构建人类命运共同体理念是对马克思的共同体思想理论内核的时代呈现,是新时代条件下实现马克思的共同体思想实践图景的现实方案,为当今世界走向"真正的共同体"提供了现实路径和价值指引。马克思的自由人联合体是在未来社会才能出现的理想状态,构建人类命运共同体理念则是着眼于当前,针对经济全球化不断发展从而各国相互依赖日益加深的时代特征,强调世界各国利益与安全相互交织、生存与发展相互依存、前

---

① 田鹏颖:《历史唯物主义与"人类命运共同体"》,《马克思主义研究》2018年第1期。

途与命运休戚与共，国家之间应相互尊重、共同发展、文明互鉴。

全球化时代之所以面临着诸多治理难题，主要原因在于当代世界是一个前现代、现代和后现代相互交织的复合体系，各种利益因素、文化因素和价值理念相互作用与相互冲突，使得世界面临的不稳定性、不确定性因素尤为突出。因此，破解全球性治理难题，关键在于构建一个既能容纳差异、尊重各方诉求，又能提升共同性水平、凝聚全人类意志的命运共同体。构建人类命运共同体是真正站在历史的、时代的、人类的高度思考全球化未来走向的"建构性方案"，这一全新的建构性方案要求历史唯物主义理论不仅能够批判资本主义全球化，而且能够将自身的革命功能转化为超越现代性的建构性意识，在维系人类生存、开创人类未来存在方式的道路上展现自身的理论创造能力。[①] 习近平总书记说："人类命运共同体是一个美好的目标，也是一个需要一代又一代人接力跑才能实现的目标。"[②] 简言之，实现真正的人类命运共同体，需要艰苦的实践努力和长期的实践过程，其间必然会遭遇很多困难和曲折，甚至还会出现反复。但构建人类命运共同体反映了历史发展的趋势，人类终将通过自身的努力逐步接近这一目标。

第二节 高校思想政治教育治理能力体系构建的基本原则

原则是指人们在观察问题、处理问题时所依据的准则。高校思想政治教育治理能力体系构建的基本原则是思想政治教育治理能力实践的重要遵循，它从根本上受制于思想政治教育治理规律，是思想政治教育规律的具体体现，深刻把握高校思想政治教育治理能力体系的构建原则是科学构建体系的必然要求。将整体性和系统性治理思维贯穿于高校思想政治教育治理政策设计全过程，凸显于高校思想政治教育治理各方面；治理更加强调站位于高校思想政治教育整个有机系统的宏观性战略本质，认识和把握高校思想政治教育治理能力运行机制的动态性与体系的静态性相结合，彰显

---

① 刘同舫：《构建人类命运共同体对历史唯物主义的原创性贡献》，《中国社会科学》2018年第7期。

② 《习近平谈治国理政（第二卷）》，外文出版社2017年版，第548页。

高校思想政治教育治理能力的发展性特征；认识和把握思想政治教育各要素或各系统之前的联系和协同，突出治理的综合性与协同性；认识和把握主体性与适应性相结合的基本原则，领会思想政治教育治理多元主体的蕴意；深入剖析高校思想政治教育治理能力体系构建在顶层设计、目标设定、任务分解、运行机制、体系保障、手段选择、主体建构、评价方式等方面的基本要求。

一、系统性和局部性相结合的原则

关于"系统"这一概念，学界通常采用的是贝塔朗菲或钱学森给出的定义。贝塔朗菲将系统定义为"相互作用的诸要素的复合体"。钱学森认为系统是由相互作用和相互依赖的若干组成部分结合成的具有特定功能的有机整体。[1] 党的十九届四中全会提出，"加强系统治理、依法治理、综合治理、源头治理"[2]。高校思想政治教育治理能力体系构建是一项复杂的系统工程，涉及因素或系统较多，涵盖与治理相关的各领域、各环节、各方面的资源和力量，包括高校内部各个职能部门、各个教学单位、各个教辅部门之间的协同配合，还包括高校外部涉及的政府、家庭、社会的不同职能的联合运行。

系统哲学的系统整体性原理包括以下内容：一是系统整体是基本的，而系统的部分是构成整体的基础。没有部分就没有整体，整体是系统各部分相互联系的过程与结果，系统各部分在整体制约下相互联系、相互作用、相互影响和相互转化。二是系统部分按着系统整体的目的，发挥各自的作用。系统部分的性质和功能是由它在系统整体中的地位与自身结构的规定性来确定的，它的行为是受整体与部分的关系规定的。三是系统整体是由物质、能量、信息构成的综合体，整体内在结构是由要素、层次、中介构成的。[3]

---

[1] 乌杰主编：《系统哲学基本原理》，人民出版社 2014 年版，第 81 页。
[2] 《中共中央关于坚持和完善中国特色社会主义制度推进国家治理体系和治理能力现代化若干重大问题的决定》，《人民日报》2019 年 11 月 6 日。
[3] 乌杰：《系统哲学基本原理》，人民出版社 2014 年版，第 228 页。

第六章 高校思想政治教育治理能力体系的科学构建

国家治理现代化对思想政治教育治理提出了新的要求，将更加注重系统性、整体性和综合性。① 推进高校思想政治教育治理能力体系现代化是一项系统工程，靠碎片化拼接不行，应使涉及各因素、各系统之间提供保障相互支撑，更需要一个完善的运行机制。当前，高校思想政治教育治理能力的体系完备性并未完全满足新发展阶段高校教育现代化的要求，如部分参与思想政治教育治理的主体未能制订公正合理的治理评价标准，缺乏完善成熟的高校思想政治教育治理能力的评价体系等。在推进高校思想政治教育治理能力体系现代化的实践中，要把长远制度建设同解决突出问题结合起来，把整体推进同重点突破结合起来，把试点探路同推动面上改革结合起来，认识和把握系统性和局部性相结合的原则，既要保障高校思想政治教育治理能力体系的整体连贯性，又要推进思想政治教育治理能力的改革创新，形成良性发展的总体发展格局。

深刻认识和把握高校思想政治教育治理能力的局部性原则就是要对高校思想政治教育治理能力的内在结构进行分析和探讨，这是深化思想政治教育治理能力理论研究的需要，又是加强思想政治教育治理能力建设的实践需要。治理是一个涉及政治、经济、文化、社会、生态等各方面事务的系统的、复杂的实践过程，治理的系统性和复杂性决定了高校思想政治教育治理能力及其建设的系统性和复杂性，治理能力所涉及的各方面事务都对治理能力的体系构建提出相应的能力要求。

高校思想政治教育治理能力是由相互联系的多元单项能力构成的一个复杂的、结构合理的综合能力集合体或"治理能力群"，这些单项能力按照其内在的关系排列和组合形成思想政治教育治理能力的内在结构，其内在结构决定了高校思想政治教育治理能力建设的目标、内容和着力点。因此，优化高校思想政治教育治理能力的内在结构，增强治理能力内在结构的科学性与合理性，是加强高校思想政治教育治理能力体系构建的重要内容。

---

① 冯刚：《推进新时代思想政治教育治理体系现代化》，《中国教育报》2020年3月19日。

二、动态性和静态性相结合的原则

高校思想政治教育治理能力体系现代化是治理现代化的应然要求和最终归宿，现代化具有动态性和静态性两重特性。随着人类社会的发展和认知的不断进步，现代化的内涵也在不断完善和发展。现代化是有阶段的发展过程，现代化的发展进程可以划分出不同水平或阶段，同时现代化具有多次发展的特征，现代工业社会不是人类文明发展的终点，同样第二次现代化也不是文明进程的终结，将来还会有第三次、第四次和第五次现代化等。[①] 高校思想政治教育治理能力体系现代化标准具有动态性特征，通常需要以一定时点上的某一类高校作为参照系和对照，然而现代化的标准会随着科学技术进步、经济发展和社会变革而不断变化，不会停留在一个固定的时点上，所以高校思想政治教育治理能力体系的现代化标准既要符合高校自身的发展情况，又要顺应时代发展潮流的要求。

高校思想政治教育治理能力体系构建的动态性和静态性结合的原则，犹如高校思想政治教育治理效能机制与思想政治教育治理能力体系之间的关系，思想政治教育治理效能机制一般是在一定的思想政治教育治理能力体系之下形成和运行的，思想政治教育治理效能机制的良好运行对思想政治教育治理体系有完善和加强作用，治理效能机制侧重于动态性的发展，治理能力体系则侧重于静态的发展，思想政治教育治理效能机制一般强调思想政治教育治理各要素或各系统之间相互关系、相互作用，而思想政治教育治理能力体系强调思想政治教育治理各要素或各系统在相互关系相互作用的基础之上组成的一个整体。

三、协同性和联动性相结合的原则

"世界表现为一个统一的体系，即一个有联系的整体，这是显而易见的"[②]，从系统论的角度看，世界万物都是相互联系、相互影响、相互依赖的

[①] 王梦奎等：《新阶段的中国经济》，人民出版社2002年版，第269页。
[②] 《马克思恩格斯文集（第九卷）》，人民出版社2009年版，第346页。

动态发展变化的。在国家治理现代化视域下，高校思想政治教育治理系统化主要强调多元主体协同育人机制的形成，协同育人机制的内涵十分丰富，既包括校内协同和校外协同，又表现为纵向协同和横向协同，校内协同要解决好学校内部的制度、部门、人际沟通合作问题，校外协同要解决好高校与中小学校、家庭、社会有效衔接问题，纵向协同要解决好层次和时间上的层级结构问题，横向协同要解决好结构和空间上的协同配合问题。[①]还要重点加强思想政治教育不同层级、不能领域横向和纵向的协同联动。[②]

高校思想政治教育治理能力主体可以按不同的维度划分，如按照治理能力体系中涉及的"人员模块"，可以包括治理能力设计者、治理能力的实施者、治理能力的资源消耗者、治理活动的参与者等，这些都形成了治理能力主体的多元性特点。高校思想政治教育治理体系的科学构建需要多元主体的参与合作，从高校系统内部治理来看，治理的目标设定要考虑学生的成长发展的期待和现实需求，进一步厘清治理主体之间的内在联系与治理效能的转化机理，推动高校思想政治教育治理体系协同育人功能的发挥，形成动态的、协同的、联动的育人体系。

高校思想政治教育治理主体多元化不仅指主体构成多元，还包括各主体在治理活动中所处的不同地位，治理主管部门在治理过程中发挥元治理作用，其他组织机构作为重要参与者为治理体系注入了新的活力，社会公众的参与使治理体系越来越能体现人们的需求与意愿。多主体之间的合作会面临主体间的权利冲突、责任不清、义务不匹配等问题，通过联动机制来平衡权利与义务，提高不同主体的参与积极性，强化高校与社会间多元力量的联动，坚持问题导向，紧紧围绕社会发展和时代的需求，不断完善协同治理工作机制；高校思想政治教育治理还要强化高校各学科、各部门间不同主体的联动协作，构建"共治、共建、共享"的治理发展格局。

---

① 冯刚、高山等：《新时代高校思想政治教育治理论》，中国社会科学出版社2021年版，第316页。

② 冯刚：《推进新时代思想政治教育治理体系现代化》，《中国教育报》2020年3月19日。

四、主体性和适应性相结合的原则

笛卡尔提出的"我思故我在"的著名命题,开启了哲学研究的"主体性"转向,笛卡尔虽然开启了近代主体性哲学之端,但却无法真正在完全的意义上实现这一转向,完成这一彻底转向的是康德。在康德看来,笛卡尔的"我思"之所以是"被谈论"的对象,乃是因为它是一个实体,一个不同于"物质实体"的"心灵实体","这个实体的全部本质或本性只是思想"①,这样的实体归根到底仍处于时空之中,是一个经验性的存在,即经验自我。②此后,费希特、黑格尔众等哲学家们对"主体性"和"自我"都做了大量深入的交流和探讨。总体来说,近代以前的哲学家从现实世界的偶然性、不真实性所带给人们的差异感、特殊性、割裂性出发,相信有一种能够将世界统一起来的作为事物普遍本质的东西存在,这就是世界万事万物的终极的基础。③恩格斯说,"就单个人来说,他的行动的一切动力,都一定要通过他的头脑,一定要转变为他的意志的动机,才能使他行动起来"④,即主体性与主导性都需要自身的能动性才能发挥和实现。"在社会历史领域内进行活动的,是具有意识的、经过思虑或凭激情行动的、追求某种目的的人;任何事情的发生都不是没有自觉的意图,没有预期的目的的。"⑤这些都表明作为主体性的人具有意识活动特征,具有主体性意识和思维。

综上,从哲学意义上来说,主体性价值的存在就是事物之间普遍联系的基础,或者说主体性就是现实的人发挥主观能动性的哲学价值和存在意义。那么按照这种逻辑,高校思想政治教育治理过程或治理能力体系构建的过程中就必然存在"主体"和"主体性"问题,也就是说无论是个人主体还是群体主体,抑或是人类主体,都可以发挥各自的主观能动性,达到目的性和规定性的统一。当然,在高校思想政治教育治理过程或治理能力

---

① 北京大学哲学系外国哲学史教研室:《西方哲学原著选读(上)》,商务印书馆1981年版,第369页。
② 贾英健:《公共性视域——马克思哲学的当代阐释》,人民出版社2009年版,第34—35页。
③ 贾英健:《公共性视域——马克思哲学的当代阐释》,人民出版社2009年版,第36—37页。
④ 《马克思恩格斯选集(第四卷)》,人民出版社2012年版,第258页。
⑤ 《马克思恩格斯选集(第四卷)》,人民出版社2012年版,第253页。

体系构建的过程中，现实的人的思想或行为会受到时代发展、外部环境、事物变化和目标调整等因素的影响，治理主体要既要适应时代发展的实践要求，又要体现治理主体的主观能动性，要想达到治理能力体系的科学构建，主体就必然相应的作出调整和改变，以不断适应条件的改变，由此就产生了高校思想政治教育治理体系中的主体性和适应性相结合的构建原则。

第三节　高校思想政治教育治理能力体系构建的基本方法

方法是联系主观世界与客观世界的中介，是主观与客观的辩证统一，然而，方法并不能主动地、自觉地把人的主观世界与客观世界连接起来。因此，考察方法及其与其他因素之间的关系，还有一个很重要的维度，那就是要立足于实践之中，从实践活动的主体——客体维度来对方法进行考察。[①] 治理能力体系的基本方法就是立足于高校思想政治教育治理的实践，从高校思想政治教育治理的主体（也就是现实的人）来出发，通过实践活动、认识活动、评价活动和审美活动对客观的物质世界和人的主观世界进行认识和改造的时候，高校思想政治教育治理能力的具体方法就应运产生了。

高校思想政治教育治理能力现代化是高校思想政治教育治理的必然要求和必经阶段，也是国家治理体系和治理能力的重要组成部分。治理能力体系的构建要考虑体系运行的基本样态，还要考虑体系所涉及的各因素或系统的存在形态。构建的基本方法既要结合高校思想政治教育治理目标及其治理任务，也要结合治理能力的形成方式和主要内容，运用马克思唯物辩证法的思维来科学认识和把握体系构建的基本方法，科学认识和掌握理论与实践、典型与全面、借鉴与创新、特殊与一般的基本方法。

一、理论分析与实践应用

马克思在《〈黑格尔法哲学批判〉导言》中指出："批判的武器当然不能代替武器的批判，物质力量只能用物质力量来摧毁，但是理论一经掌握

---

① 万美容：《思想政治教育方法发展研究》，中国社会科学出版社2007年版，第26—27页。

群众，也会变成物质力量。理论只要说服人，就能掌握群众；而理论只要彻底，就能说服人。"①在马克思主义经典作家看来，理论与实践的作用只是在不同历史条件下各有侧重，并无主次之别。高校思想政治教育治理理论与治理实践辩证统一，治理理论指导实践发展，治理实践又反过来检验治理理论。高校思想政治教育治理能力体系的相关理论涉及社会学、管理学、行为学、教育学、评估学、思想政治教育学等学科，主要理论来源和支撑来自于西方公共治理理念、国家治理现代化理论、教育现代化和教育治理现代化、新时代思想政治教育理论创新的最新成果等，这些都构成了高校思想政治教育治理能力体系的基础理论来源。高校思想政治教育治理实践体系则涉及思想政治教育治理实施方法、治理实施措施、治理实施过程、治理实施活动等。理论分析与实践应用的基本方法就是高校思想政治治理主体（所谓主体，是指能起能动性的、主动性的和创造性的作用的人，在这个大前提下，主体有个人主体、群体主体和人类主体之分②）与治理客体发生相应的关系，那么治理的基本关系就建立起来了，而不同阶段、不同领域、不同时空的治理主体的实践，就构成了立体式的治理关系网，治理关系网的脉络梳理、秩序调整就构成了高校思想政治教育治理体系构建的基本方法。

二、典型示范与全面推广

典型是指在一定时期、一定方面、一定范围内能表现和说明事物本质特征，代表同类事物发展趋势的个别事物。它既是对事物的普遍性和共性的反映，也是对事物特殊性和个性的反映，是事物普遍性和特殊性、共性和个性的统一体。典型示范是社会管理的重要手段，也是马克思主义理论教育的重要方法。③在高校思想政治教育治理能力体系构建中，通过树立典型示范点或示范区，可以把思想政治教育治理能力中蕴含的抽象的、生硬

---

① 《马克思恩格斯选集（第一卷）》，人民出版社2012年版，第9—10页
② 郭湛：《主体性哲学——人的存在及其意义》，云南人民出版社2002年版，第13—14页。
③ 吴珏：《马克思主义理论教育的历程与规律研究（1919-1949）》，人民出版社2015年版，第279页。

的理论转化为人民所接受的、具体的、形象生动说明，可以建立一批高校思想政治教育治理示范点或示范区，还可以在高校建设一批高校思想政治教育治理示范岗，通过具体、生动的典型人物和事例来说明阐释抽象的马克思主义思想政治教育治理相关理论，从而让人们更好地从中学习、仿照、借鉴，这些都可以有效推动和完善健全思想政治教育治理能力体系的科学构建。与此同时，高校思想政治教育治理能力体系的构建的最终落脚点并不是单个的个体或群体，而是高校思想政治教育的"整体"，那么就涉及全面推广的问题。由一个点一个面带动、示范一个片一个立体网格，逐步健全示范试点交流合作机制，充分发挥思想政治教育治理典型的示范引领作用，深入剖析示范点或示范案例的形成机制和组织架构，找准找实治理实践的短板，补齐补强薄弱环节，扎实推动高校思想政治教育治理实施方案落地，持续打造高校基层治理能力体系，逐步形成高校思想政治教育治理典型示范长效机制，不断探索可推广的好经验好做法。

三、相互借鉴与自我创新

高校思想政治教育治理能力经验或业务上相互借鉴，首先要承认的前提条件就是国内外高校思想政治教育治理能力水平不同，或者高校内各有关部门思想政治教育治理功能的差异，尤其是当前国内外高等教育发展的多元化，要求同存异，尊重世界多样性，共同创造人类文明繁荣进步，形成人类文明新形态的共存新局面。思想政治教育治理方式或方法的多样性是思想政治教育客观现实的应然要求，是推动思想政治教育有效性和针对性的重要特征的体现，也是推动人类文明进步的重要动力。世界各种文明和社会制度，应长期共存，在竞争比较、相互借鉴中取长补短，在求同存异中共同发展。人类文明唯有相互包容、相互借鉴、求同存异、取长补短，才能不断创新发展，永葆繁荣的景象。[①] 同理，思想政治教育治理经验和治理理论的借鉴当然是可能的，高校思想政治教育治理能力中蕴含着思想政治教育的众多特征和内在要求，治理过程从某种程度上来看也是思想政

---

① 田克勤、李彩华、孙堂厚：《中国化马克思主义通论》，人民出版社2013年版，第434页。

治教育的过程,那么它就是实施主体对客体所从事的一种活动,从这个角度来说,那就涉及思想政治教育中的"接受论",这种"接受论"包含着接受活动在内的一切信息和理念,接受活动由传导者、接受主体、接受客体、接受媒介和接受环境所组成,是思想政治教育治理过程中重要而关键的环节,如果没有这个环节,治理能力的效能就无法体现,治理能力体系的构建也就没有存在意义了,可见这是一个关键性的、决定性的环节。思想政治教育中的"接受论"问题在治理理论中可以表现为相互借鉴和自我创新,相互借鉴就是意味着承认、相信,自我创新就是在自我现实存在的基础上继承与发展。

创新哲学是哲学的一门新兴学科。创新哲学是关于创新的最本质最概括的哲学范畴,是关于创新的本质和规律的科学,是关于创新的理论化系统化的世界观和方法论。创新理论是关于创新实践的本质和规律的理论,包括创新本质理论、创新规律理论、创新动力理论、创新环境理论、创新人才素质理论、创新实践理论、创新认识理论、创新方式理论,创新成果的评审和检验等。[①] 因此,在治理能力体系的构建中,相互借鉴与自我创新相辅相成,既要注意借鉴经验的合理性和可行性,又要注意创新的针对性和实用性,这样思想政治教育体系构建就拥有了方法改进和提升的空间。

2021年,在中国共产党成立100周年之际,中共中央、国务院印发了《关于新时代加强和改进思想政治工作的意见》,明确提出要把思想政治工作作为治党治国的重要方式,推动新时代思想政治工作守正创新。要提高思想政治工作在国家治理体系和治理能力现代化中的贡献度,就需要深入剖析思想政治教育治理能力问题。因此,思想政治教育治理能力的体系构建问题就是国家治理体系和治理能力现代化的有机组成部分,为新时代思想政治工作提供必要的理论支撑和政策建议,也是高校思想政治工作守正创新的重要表现,助力高校内涵式、高质量发展。

---

① 彭健伯:《创新哲学论》,人民出版社2006年版,第13—14页。

四、专业评审与对象参与

习近平总书记指出:"治理和管理一字之差,体现的是系统治理、依法治理、源头治理、综合施策。"① 新时代高校思想政治教育治理能力体系构建的重要特征就是参与对象众多、涉及范围广泛、治理能力的主体多元化、治理能力类型的多样性,不同系统所涉及的能力存在一定的差异性,鼓励和支持涉及高校思想政治教育治理的相关方面参与体系构建。坚持高校社会主义办学方向,坚持立德树人根本任务,坚持专业评审和质量评估,实行专业评审与对象参与的体系构建基本方法,逐步推进系统治理体系的形成。打造专业专家评审团队,健全高校思想政治教育治理能力评价机制。探索实施对不同系统领域的治理能力的专业人才或能力类型进行分类界定的方式,参照"十大育人"体系的类型,探索实施科研教学治理能力体系、管理服务治理能力体系、文化心理治理能力体系、社会(包括政府、家庭、中小学、企业、民众)功能治理能力体系等四大体系建设,推进评价体系多元化,始终遵循思想政治工作规律,遵循教书育人规律,遵循学生成长规律,持续推进完善思想政治教育治理能力专业委员会或专家评委库建设,定期问诊把脉高校思想政治教育治理能力体系构建。

科学的思想政治教育治理评价体系中必定包含着对象参与者对体系构建的贡献,也就是说,对象参与在体系构建中有着不可或缺的地位。治理理论最显著的特征主要有两个:一个是通过回应的方式,推动民众广泛参与公共事务的决策、执行、监督与评估过程;另一个是通过民营化的方式,推动公共服务的市场化与社会化进程,全面提高福利和服务生产与提供,以及政府治理的绩效。② 高校思想政治教育治理能力体系构建的基本方法在某种程度上体现着思想政治教育方法,又具有其独特的自我属性。思想政治教育方法是以思想政治教育者为主导,思想政治教育对象参与的思想政治教育活动,是使思想政治教育对象形成正确的思想观念和良好道德品质

---

① 中共中央文献研究室:《习近平关于全面建成小康社会论述摘编》,中央文献出版社2016年版,第142页。

② 唐亚林:《国家治理在中国的登场及其方法论价值》,《复旦学报(社会科学版)》2014年第2期。

所施加教育影响的各种方式、程序和手段的总和。[①] 同理，高校思想政治教育治理能力的方法就是对象参与的治理活动，最终实现治理效能和治理目标的各种方式、程序和手段的总和。高校思想政治教育治理能力体系的构建离不开治理对象的参与，逐步健全对象参与治理实践的政策制定、目标设定、任务分配、实践执行、治理评价等全过程参与的基本形式，治理能力体系的现代化是科学构建的最终目标，现代化的实现是一个艰巨而漫长的过程，尤其是在"大思政"格局的背景下，就更需要思想政治教育治理能力过程中的"主体"不断参与系统治理，为体系构建提供人才支撑和保障。

第四节 高校思想政治教育治理能力体系构建的实践路径

实践路径是高校思想政治教育治理能力体系的有效途径和基本进路，推进高校思想政治教育治理能力体系的科学构建，从根本上来说，就是把握思想政治教育治理能力体系构建的现代化内涵和特征，实践路径的落脚点就是实现高校思想政治教育治理的现代化。科学构建高校思想政治教育治理能力体系，要在明确思想政治教育治理现代化的内涵的前提下完善相关机制，体系的构建是一项系统性工程。

高校思想政治教育治理能力体系构建要以习近平新时代中国特色社会主义思想为指导，坚持高校立德树人根本任务，认真贯彻落实党的教育方针政策，以培育德智体美劳全面发展的时代新人。要建立完善的制度机制保障，充分认识和构建制度保障的重要作用，积极探索高校管理改革、服务师生保障、中心工作推进、思想政治教育协同等方面的制度，不断提升高校思想政治教育治理能力的制度保障。实践机制是高校思想政治教育治理能力的现实反映，是反映治理能力有效性的重要方面，也是体系构建中的重要指引，实践机制保障要在思想政治教育质量评价的完善过程中得以体现。要推进高校思想政治教育治理能力的效能化转化，党的十九届四中全会提出："把我国制度优势更好转化为国家治理效能，为实现'两个一百年'

[①] 祖嘉合：《思想政治教育方法教程》，北京大学出版社 2004 年版，第 3 页。

奋斗目标、实现中华民族伟大复兴的中国梦提供有力保证。"[①] 高校思想政治教育治理能力体系现代化建设肩负是培养时代新人的历史使命，在国家治理体系和治理能力现代化推进过程中，体系科学构建对促进中国特色社会主义制度优势转化为国家治理效能等方面发挥着不可替代的作用，是推动中华民族伟大复兴强大的思想保障。

一、高校思想政治教育治理能力的思想保障

加强马克思主义理论的学习，坚持马克思主义在意识形态领域的指导地位，准确理解和把握马克思主义理论。马克思主义深刻揭示了自然界、人类社会、人类思维发展的普遍规律，为人类社会发展进步指明了方向，是我们认识世界、把握规律、追求真理、改造世界的强大思想武器，是中国共产党指导思想的理论基础。马克思主义揭示了人类社会的发展规律，揭示了生产力决定生产关系，经济基础决定上层建筑，生产力和生产关系、经济基础和上层建筑的矛盾推动社会形态更替的人类社会发展规律，学习和运用历史唯物主义和辩证唯物主义的科学思维，用马克思主义的世界观和方法论来认识世界和改造世界。从广义上说，马克思主义既包括马克思主义基本理论、基本观点、基本方法，也包括经列宁等继承者在实践中发展的马克思列宁主义，以及经由中国共产党人将其丰富和发展了的马克思主义，即马克思主义中国化。要在实践中，要全面系统地学，要全覆盖地学、带着问题学，把学深悟透马克思主义真理当作精神追求，坚持党的十九届四中全会通过的《中共中央关于坚持和完善中国特色社会主义制度推进国家治理体系和治理能力现代化若干重大问题的决定》，第一次把马克思主义在意识形态领域的指导地位作为一项根本制度明确提出来，集中体现制度创新和成功的经验总结。在高校思想政治教育治理体系的构建实践中，要学会用马克思主义的立场、观点、方法去处理治理能力的实际问题，筑牢思想基础、凝聚精神力量、坚定主心骨、把准定盘星，贯彻落实高校立

[①] 《中共中央关于坚持和完善中国特色社会主义制度 推进国家治理体系和治理能力现代化若干重大问题的决定》，《人民日报》2019年11月6日。

德树人根本任务，培养德智体美劳全面发展的社会主义事业的建设者和接班人。

党的十九大把习近平新时代中国特色社会主义思想确立为党必须长期坚持的指导思想，实现了党的指导思想的与时俱进。习近平新时代中国特色社会主义思想，是马克思主义中国化的最新理论成果，是党和人民实践经验和集体智慧的结晶，是当代中国化的马克思主义，是国家政治生活和社会生活的根本指针，[①]也是知道高校思想政治教育治理能力体系科学构建的科学行动指南。习近平新时代中国特色社会主义思想是一个科学严谨的理论体系。高校思想政治教育治理坚持以习近平新时代中国特色社会主义思想为指导，必须深刻理解这一思想体系的立场、观念和方法，从整体上加以把握和遵循。[②]党的十九届六中全会通过的《中共中央关于党的百年奋斗重大成就和历史经验的决议》，在党的十九大报告"八个明确"的基础上，用"十个明确"对习近平新时代中国特色社会主义思想的核心内容作了进一步概括，可以说"十个明确"和"十四个坚持"为新时代高校思想政治教育治理既指明了维度指向，也提供了具体思路。因此，高校思想政治教育治理能力体系的构建就是要以习近平新时代中国特色社会主义思想为指导，贯彻落实高校立德树人根本任务，运用马克思主义唯物辩证法来处理实践问题，坚持"创新、绿色、协调、开放、共享"的五大发展理念，激发高校思想政治教育治理能力体系新思路，遵循人的自由全面发展为最高目标的理念，坚持"四个全面"战略布局，坚定拥护"两个确立"、坚决做到"两个维护"，坚定不移践行以人民为中心的发展思想，持续推进高校思想政治教育治理能力体系的科学构建。

二、高校思想政治教育治理能力的制度保障

马克思、恩格斯强调指出："每一代都立足于前一代所奠定的基础上，

[①] 中共中央宣传部：《习近平新时代中国特色社会主义思想三十讲》，学习出版社2018年版，第1页。

[②] 冯刚、高山等：《新时代高校思想政治教育治理论》，中国社会科学出版社2021年版，第15页。

继续发展前一代的工业和交往,并随着需要的改变而改变他们的社会制度。"① 邓小平曾指出,"制度好可以使坏人无法任意横行,制度不好可以使好人无法充分做好事,甚至会走向反面"②。党的十九届四中全会通过的《中共中央关于坚持和完善中国特色社会主义制度推进国家治理体系和治理能力现代化若干重大问题的决定》,明确指出:坚持马克思主义在意识形态领域指导地位的根本制度。坚持这一根本制度,就是坚持和发展马克思主义中国化,就是坚持马克思现代性思想在中国的实践运用,是高校思想政治教育治理现代化的根本制度保障。党的十九届四中全会提出,坚持马克思主义在意识形态领域指导地位的根本制度,将加强和改进学校思想政治教育,建立全员、全程、全方位育人机制纳入中国特色社会主义制度建设当中,并提出一系列新要求,为高校思想政治教育治理现代化指明了方向。③

"制度"是指在一定历史条件下形成的法令、礼俗等规范,制定法规,规定等。④ 大多数学者从社会学视角理论制度化概念,强调制度化属于社会学范畴,认为制度化是逐渐走向成熟的发展过程,制度化是一个持续的动态过程。高校思想政治教育治理制度化是指高校思想政治教育治理制度运行模式和治理方式有序化、规范化作用的持续的、动态的实现过程。⑤ 在认识层面,治理是技术、手段、目标和战略思想的有机综合,但不能将治理仅仅看成是制度优化的手段,更重要的是治理是各个主体的共同发展目标,是推动制度不断完善和发展的动力,更是确保制度体系顺利运行的基本保证。这样看来,治理和制度两者之间就形成了天然的联系,治理能力的形成需要制度的保障,治理能力体系的构建需要制度的保障,制度体系的完善需要治理实践的验证。

制度保障建设是一个不断破除落后的或者滞后的体制机制,也是需要不断创新发展、不断健全完善、循序渐进的过程,是与时代特征和环境特

---

① 《马克思恩格斯选集(第一卷)》,人民出版社2012年版,第155页。
② 《邓小平文选(第二卷)》,人民出版社1994年版,第333页。
③ 冯刚、高山等:《新时代高校思想政治教育治理论》,中国社会科学出版社2021年版,第320页。
④ 《现代汉语词典》,商务印书馆1983年版,第1492页。
⑤ 冯刚、高山等:《新时代高校思想政治教育治理论》,中国社会科学出版社2021年版,第321—322页。

点有密切的联系,当前除了坚持马克思在意识形态领域指导地位的根本制度以为,还应当在以下几个方面进行加强:

(1)领导制度。中共中央、国务院印发《关于新时代加强和改进思想政治工作的意见》中强调了新时代加强和改进思想政治工作的方针和原则包括:"坚持和加强党的全面领导,把思想政治工作贯穿党的建设和国家治理各领域各方面各环节,牢牢掌握工作的领导权和主动权。"坚持党对一切工作的领导,对新时代高校思想政治教育治理的领导核心作出了清晰安排,明确了高校思想政治教育治理的本质特征和最大优势,确保了高校思想政治教育的社会主义方向。[①]领导机制主要体现在领导风格和领导方式上,领导机制在高校治理体系中,发挥着定基调、把方向的重要作用。当前,中国高等学校的领导体制是党委领导下的校长负责制,这是中国共产党对普通高等学校领导的根本制度,是高等学校坚持社会主义办学方向的重要保证。在各高校的发展历程中,不同高校的领导风格或领导方式可能会不尽相同,但是落实高校立德树人根本任务的职责没有改变,都在实践中不断提升高校治理方式和治理水平,这也就意味着要不断提升高校思想政治教育治理能力的现代化水平。高校领导层要深刻认识到思想政治教育治理现代化的重要价值和意义,将高校思想政治工作融入人才培养的各个环节中去,带领各项政策和措施的出台,督促落实学校各部门重视和执行,真正发挥领导保障机制的作用,坚持在各级党组织的领导下,依靠高校各职能部门的通力配合,将管理和服务融入培养时代新人的伟大事业中去。

从"微观"视角来看,领导方式或方法仍然存在发挥中不可替代的作用,制度的落地实施对体系的科学构建发挥中重要的作用。习近平总书记指出:"推进国家治理体系和治理能力的现代化,要大力培育和弘扬社会主义核心价值体系和核心价值观,加快构建充分反映中国特色、民族特色、时代特征的价值体系。"[②]继续完善社会主义核心价值观融入高校思想政治教育治理能力体系的相关制度,高校各部门应建立融入工作例会制度,安排专门负

[①] 冯刚、高山等:《新时代高校思想政治教育治理论》,中国社会科学出版社2021年版,第16页。

[②] 《习近平谈治国理政(第一卷)》,外文出版社2018年版,第106页。

责人参加并组成领导队伍，对社会主义核心价值观融入高校思想政治教育治理能力体系实行直接有效地领导，建立专门的融入工作部门与领导机构，健全融入工作责任制，这一制度能很好地保证社会主义核心价值观融入治理体系中，是领导、组织、协调制度化各组成要素机制的必要条件。

（2）沟通协调制度。"高校思想政治教育是由若干个要素构成的复杂系统，如果构成高校思想政治教育的各要素之间各自为政、各自为战，势必造成其治理的非系统化"[①]。在高校思想政治教育治理能力体系的科学构建，需要结合考虑治理主体的各类需求，分析不同领域治理能力的内在要求，将治理能力目标计划、治理能力任务、治理能力实施方案、治理能力评价方法、治理能力机制运行、治理能力队伍建设等，更贴近治理客体的应然要求。这些方面都会对应着不同的群体或者不同的部门，那么就需要各个部门或各个群体之间形成沟通协调机制，听取不同领域不同层级的实践主体对治理能力体系构建提出的意见与建议，建立科学的治理能力科学体系，充分调动主体参与治理活动的积极性、创造性和主动性，培育德智体美劳全面发展的社会主义建设者和接班人。

（3）体系的运行制度。高校思想政治教育治理能力科学体系应该是一个主体多元、指标合理、标准适当、方法科学的有机体系，其各个要素要贯彻立德树人根本任务，坚持社会主义办学方向，体现社会主义制度的体制优越性，彰显思想政治教育的价值取向，涉及高校思想政治教育治理主体、能力构成指标、能力形成机制、人才队伍建设、治理效能评价、治理能力实践途径等各个系统或体系。这些系统或体系之间的相互联系、相互作用、相互影响、相互制约等就构成了整个高校思想政治教育治理体系的运行方式，整个体系以促进社会进步和人的自由全面发展为最终目标。高校思想政治教育治理能力体系的运行实质上是高校内与校外治理主体对治理客体的实施过程，就是要按照体系构建的基本性原则和基本方法，治理要素也从单一要素向多因素转变，治理主体也从单一主体向多个主体转变，治理方法也从单一方法向多种方法转变，高校思想政治教育治理体系的运行的

---

① 冯刚、高山等：《新时代高校思想政治教育治理论》，中国社会科学出版社 2021 年版，第 320 页。

根本目标就是产生思想政治教育治理的最大合力,高校思想政治教育治理主体要始终发挥主导作用,各个主体要相互配合,各个体系发挥其功能和作用,合理运行,各个体系的运行在交互作用中协调兼顾,在协调兼顾中实现最佳结合。

三、高校思想政治教育治理能力的实践机制

任何人的能力都是由三个基本条件相互作用形成的。一是智力,它是大脑机能水平的表现,是能力形成和发展的先天条件。二是知识和技能,它是人们实践经验的结晶,是能力形成和发展的后天条件。三是实践的中介条件。主体运用自己的智力去掌握知识和技能,通过实践活动的锻炼,才能够形成能力。① 治理主体(现实的人)所拥有的"治理能力"转化发展到"实践"环节并不是一蹴而就的,需要经历治理的准备、实施、评估等过程,可以从治理方案的制定、治理主体能力实施、治理效能的评价等环节,这就表明治理能力的实践机制并不是简单的实施过程,而是涉及多个要素或系统。实践是人能动地改造客观世界的物质活动,实践的过程既是将自然的世界改造成为人的世界的过程,也是对现存事物的改造、批判、超越的过程。② 实践本身是由多要素构成的一个复杂系统。对实践的系统分析,就是对实践本身的要素和结构进行静态和动态分析,以期发现它的内在联系和运动规律。③ 从实践的活动机制看,实践是主体与客体通过中介相互作用的过程。

首先,治理价值理念要全方位融入高校思想政治教育治理体系。新时代思想政治教育治理能力体系的科学构建,需要在国家治理价值理念的指引下,深刻认识和把握思想政治教育治理能力的新要求、新任务,科学构建治理能力体系。充分认识高校思想政治教育治理要素或系统的复合性、多样性的特征,坚持治理过程中的问题导向意识,聚焦实践前沿,把握实践需求,将思想政治教育治理能力体系现代化与国家治理体系和治理能力

---

① 苏常浚:《基础心理学讲话》,人民出版社1982年版,第190页。
② 郭凤志:《以文化人的自我意识研究》,人民出版社2019年版,第187页。
③ 张守刚:《马克思主义哲学教程》,人民出版社1991年版,第228页。

现代化深度融合,实现思想政治教育治理理论所蕴含的实践价值和应然目标。以治理的价值理念理解和把握思想政治教育治理主体,用主体间性理论来理解和把握思想政治教育治理主体,充分认识和理解思想政治教育治理实践中的多元主体间的平等、交互、合作性,充分关照思想政治教育治理过程中不同主体的利益诉求和价值取向,协同好个体性利益和整体性利益、个体性价值诉求和整体性价值实现之间的关系。

其次,构建合理的高校思想政治教育治理载体。"思想政治教育载体是指承载和传导思想政治教育因素,能为教育者所运用,且教育者和受教育者可借此相互作用的一种思想政治教育活动形式"[①]思想政治教育治理的内容决定了要选择不同的思想政治教育治理方法载体,思想政治教育治理主体和治理对象的特征和变化规律影响着思想政治教育治理方法载体的运用效果。思想政治教育治理体系现代化不仅体现在治理的价值观念,还体现在治理的艺术文化等方法载体方面,治理体系的科学构建是一项复杂的系统工程,需要更加不同的治理内容来选择适当的方法和载体,并且要结合新时代和新阶段现实需求不断加强思想政治教育治理方法载体的创新,构建多元方案载体的治理体系。同时,还要借助大数据、人工智能、新媒体和互联网等新技术、新手段、新载体,促进高校思想政治教育治理能力体系现代化。

四、高校思想政治教育治理能力的效能转化

目前,管理学、政治学等学科经常使用"效能"一词,效能是指"事物所蕴藏的有利的作用"[②],效能侧重于事物蕴藏的功能与作用的动态描述,高校思想政治教育效能是指高校思想政治教育的应然状态。[③]思想政治教育治理效能化程度怎样,从根本上要看现代化的思想政治教育治理在提升治理有效性方面的能力水平如何,即看思想政治教育治理现代化在满足人们

---

① 陈万柏、张耀灿:《思想政治教育学原理(第三版)》,高等教育出版社2015年版,第239页。
② 《现代汉语词典》,商务印书馆2017年版,第1165页。
③ 冯刚、高山等:《新时代高校思想政治教育治理论》,中国社会科学出版社2021年版,第327页。

的相应需要、实现人们的相应目的方面所表现出的积极特性如何。思想政治教育治理效能化是治理过程效能化与治理结果效能化的有机统一，即思想政治教育治理的过程运行效率化与结果指向效益化的有机结合。思想政治教育治理现代化高度重视治理投入与产出之间的比例关系，在治理成本投入上重视合理性，在治理效果产出上注重高效性。①

高校思想政治教育治理能力效能化是思想政治教育治理效能化的手段和实现途径，能力效能化侧重于治理主体在治理过程中的能力转化水平，不同治理主体所要求的治理能力不尽相同，相同治理主体在不同领域所要求的治理能力也不相同，治理能力存在着时间、空间的交互状态。要通过思想政治教育治理的政治效能、经济效能、文化效能、社会效能等，不断构建治理能力体系，治理能力的效能从量变到质变的发展过程，当聚集到一定程度就会释放出推动高校思想政治教育治理现代化的巨大力量。推动高校思想政治教育治理能力效能化，要坚持党的全面领导，将党的领导贯穿于高校思想政治教育治理现代化的全过程，要紧紧围绕立德树人根本任务，以培育德智体美劳全面发展的社会主义建设者和接班人为目标，以实现社会进步和人的自由全面发展为最终目标，提升高校思想政治教育治理能力的队伍建设，有效推动高校思想政治教育治理效能评价。

要加强高校思想政治教育治理能力的队伍建设，既要有高校思想政治教育治理能力人才专家化，也要有专兼职高校思想政治教育的队伍，相关人员要协同配合，防止出现职责不清、功能不清、机械协同的现象。既要积极满足队伍成员专业素质与能力提升的需要，也要着力解决其实际问题，协调其全面发展的丰富需求，培养始终能与高校思想政治教育实践工作及思政学科发展同频共振的专业化人才，形成推进高校思想政治教育治理现代化不断发展的稳定动力系统。

高校思想政治教育治理人才专家化是推动高校思想政治教育治理能力效能化的有效保障，应该具备一定专业理论基础，如管理学中能力的形成机制、社会学中能力的功能作用、评估学中能力的评价模式、政治学中的

---

① 冯刚等：《新时代高校思想政治教育学原理》，人民出版社2021年版，第388—389页。

第六章　高校思想政治教育治理能力体系的科学构建

能力效能转化等，治理能力是在治理主体对治理客体进行"生产或作用"的过程中，在主体的主观能动性的作用下发展实现的。能力的自然前提是素质，即能力形成和发展的自然倾向。所谓素质应当是人的与生俱来的解剖生理特点，其中具有最重要意义的是神经系统的特点，脑的特点，以及基因的特点。人满足自己需要和兴趣的愿望引起人的爱好，即素质发展和能力形成的倾向。[①]这些理论和理念都应该是思想政治教育治理人才专家需要掌握和运用的，在实践中不断运用相关理论指导实践。在高校思想政治教育治理体系中，专兼职思想政治教育教师具有了管理者和被管理者的双重身份，他们是思想政治教育治理能力体系构建的重要因素，其治理能力的提升与诸多因素相关，如思想道德水平、知识结构、能力结构、身心健康等，要保持思想政治教育专兼职队伍的稳定性和连续性，就需要相关高校充分保障其工作和生活的基本条件，满足他们在工作中和自我发展中对不同愿望的需求。为此，高校管理者不仅要坚决贯彻执行国家有关法律法规，还应该结合各地的实际，制定和完善保障机制。

此外，高校思想政治教育治理效能评价也是实现治理效能高转换率的重要手段和方式，主要是对高校思想政治教育治理能力的形成性评价和结果性评价，主要包括评价、反馈、优化等环节。正如习近平总书记所强调的，"从根本上解决教育评价指挥棒问题"[②]。持续完善高校思想政治教育治理效能评价的科学化进程，去功利化和形式化，采用定量与定性、过程与结果、全面与重点相结合的评价方法，逐步完善和修订形成治理能力效能标准化指标体系；充分考虑高校思想政治教育治理主体的多样性，对不同"治理主体"进行不同维度、不同层级、不同角度地评价，既要考虑点面结合又要考虑一元与多元的结合，进而构建相互制约、相互监督、协同配合、综合评价的治理效能评价格局。

[①] ［苏］舍佩尔：《管理心理学》，东方出版社1990年版，第13页。
[②] 《习近平在全国教育大会上强调　坚持中国特色社会主义教育发展道路　培养德智体美劳全面发展的社会主义建设者和接班人》，《人民日报》2018年9月11日。

第七章
高校思想政治教育治理主体的能力提升

中国特色社会主义进入新时代，治理的意义和价值也日益凸显。2019年党的十九届四中全会审议通过《中共中央关于坚持和完善中国特色社会主义制度　推进国家治理体系和治理能力现代化若干重大问题的决定》，明确了发挥中国特色社会主义优势，推进国家治理现代化的部署水平，[①]既拓展了高校思想政治教育治理研究的视域，也为高校思想政治教育治理研究提供了直接的理论遵循。高校思想政治教育治理作为一项庞大的科学系统工程，其中包含着众多的子系统，高校思想政治教育治理主体是其中重要的子系统，高校思想政治教育治理主体的结构、质量、能力、素质等对于提升高校思想政治教育治理科学化、精准化具有重要意义。因此，加强高校思想政治教育治理主体系统构成、能力要求、能力提升方法的相关研究显得尤为重要。

第一节　高校思想政治教育治理主体的系统构成

高校思想政治教育治理主体是一个由多主体构成的共同体，主要包括以政府、高校党委为代表的治理决策主体，以高校行政部门为代表的治理执行主体，以高校思想政治教育课程和课程思政课教师为代表的治理引导主体，以高校学生为代表的治理反馈主体和以社会、家庭为代表的治理协

---

①　《中共中央关于坚持和完善中国特色社会主义制度　推进国家治理体系和治理能力现代化若干重大问题的决定》，《人民日报》2019年11月6日。

同主体。这些主体在高校思想政治教育治理中发挥着自己的优势和特点,有助于更好地推动高校思想政治教育治理的有效实施。因此,统筹兼顾高校思想政治教育治理主体的系统构成,形成覆盖面广、黏度稠密、辐射力强的高校思想政治教育治理主体的网络。

一、以政府、高校党委为代表的治理决策主体

政府和高校党委是高校思想政治教育治理的决策主体。各级党委、各级教育主管部门、学校党组织都必须把思想政治工作紧紧抓在手上,要把高校思想政治工作摆在重要位置,加强领导和指导,形成党委统一领导、各部门各方面齐抓共管的工作格局。① 政府、高校党委通过计划、组织、指挥、协调、控制等管理手段,基于高校思想政治教育治理的过往经验和信息积累的基础上,通过一系列科学、有效、合理的治理工具、方式、技巧等有效整合高校思想政治教育的各种治理资源,统筹规划高校思想政治教育的未来治理格局。政府和高校党委作为高校思想政治教育治理的决策主体的主要代表,要以立德树人为最终的育人旨归,政府和高校党委要在高校思想政治教育治理的全过程中意见统一、同向而行、步调一致,而且要在治理思路、治理路径、治理目标、治理手段、治理评价等事关高校思想政治教育治理的关键要素中完善顶层设计、把握关键环节、注重运行指标,在决策层面有效地保证高校思想政治教育治理处于良性的运转之中。

政府和高校党委作为高校思想政治教育治理的决策主体,两者是紧密联系、相辅相成的。一方面,在高校思想政治教育的治理决策时政府要充分支持高校党委。政府承载着主要的国家力量和行政资源,在制定政策、分配资源、教育管理等方面具有主导性。政府与高校、高校党委、高校思想政治教育具有紧密的协同合作,具体体现在政府部门中的教育行政部门、人力资源和社会保障部门、组织部门、宣传部门、统战部门等与高校、高校党委、高校思想政治教育存在业务指导、合作联系等,政府的相关部门

---

① 《习近平在全国思想政治工作会议上强调　把思想政治工作贯穿教育教学全过程　开创我国高等教育事业发展的新局面》,《人民日报》2016 年 12 月 9 日。

为高校提供了政策指导、方向引导、资源支撑、管理保障等，确保高校在党委的领导下开展高校思想政治教育活动，使高校成为培养引导青年的"人才摇篮"，以优秀的人力资源带动区域的经济发展，推动经济社会的长期健康发展，形成政府引导、高校党委执行、高校合理运转的良性循环。另一方面，在高校思想政治教育的治理决策中高校党委要积极响应政府。高校党委要始终明晰高校为党育人、为国育才的重任，在领导高校推进治理体系和治理能力现代化的过程中，要自觉产生服务国家和地方经济社会发展的站位，努力培养出综合素质强、总体能力高、见识视野广、品行道德优的优秀人才，在治理思路、治理目标、治理方向、治理方法、治理管理、治理评价等方面对标党中央和政府对高校提出的要求，将党中央和政府对高校提出的需求和期待作为高校未来发展的重要着力点，积极响应党、国家、政府对于高校期盼和要求，充分发挥高校党政办公室、组织部、宣传部的积极作用，不断提升高校思想政治教育治理在国家治理和社会治理中的贡献度。

以政府、高校党委为代表的治理决策主体在具体的高校思想政治教育治理中要注重决策的科学性、系统性和针对性。首先，政府和高校党委要进行科学决策。政府和高校党委要在顶层设计、政策支持、制度建设中为高校师生提供明确的行为规范，促使高校师生从情感认同到行为认同的转变。政府不仅要将支持本地区高校办学上升到优先支持的决策层级，并将高校的未来发展纳入政府和高校党委主要决策议事机制的重要日程安排中，定期研究、强化部署、协调矛盾、排忧解难。而且高校党委要根据高校的实际，抓住月度、季度例行报告会等主动想上级党委和政府汇报高校党建、思想政治工作、人才培养等工作的进展、重难点问题、存在的困难等，增强联系、加强沟通、取得理解、相互支撑。其次，政府和高校党委要进行系统决策。政府要形成与高校的常态化沟通机制，主动关心高校办学情况，实时了解高校党委的工作进度和实际需求，可与高校党委设置主要负责人定期互访、定期召开联席会等制度，在打通信息沟通渠道的基础上形成有效沟通。高校党委可以根据高校的实际，与各级政府签订人才培养的战略合作协议，通过共建产学研平台、设立研究院、建设人才智库、开展学术研讨会等推动高校思想政治教育治理在人才储备、学术科研、就业创业、实习实践等形成相应的规律性认识和经验，在总结这些经验的基础上形成系统运转的制度，以制度化的形式落实到具体方案、时间规划、路径选择当中。最后，政府和高校党委要进行有针对性的决策。政府应在高校的人才引进、创业政策、保障性住房、高层次人才配套资助、吸引应届毕业大学生留在本区、大学生创新创业、师生资助补贴等高校师生重点关注问题的层面切实提供有力举措，为高校办学营造良好的办学条件和外部环境。高校党委要主动对接各级政府，紧密衔接地方需求，形成合理的校级与地级市、校级与县级市等的联动协同形式，在高校开展的社会实践、志愿服务、培训活动等方面提供有针对性的资金支持、政策引导、咨询建议、资源支撑等。

二、以高校行政部门为代表的治理执行主体

高校行政部门是维系高校正常运转的重要执行部门，包括学校办公室、研究生处、教务处、科研处、资产处等，代表学校落实党中央、国务院的各项决策部署，执行上级的政策、文件、要求，并根据本校实际制定符合本校未来发展的制度、机制、政策、规章等。一方面要接受高校党委的统一领导，积极响应和贯彻高校党委对于高校未来发展的统筹规划；另一方面也要充分发挥教务处、科研处、人事处、财务处、学工部、后勤保障处等具体行政部门的重要作用，根据各具体行政部门的过往实际经验、专业处理能力、系统处理流程开展具体的、有针对性的高校事务性工作。

高校行政部门同时也是高校思想政治教育管理的主要负责部门。思想政治教育管理是指思想政治教育领导部门、主管机构及其人员，运用计划、组织、指挥、协调和控制等管理手段，对思想政治教育资源进行有效整合，以达到思想政治教育目的、完成思想政治教育任务的创造性行动过程。[①] 治理从本质上说仍是管理，治理是在管理基础上内容的延展、边界的延伸以及方法的丰富。因此从这个角度来看，高校思想政治教育治理从高校思想政治教育管理中汲取养分，高校行政部门在高校思想政治教育管理中主要承担着具体执行的职责，所以高校行政部门是高校思想政治教育治理的执

---

① 陈万柏、张耀灿：《思想政治教育学原理》，高等教育出版社2015年版，第268页。

行主体。

高校思想政治教育治理是一项复杂的系统工程，这也要求以高校行政部门为代表的治理执行主体要在高校思想政治教育治理中发挥纵横结合的联动作用。首先，以高校行政部门为代表的治理主体要在高校思想政治教育治理中加强横向协同联动。高校思想政治教育治理需要加强高校行政各部门之间的横向协同，既要充分发挥教务处、科研处、学生处、人事处、学工部、后勤保障处等部门的积极作用，通过积极构建高校行政部门横向协同联动的制度机制，打通高校行政部门之间信息交流的平台和畅快沟通的渠道，加强各部门、各项具体育人工作间的沟通合作，形成思想政治教育的育人合力。具体来看，在高校各行政部门的联席会议上，高校各行政部门应从各部门实际、掌握情况、工作进展等方面进行信息共享，互通有无，各行政部门形成下一步工作的分工，推动高校思想政治教育治理具体事务的解决。其次，以高校行政部门为代表的治理主体要在高校思想政治教育治理中加强纵向联动。高校思想政治教育治理需要加强和完善高校行政部门不同层级的纵向协同联动，特别是要加强校内的思想政治教育各层级的协同联动，以高校行政部门为代表的治理主体要与高校党委、政府保持一致。在高校思想政治教育治理层面，从高校党委到各行政职能部门，需要统一思想，形成步调一致，高校各行政部门应在高校党委的统一领导下开展工作，并确保高校党委与高校各行政部门沟通顺畅，形成高校各行政部门定期、及时向高校党委反应实际问题、发展需求等的相关信息渠道以及体制机制。高校各行政部门在处理高校思想政治教育治理实际事务中要坚持问题导向，实现育人成效，将思想政治教育工作融入人才培养的全过程，完善高校内纵向的协同攻关、协同联动的工作机制。最后，以高校行政部门为代表的治理主体要在高校思想政治教育治理中发挥纵横结合的联动作用。新时代高校思想政治教育治理以现代化治理理论为重要依托，国家治理现代化对高校思想政治教育充满要求和期待，高校思想政治教育治理在国家现代化宏观理论的指导下有着特殊的学科定位与延伸。[1]因此，以高校

---

[1] 冯刚、高山等：《新时代高校思想政治教育治理论》，中国社会科学出版社2021年版，第9页。

行政部门为代表的治理主体要以更高层次的站位，更深层次的思考，更多层次的协同在高校思想政治教育治理中融入国家治理的理论架构和价值导向，在吸取国家治理科学理论基础上保证高校思想政治教育治理系统、合理、稳定运行，并以一体化视角推动纵横结合，着眼于高校思想政治工作的全局，对以高校行政部门为代表的治理主体的育人资源和育人力量进行统筹谋划、科学考虑、合理调配。具体来看，高校各行政部门要尽量避免出现各自为战、令出多门等的非协同联动局面，高校各行政部门要切实解决好纵向系统中的层次和时间上的层级结构问题，也要处理好横向系统中与高校内部的部门、制度、人际沟通合作问题和高校外部的家庭、社会有效衔接的问题。

三、以高校思想政治教育课程和课程思政课教师为代表的治理引导主体

在高校思想政治教育治理中，最主要的教育引导力量是从事思想政治工作的专门力量，主要包括高校思想政治理论课教师、高校哲学社会科学课程教师、辅导员、心理咨询师、班主任等，共同组成了高校思想政治教育治理的主要引导主体。其中，以高校思想政治理论课教师为主的思政课程教师和以高校哲学社会科学课程教师、其他专业课教师为主的课程思政课教师以及辅导员、班主任、心理咨询师是高校思想政治教育治理的引导主体。具体来看，高校思想政治理论课教师是高校思想政治教育治理主体的主力军，高校思想政治理论课教师的质量决定着高校思想政治教育治理成效，因此要从高校思想政治理论课教师的人员组成、学历状况、年龄分布、职称层次等形成合理的人才体系，提升人才队伍的思想道德修养和科学文化素质。高校哲学社会科学课程教师、专业课教师是大学生思想政治教育不可或缺的重要力量，也在高校思想政治教育治理中扮演着重要角色，有效保证了课程思政中的育人资源和育人力量与思政课程的互联互动，为高校思想政治教育治理营造良好氛围。辅导员、班主任、心理咨询师是承担大学生思想政治教育的骨干力量，在大学生成长成才中扮演着重要角色，同时也在高校思想政治教育治理中发挥积极正向的作用。辅导员要深入学

生的一线，成为连接学生和教师的重要"桥梁"；班主任要肩负起在思想、学习、生活中指导学生的职责；心理咨询师要对学生心理进行积极疏导，引导学生具备理性平和的心态。综上所述，高校思想政治教育治理的引导主体不仅具备相应的明确职责和能力要求，而且也要不断提升其育人质量，为高校思想政治教育治理提供发展和转化的重要动力。

要在高校思想政治教育治理中充分发挥高校思想政治教育课和日常思想政治教育的合力优势，就必须要做到高校思想政治教育课与日常思想政治教育的有效契合，也要更进一步地将高校思想政治教育课教师和高校课程思政课教师的育人力量有机结合。

首先，高校思想政治教育课教师和高校课程思政课教师作为高校思想政治教育治理的引导主体要达到政治上的契合。高校思想政治教育课教师和高校课程思政课教师不仅要始终坚持党的领导，紧紧围绕立德树人的根本任务，在政治方向、政治立场、政治观点上明确任务、坚定信念，而且要以政治为核心、以纪律为底线。具体来看，高校思想政治教育课教师和高校课程思政课教师要在教学过程中向高校学生传递正确的政治立场、政治观点等，并将政治立场和观点与学理阐释结合起来，充分发挥政治引领的作用，为实现中华民族的伟大复兴提供思想引领和精神支撑。

其次，高校思想政治教育课教师和高校课程思政课教师作为高校思想政治教育治理的引导主体要在目标层面达成一致。高校思想政治教育课教师和高校课程思政课教师作为高校思想政治教育的重要育人力量，他们的育人目标均是培养德智体美劳全面发展的社会主义建设者和接班人，因此他们要不断提升自身能力和水平，办好人民满意的教育。高校思想政治教育课教师和高校课程思政课教师要肩负起实现思想政治教育的课堂教育和日常教育的责任，将课堂和日常生活紧密联系在一起，保证高校学生在积极、健康、文明的教育环境中不断成长与沉淀。

最后，高校思想政治教育课教师和高校课程思政课教师作为高校思想政治教育治理的引导主体要在育人资源上形成有益补充。思政课程和课程思政必须紧密结合才能发挥出最强劲的育人合力。要在课程思政中以思政课程为指导，增加思想理论的讲授，增强思想理论的深度；也要在思政课程中强化实践导向,以课程思政为有益借鉴,形成形式互补。最终是要在思政课程和课程思政中将深刻的理论内容融入具体的社会实践中,充分发挥高校思想政治教育课教师和高校课程思政课教师作为高校思想政治教育治理的引导主体的育人合力,鼓励高校思想政治教育课教师和高校课程思政课教师将实践经验、实际能力、人生经历等分享给高校学生,并为高校学生提供各种课堂内外的实践锻炼机会,进一步提升大学生的思想道德素质和综合素质。

四、以高校学生为代表的治理反馈主体

高校学生对于高校思想政治教育治理效果具有优先发言权。高校思想政治教育治理成效主要依靠以高校学生为代表的来自于内部的反馈评价,高校思想政治教育治理成效的实现既要充分考虑学生的成长发展期待,将学生的合理需求作为高校思想政治教育治理的重要考量,也要在治理过程中深入了解学生的兴趣范围、接受能力、理解程度等,找到学生与高校思想政治教育治理的有效融合点,使高校学生也在高校思想政治教育治理的实践中收获知识增长、价值塑造、素质提升。因此,以高校学生为代表的治理反馈主体是提升高校思想政治教育治理成效的重要关切者和评价者。

高校学生作为高校思想政治教育治理的反馈主体对于高校思想政治教育治理成效的关切和评价主要体现在以下两个方面。一方面,以高校学生为代表的治理反馈主体是提升高校思想政治教育治理成效的重要关切者。高校思想政治教育治理的育人目标是培养德智体美劳全面发展的社会主义建设者和接班人,高校学生作为治理反馈主体直接参与高校思想政治教育治理并且切实关心高校思想政治教育治理的成效。高校思想政治教育治理与高校学生的成长发展需求之间还存在着一定的差距,高校思想政治教育治理的质量仍有较大的提升空间。

一是提升高校学生与高校思想政治教育治理的契合度。当代青年学生面对着大数据、人工智能等为代表的信息技术的新发展,他们回应问题的角度、看待问题的方式、解决问题的思路均呈现出新的时代特点,他们思

想更加前卫、想法更为活跃、个性愈加彰显。因此，高校思想政治教育治理要提升与当代青年学生的契合度，逐渐适应当代青年学生的思想特点和发展需求，在实践中走近学生、影响学生、引导学生。

二是增强高校思想政治教育治理对高校学生的引导力。要充分重视高校思想政治教育治理的重要性地位，理直气壮地开展思想政治教育工作，对于不良思想和错误思潮要旗帜鲜明地进行反对，为高校学生在心中筑牢理想信念的"藩篱"，以坚定的理想信念引导青年学生成长成才。

三是强化高校学生参与高校思想政治教育治理的系统性。高校思想政治教育治理要进行系统性的统筹规划，从顶层设计到机制建设再到具体实施，形成一整套科学、完备、系统的运行逻辑，有效地融合各方育人力量和育人资源，为高校学生提供良好的平台和机会。高校学生应参与高校思想政治教育治理的全过程，不仅仅限于课堂教学，而且要在社会实践、家庭教育等积极锻炼，在高校思想政治教育治理的实际参与中增加高校思想政治教育治理的关心。

另一方面，以高校学生为代表的治理反馈主体是提升高校思想政治教育治理成效的重要评价者。高校学生不仅是高校教学活动的主体，同时高校学生的反馈也决定着高校教育成效的最终效果，高校学生也是高校思想政治教育治理中正向评价的重要主体。高校思想政治教育治理要以高校学生这一重要评价者为依托，明确评价维度、设计指标体系、收集评价信息、作出质量评判、反馈调整结论等，这些过程构成了高校思想政治教育治理成效的科学循环。在评价维度判断方面，明确高校学生这一治理反馈主体，根据高校学生的性格特征、成长需求、发展期待等解析高校思想政治教育治理的评价维度，厘清各维度之间的相互关系。在评价指标设计方面，在高校思想政治教育治理质量正向评价的指标体系设计中必须重点关切高校学生对于高校思想政治教育治理各维度相应构成要素的反应和需求，不仅要把握高校学生的身心发展的现实特点，而且也要以评价指标引领高校学生的全面发展。在评价信息收集方面，处于互联网时代下的高校学生在收集信息、处理信息、传递信息等方面具备一定的敏感度、相应的熟悉感和熟练的操作感。要遵循高校学生在灵活选择信息收集的方式和方法，选取高校学生愿意接受、能够接受、乐于接受的信息收集方式，提升来自高校学生反馈信息的可靠性和可信度。在作出质量评判方面，在对高校学生进行判断评价时一定要充分考虑到收集信息的客观性、设计指标的准确性、评价过程的科学性等，这也是使高校学生成为高校思想政治教育治理成效重要评价者的重要环节。在结论反馈调整方面，给予高校学生充分表达对于评价结果的看法的机会与渠道，高校学生应通过对评价结论的反馈使其可以充分吸收来自不同方面的意见及建议，最终根据学生的反馈和评价对于评价体系进行动态调整。

五、以社会、家庭为代表的治理协同主体

来自社会、家庭的协同资源是高校思想政治教育治理的重要依托，高校思想政治教育治理需要社会资源的协助和家庭资源的辅助，充分发挥以社会、家庭为代表的治理协同主体的积极作用，努力为大学生健康成长营造良好的成才环境。高校与社会、家庭从来都是紧密联系、不可分割的。一方面，社会治理环境是高校思想政治教育治理的重要外部条件。高校大学生的思想动态、思维方式、精神状态等与国内经济社会发展、改革开放等国家发展环境息息相关，具有一定的相关性，即大学生的思维和想法能够反映出当前国家发展环境以及未来趋势。思想政治教育是社会治理的一种方式、手段、途径、形态，即思想政治教育治理是一种对人的思想价值观念施加影响以实现政治权力的产生、变更与维护的精神性政治实践。[①] 由此可见，促进高校与社会相互配合，有助于提升高校思想政治教育治理和社会治理的融合度，推进社会资源方作为治理协同主体为高校思想政治教育治理提供相应的资源和力量。另一方面，家庭教育是高校思想政治教育治理的有益补充。中国社会自古以来将家庭教育置于重要地位，我们所熟知的孟母三迁、岳母刺字等弘扬优秀家风的典范故事，以及《颜氏家训》《朱子家训》《曾国藩家书》等以优良家教影响后代的经典作品等，无一不彰显了家庭教育对于个人成长的教化、规范作用，受家庭教育积极影响下的

---

① 蔡如军、金林南：《试论现代社会的思想政治教育治理》，《思想理论教育》2018年第1期。

个人的成长也为国家的持续发展奠定了坚实的基础。习近平总书记高度评价家庭教育的地位和作用，他指出："广大家庭都要重言传、重身教，教知识、育品德，身体力行、耳濡目染，帮助孩子扣好人生的第一粒扣子，迈好人生的第一个台阶。"[①] 由此可见，家庭教育对于个人成长的重要性不言自明，家庭教育与高校思想政治教育治理具有同样的育人责任，共享着同样的育人价值，家庭教育聚集的家庭教育资源是高校思想政治教育治理的有益补充，也将高校思想政治教育治理的场域拓展到家庭层面，形成功能完善、协同充分的治理协同主体体系。

社会、家庭作为治理协同主体的主要代表，要积极发挥社会资源和家庭教育的优势，为高校思想政治教育治理注入一针"强心剂"。社会作为思想政治教育治理协同主体的主要代表，要构建社会与高校双向互动和深度融合的格局。既要引导高校积极向社会资源方顺畅沟通、互通有无，在获取相应的社会资源的同时，也要承担相应的社会责任，尽力满足社会对高校思想政治教育提出的需求和期待；而且也要形成全社会全力支持高校办学的局面，鼓励社会各类组织，特别是公益性、慈善类、社区类、服务类型的社会组织在接受政府依法管理的前提下，积极地与高校进行合作，比如，组织高校学生进社区助老、敬老，以及组织高校学生看望留守儿童等活动既丰富了高校学生的课余生活，提升了其精神境界，这些由各类社会组织与高校共同组织的活动也是重要的教育资源，起到了丰富、生动、持久、深刻的教育效果，因此要大力向高校提供社会性的思想政治教育资源，不断提升社会各界对高校思想政治教育治理的关注度、认可度、满意度。家庭作为思想政治教育治理协同主体的主要代表，要形成家庭与高校优势互补的良性循环。高校要通过弘扬优秀的家庭文化，主动对接和引入家庭优质教育资源，为高校思想政治教育治理提供丰厚滋养。同时，家庭也要积极配合高校，努力形成家校协同的有利局面，与学校形成沟通子女成长发展相关进度的信息沟通渠道，既让家长们能够及时、全面、真实地了解子女在高校学习生活中所展现的思想动态、处事原则、身心健康等。比如，

---

① 《习近平谈治国理政（第二卷）》，外文出版社2017年版，第355页。

一些高校组织班主任、辅导员等定期与学生及其家长沟通,向学生家长汇报孩子在校学习、生活的情况,也与家长紧密联系共同发力,充分发挥家庭育人资源,让家庭成为学校教育的课后延伸,充分发挥家庭教育的亲和力、长久性、温暖性等优势,将家庭这一重要协同主体纳入到高校思想政治教育治理中,提升家庭对于高校思想政治教育治理的信任度和支持度。

第二节 高校思想政治教育治理主体的能力要求

在治理现代化的时代背景下,切实提升高校思想政治教育治理水平和治理能力是新时代高校思想政治教育创新发展的应有之义。提升治理水平和能力的关键在于高校思想政治教育治理主体的专业能力,加强其专业化建设是提升高校思想政治教育治理水平和能力的必由之路。因此,要强化高校思想政治教育治理主体的政策领悟力,提升高校思想政治教育治理主体的基层组织力,汇聚高校思想政治教育治理主体的多元协同力,加强高校思想政治教育治理主体的执行创新力。

一、强化高校思想政治教育治理主体的政策领悟力

高校思想政治教育治理主体作为高校思想政治教育治理的政策、制度、任务等传达者和执行者,首要的是要具备对于高校思想政治教育治理的政策领悟力。一方面,有了政策领悟力的高校思想政治教育治理主体才能在高校思想政治教育治理中坚决贯彻落实党中央精神,在"国之大者"中找准坐标,把工作放到"国之大者"中思考。同时,有助于将党中央的重大决策部署精神学深学透、内化于心,经常、主动向党中央看齐,校准治理主体的思想和行动,党中央提倡的坚决响应,党中央决定的坚决照办,党中央禁止的坚决杜绝。另一方面,也为高校思想政治教育治理的具体工作中充分发挥其他主体能力奠定了基础,即只有具备了对于高校思想政治教育治理政策的熟悉度和掌握度,才能了然于心和融会贯通地把握高校思想政治教育治理的全过程,才可以在充分发挥高校思想政治教育治理主体的

主观能动性和积极性，在高校思想政治教育治理中发挥基层组织力、多元协同力、执行创新力等。

高校思想政治教育治理主体的政策领悟力是对高校思想政治教育治理政策、规范及其背后蕴含规律的认识、理解和把握能力。高校思想政治教育治理主体的政策领悟力主要体现在以下三个方面。一是具备对于党和国家的大政方针政策的理解力。从党的十八届三中全会到党的十九届四中全会，国家治理体系和治理能力现代化从目标方向逐步转变为任务安排，《中共中央关于坚持和完善中国特色社会主义制度　推进国家治理体系和治理能力现代化若干重大问题的决定》将国家治理体系和治理能力现代化的要求具体到了党建、政治、经济、文化、社会等治国理政的各领域、各方面，提纲挈领地引领着高校思想政治教育治理，也因此成为高校思想政治教育治理的重要遵循。对于党和国家大政方针政策的理解不应是只浮于表面的，而是应该产生系统化和具体化的认知，深入挖掘"是什么"现象背后的"为什么"深层原因，形成认知领域的融会贯通。二是具备对于高校思想政治教育治理的规范和体系的洞察力。高校思想政治教育治理是国家治理体系和治理能力现代化建设在高校的具体部署，具备对于高校思想政治教育治理的规范和体系的洞察力需要对实际情况有非常准确地把握，然后作出正确的决策，既要在高校思想政治教育治理中贯彻党和国家的要求，在高校思想政治教育治理中体现国家治理体系和治理能力现代化的优势；也要在国家治理体系和治理能力现代化建设中增添在高校思想政治教育具体实践中的反馈和经验，寻求充分体现高校思想政治教育治理优势的规范和体系。三是具备把握高校思想政治教育治理的运行逻辑和背后规律的执行力。执行力是高校思想政治教育治理主体工作能力的体现，同时也是其责任心的体现。既要在高校思想政治教育治理的具体实践中总结经验，将经验上升为成果，在成果中总结规律，将规律提炼为理论；也要深入阐释在高校思想政治教育治理中面对具体问题时解决问题的角度、思路和方式，发挥聪明才智，想办法打开思路，千方百计化解矛盾，解决问题。

强化高校思想政治教育治理主体的政策领悟力不仅需要深入理解高校思想政治教育治理的理念政策，而且需要全面考虑高校思想政治教育治理

第七章 高校思想政治教育治理主体的能力提升

的现实需求。一方面，对高校思想政治教育治理的理念政策深入理解是强化高校思想政治教育治理主体的政策领悟力的内在要求。从《关于加强和改进新形势下高校思想政治工作的意见》《高校思想政治工作质量提升工程实施纲要》《新时代爱国主义教育实施纲要》《关于全面加强新时代大中小学劳动教育的意见》等关于高校思想政治教育政策制度中充分领悟、汲取、理解开展高校思想政治教育治理的总体理念和政策支持，同时高校思想政治教育的治理主体也要充分发挥自身优势，在高校思想政治教育治理的具体实践过程中依据相关政策选择最合适的治理手段、选取最适宜的治理方式、采用最有效的治理方法，在治理决策主体的引领下，充分发挥治理执行主体、治理引导主体、治理反馈主体、治理协同主体的合力，找到彼此之间的契合点与连接点，充分发挥各治理主体的合力，达成最有效的治理成效。另一方面，对高校思想政治教育治理的现实需求全面考虑是强化高校思想政治教育治理主体的政策领悟力的实际要求。高校思想政治教育治理主体应充分重视高校思想政治教育治理的治理环境、施教主体、效果诉求等现实条件的变化。在治理环境层面，高校思想政治教育主体应注意到新时代中国的社会主要矛盾发生了变化，中国发展的阶段性特征展现出新的特点，中国在国际上的影响力、话语权不断提高，这也意味着中国与世界的联系日益紧密，信息技术的跨越式发展将会带来世界上各种思想的激荡，这会是高校思想政治教育治理在治理环境层面将要重点关注的现实问题。在施教主体层面，高校思想政治教育治理主体面对的是当代大学生，当代大学生以"00后"居多，他们表现出个人意识强烈、网络行为多样、处世态度理性等群体特征。[①]面对当代大学生展现出新的特征，高校党委、各行政部门、思政课教师以及课程思政课教师、班主任、辅导员等高校思想政治教育治理的主体要了解、知晓、融入、交流、引导"00后"大学生，在深入学生一线中不断深化对高校思想政治教育治理的研究。在效果诉求层面，高校思想政治教育治理主体要有效把握高校思想政治教育治理有效性实现的关键因素，找到高校思想政治教育治理在贯彻政策时出现的"堵

---

① 沈千帆：《"00后"大学生的群体特征及教育策略》，《学校党建与思想教育》2019年第24期。

点""结点""断点",高校思想政治教育治理的主体面对这一系统工程,要进行顺畅沟通,了解彼此优势,合理分配人手,进行精准治理,在应对效果诉求等方面不断提升其政策领悟力。

二、提升高校思想政治教育治理主体的基层组织力

组织力即组织所具有的高效协作以顺利实现目标的一种力量,这种力量既包含着能力在内的各种要素之个体独自的作用,又包含着各要素彼此协作产生的新的合力作用。① 高校思想政治教育治理主体的基层组织力是高校思想政治教育治理主体履行办学、科研、社会服务、文化传承创新等使命的战斗力基础。蕴含在高校思想政治教育治理主体的基层组织力的背后的逻辑是,加强党对高校思想政治教育治理的领导,是党对国家治理现代化领导在教育领域的深刻体现,也是高校思想政治教育治理主体必须要遵循的最根本的原则。若想提升高校思想政治教育治理主体的基层组织力,必须要强化党对高校思想政治教育治理全面领导的制度机制的完善为根本和核心,全面落实高校党委的统一领导,强化高校思想政治教育治理主体在队伍建设、年龄结构、学历构成、条件保障、体制机制等方面的系统化、整体化设计,不断完善高校党的领导体制,履行党要管党、办学治校的主体责任。具体来看,高校党委书记作为高校思想政治教育治理的重要责任人,要与校长和其他班子成员切实履行"党政同责、一岗双责";各院(系)党委(党总支)要充分发挥政治核心作用,通过形成基层党组织战斗堡垒作用发挥和党员干部带头模范作用发挥的长效机制,形成不同层级纵向联动的高校党的领导组织体系,保证高校思想政治教育治理主体基层组织力的实现。

高校思想政治教育治理主体的基层组织力既要从宏观上把握大局,又要向纵深延展,深入剖析高校思想政治教育治理主体的基层组织力中蕴含的政治引领、价值实现、组织管理、资源配置、改革创新、考核监督等功能,着眼于基层组织力功能的优化,最终实现高校思想政治教育治理效能的提

---

① 王久高:《组织力、政党组织力与中国共产党组织力内涵考辨》,《中国特色社会主义研究》2020年第2期。

升。提升高校思想政治教育治理主体的基层组织力,一是要将政治引领和价值实现紧密结合,实现显隐结合。高校思想政治教育治理主体既需要对治理对象进行法律法规、社会制度、国家政策方针和政策等显性层面的政治引领,通过引导规范和约束治理对象的行为,培育具有家国情怀、进取精神和法治意识的时代新人;高校思想政治教育治理主体也需要通过价值实现的方式,将高校思想政治教育治理的理念、中华优秀传统文化等渗透进高校思想政治教育治理过程中,积极转化为高校思想政治教育治理效能,使治理对象在潜移默化中强化治理意识,不断提升治理主体对于治理对象的信服力,以此提升治理主体的基层组织力。二是要将组织管理和资源配置紧密结合,实现刚柔并济。高校思想政治教育治理主体基层组织力的提升,既需要构建科学系统的高校思想政治教育治理刚性组织管理制度,通过组织管理的硬性规定提高相关政策、法规和制度的执行力,最终实现高校思想政治教育治理的成效;也需要借助国家治理体系和治理现代化内在的制度、文化、精神等优秀资源,形成合理配置,与高校思想政治教育治理相互补充,优化和拓展高校思想政治教育治理载体,通过既有广度也有深度的刚柔并济的治理载体基础,治理主体收获扎实的群体基础,彰显了高校思想政治教育治理主体的基层组织力。三是要将改革创新和考核监督实现紧密结合,实现多方协同。高校思想政治教育治理主体的基层组织力反映着治理主体各系统之间结合力的大小和结合度的高低,高校思想政治教育治理是一项庞大的科学工程,需要通过改革创新来激发高校思想政治教育治理主体在基层组织力中的主动性和创造性,也需要凭借考核监督来保障高校思想政治教育治理主体在基层组织力中的操作性和规范性。高校思想政治教育治理主体不仅要借助当代科学技术来促进其基层组织力的创新和发展,而且也要自觉接受考核与监督,将其基层组织力置于"阳光下",提升高校思想政治教育治理效能。

三、汇聚高校思想政治教育治理主体的多元协同力

高校思想政治教育治理是一项系统工程,需要高校思想政治教育治理

的多元主体共同参与、协同发力，高校思想政治教育治理主体根据各自的显著优势和实际特点，采取适当的方式和方法形成多方协同，提升高校思想政治教育治理整体功能的发挥。汇聚高校思想政治教育治理主体的多元协同力，一方面需要进一步加强顶层设计，明确高校思想政治教育治理各主体间的职责，理顺不同主体之间的纵向连接。在高校的内部系统中，既要形成思想政治教育专兼职力量和教师队伍的有效协同，也要加强对学校内部各部门之间的整体性联系和重点性设计，厘清各教育主体之间的内在联系与育人功能发生作用的内在逻辑，不断激发高校思想政治教育治理多元主体的协同自觉。另一方面需要对高校思想政治教育治理主体进行优化重组，充分发挥高校思想政治教育各治理主体的特长和优势，找到高校思想政治教育治理多元主体之间的相互协同的"关键点""契合点"等，推动高校思想政治教育治理体系的优化。比如，高校内部行政部门要对高校思想政治教育治理进行整体谋划和系统分工，承担好统筹布局的重要角色；教务部门主要从教学管理的角度对高校思想政治教育治理提供来自教学与管理的重要经验和优秀做法，扮演好运筹帷幄的重要角色；后勤部门为高校思想政治教育治理提供物力、人力的支持，承担好严丝合缝的重要角色；各专业教师及教辅人员作为高校思想政治教育治理最重要也是最直接的参与者和贡献者，要扮演好保驾护航的角色。总之，汇聚高校思想政治教育治理主体的多元协同力就是要实现整体功能治理，将高校思想政治教育治理的横向层级结构和纵向部门结构有机结合起来，使单一治理主体的能量积蓄为多元主体共同治理的整体性功能。

汇聚高校思想政治教育治理主体的多元协同力需要注重以下两个方面。其一是要明确高校思想政治教育治理的不同主体的职责和能力要求。从高校的宏观布局来看，高校党委要积极响应党和国家关于国家治理体系和治理能力现代化的政策，在充分结合学校实际的基础上形成符合学校现实特点和未来发展的高校思想政治教育治理体系，定期向高校行政部门传达精神、定期培训、动态考察，提升高校行政系统服务的实效性和亲和力。从高校的中观层面来看，高校各学院党委、团委、学工部等要对高校党委传达的精神认真领悟和贯彻，及时跟进国家发展、学校大事、师生动态，通过定期举办党建活动、实践活动、学习培训等提升与本学院师生的熟悉度和粘合度。从高校的微观层面来看，高校思想政治教育课教师、课程思政课教师、辅导员、班主任、心理咨询师等要切实落实高校思想政治教育的课堂教育和日常思想政治教育的职责，重点关注学生的思想品德、人文素养、心理素质等，同时也要自觉成为联系高校和家庭的桥梁，形成实时共享思想政治教育资源的良好风气和习惯。其二，高校思想政治教育治理主体要形成纵向和横向的结合。高校思想政治教育治理主体的横向结合既要关注学校内部的治理主体的协同，要将党委宣传部、组织部、团委、学工部、后勤等多个部门的育人资源和育人力量与高校思想政治教育课教师、课程思政课教师、辅导员、班主任等结合起来，形成顺畅的沟通合作机制；也要注重校内与校外系统的有机结合，使学校教育充分得到社会力量的支持同时也接收到来自家庭教育的支撑，整合校内外的人力资源，在彼此的深入交流和相互协助中形成校内与校外的良性循环。高校思想政治教育治理主体的纵向结合不仅要求高校思想政治教育治理的主体根据本地、本校的实际思考适合本校师生的高校思想政治教育治理的政策保障和制度支持，而且也要推动形成高校党委—各学院—班级以及团委—学生会—社团等上传下达的高校组织结构，充分发挥各主体在其中的优势，凝聚共识，实现纵向联动。

四、加强高校思想政治教育治理主体的执行创新力

高校思想政治教育治理主体应在高校思想政治教育治理中综合运用多种治理方式和治理手段，在不断挖掘和发挥高校思想政治教育治理的巨大潜力和综合能力的基础上不断提升执行创新力。高效执行、科学创新、有序衔接是加强高校思想政治教育治理主体的执行创新力的必然要求。具体来看，第一，高效执行是加强高校思想政治教育治理主体执行创新力的重要立足点。针对明确的高校思想政治教育治理的治理目标，高校思想政治教育治理主体要充分遵循高校思想政治教育治理的整体布局和具体安排，以立德树人为核心目标，通过明确的目标追求和价值指向，从统筹高校思想政治教育治理的有益资源、激发高校思想政治教育治理主体活力、推动

高校思想政治教育治理系统协同发展三个方面实现高效执行，进而加强高校思想政治教育治理主体的执行创新力。第二，科学创新是加强高校思想政治教育治理主体执行创新力的关键着力点。高校思想政治教育治理主体中蕴含着丰富的育人要素，围绕高校思想政治教育治理的核心目标，合理、系统地统筹规划高校思想政治教育治理主体的育人要素，有助于实现治理主体在具体执行中进行创新。不仅要充分发挥高校思想政治教育治理主体的优势，并为高校组织的党委、共青团干部、行政人员、思想政治理论课教师、哲学社会科学课教师、辅导员和班主任等多类别的人员搭建信息沟通、培训学习、交流互动的培养平台，而且要形成高校思想政治教育治理在内部系统的良性循环，通过加强各育人具体部门的沟通协作，形成高校思想政治教育治理的育人合力。第三，有序衔接是加强高校思想政治教育治理主体执行创新力的最终落脚点。有序衔接要求高校思想政治教育治理主体在提升高校思想政治教育治理内部系统的专业化水平的同时，要着重关注社会、家庭中蕴含的育人资源，与高校思想政治教育治理外部系统进行有效衔接，形成校内的内部系统与校外的外部系统的有机统一，在加强校内与校外育人资源和育人力量的对接、统筹和协同中，不断完善高校思想政治教育治理主体的执行创新力。

加强高校思想政治教育治理主体的执行创新力需要高校思想政治教育治理主体形成治理一体化视角、具有治理的主动性思维、兼具治理的反思性状态。首先，提升高校思想政治教育治理主体的执行创新力需要形成高校思想政治教育治理主体形成治理一体化视角。治理一体化视角是加强高校思想政治教育治理主体执行创新力的首要前提。在高校思想政治教育治理主体执行创新力中坚持治理一体化视角就是以一体化的视角全面、客观、系统地看待高校思想政治教育治理，着眼于高校思想政治教育治理的全局，通过统筹规划、科学考虑，对于丰富的高校思想政治教育治理资源进行合理地调配、调整、融合，保证高校思想政治教育治理拥有丰富多样、自由选择的资源储备，为高校思想政治教育治理主体的执行创新力提供重要的资源空间和发挥余地。其次，提升高校思想政治教育治理主体的执行创新力需要具备治理的主动性思维。治理的主动性思维是加强高校思想政治教育治理主体执行创新力的动力来源。在高校思想政治教育治理主体执行创新力中坚持治理的主动性思维就是围绕推进高校思想政治教育治理体系和现代化的价值指向，鼓励高校思想政治教育治理主体秉持主动性思维理念，以问题导向关注高校思想政治教育治理实践，及时调整高校思想政治教育治理中的难点问题和热点问题。拥有治理主动性思维的高校思想政治教育治理主体从国家治理现代化背景、教育现代化进程以及互联网和大数据时代中获取参照、打开眼界、锚定方向，为加强高校思想政治教育治理主体的执行创新力供能、供养。最后，提升高校思想政治教育治理主体的执行创新力需要形成治理的反思性状态。治理的反思性状态是加强高校思想政治教育治理主体执行创新力的重要保障。在高校思想政治教育治理主体执行创新力中兼具治理的反思性状态就是既重视自身内部的合理建构，改进和完善自身存在的不足和问题，又合理进行外部的有效监督，及时发现系统整体运行的问题和难题。高校思想政治教育治理主体既要及时地进行内部的自省，对治理过程中的各个环节进行有效反思，进而总结提炼，形成应对策略；也要健全对于高校思想政治教育治理主体的外部监督体系，对各主体在高校思想政治教育治理中的方式、方法、过程等进行合理评价，促进高校思想政治教育治理主体在具体执行中的规范性和科学性，使高校思想政治教育治理主体的执行创新力有了长期运行的保障。

第三节　高校思想政治教育治理主体能力的提升方法

高校思想政治教育治理作为一项专业化的治理活动，若想提升其治理成效，充分发挥其治理作用，客观上要求高校思想政治教育治理主体必须进行能力提升，有了治理主体的保驾护航才能不断推进新时代高校思想政治教育治理的专业化、系统化发展。为此，高校思想政治教育治理主体能力提升必须优化治理主体系统，形成多元主体协同综合治理格局；完善治理主体队伍，构成多种育人力量汇聚治理生态；优化治理主体要素，推进各要素多维度的系统化治理；完善治理主体机制，为实现治理系统化提供有力保障。

一、优化治理主体系统，形成多元主体协同综合治理格局

高校思想政治教育治理的谋篇布局着眼于高校思想政治教育的宏观全局，高校思想政治教育治理的实践开展和有效推进仅仅单靠某个治理主体是无法实现的，往往是需要多方治理主体力量的共同参与，唯有高校思想政治教育治理各主体共同发挥作用，才能达到甚至是超越高校思想政治教育治理的预期效果。高校思想政治教育治理的综合性和系统性决定了高校思想政治教育治理主体需要不断优化其主体系统，形成多元主体协同综合治理格局。通过优化高校思想政治教育治理主体系统，最大程度地调动、发挥治理主体的积极性和主动性，不断优化高校思想政治教育各治理主体之间的结构和功能，同时将各治理主体的优势相互交叉、彼此嵌套，形成高校思想政治教育治理横向和纵向相互结合、相互联系、相互辅助的综合、立体、系统发展治理格局。

对高校思想政治教育治理主体进行科学、系统地认识是优化高校思想政治教育治理主体系统的重要前提。高校思想政治教育治理涵盖了高校思想政治工作的有机系统，其中也涉及了丰富的参与主体，只有理顺主体之间的关系，厘清治理主体的横向与纵向的系统结构，实现高校思想政治教育治理主体的系统化、协同化。优化高校思想政治教育主体系统，要从高校思想政治教育治理主体的纵向协同和横向协同重点推进，形成多元主体系统综合治理格局。一方面，要加强高校思想政治教育各治理主体的纵向协同。从宏观视角来看，高校思想政治教育各治理主体的纵向协同需要形成从学校到院系、班级，从高校党委至行政部门、职能部门的纵向联动机制，在统一思想、协同攻关、联动协作中形成育人合力。同时高校思想政治教育治理要积极融入社会运转的大系统中，要将高校思想政治教育治理在校内的纵向协同与校外资源紧密衔接，推动形成家庭、学校和社会教育的多元协同。从微观视角来看，高校内的思想政治教育治理需要有效地调动高校各个层级参与高校思想政治教育治理的积极性和主动性，高校党委要坚持贯彻党和国家关于国家治理能力和治理体系的政策和制度并向高校行政部门、职能部门积极传达相关精神；高校行政和职能部门要充分发挥优势、

创造条件，及时跟进政策动态，形成定期培训，将相关精神悟深、悟透；高校思想政治理论课教师、哲学社会科学课教师、辅导员、班主任等要一线教学既要承担好育人的职责，同时也要担负起将上级要求落在实处的践行者；高校学生要进行正向反馈和积极回应，对高校思想政治教育治理的效果进行客观评价，依据这些客观评价对高校思想政治教育治理进一步完善和优化。校内的高校思想政治教育治理主体也要与政府、社会、家庭等校外的治理主体形成良好的过渡和衔接，不仅要形成良好的社会育人环境，以社会主义核心价值观为引领，形成欣欣向荣、健康阳光、正向积极的良好社会氛围，积极有效地调动全社会的育人力量；而且还要充分发挥家庭教育的优势，家庭教育对于个人的成长与发展是潜移默化、润物无声的，对于个人三观的塑造、心性的养成、品质的形成、行为的规范等具有积极作用，因此需要形成与家庭教育的顺畅沟通和相互协作的良好循环。

另一方面，要加强高校思想政治教育各治理主体的横向协同。高校思想政治教育治理要关注到"大思政"这一重要发展格局，形成全员全过程全方位育人机制。从校内系统来看，高校思想政治教育治理主体不仅包括高校党委、宣传部、组织部、学工部等行政职能部门，还包括教学、科研、后勤、管理、服务等多个部门，不仅包括领导干部、行政人员、专业教师、后勤服务人员，也包括思想政治理论课教师、辅导员和班主任等。从校外系统来看，高校思想政治教育治理积极融入社会系统，获取来自政府、社会、家庭的外部支持也是高校思想政治教育治理系统化、协同化的应有之义。就加强高校思想政治教育各治理主体的横向协同而言，需要积极构建制度机制，形成高校思想政治教育各治理主体之间的有效沟通和通力合作，在高校内形成全方位、全过程的育人系统。因此，形成多元主体协同综合治理格局既需要关注到校内系统中的部门、制度、人际沟通与协作问题，处理好高校内不同部门等之间的层级结构；也需要注重校外系统的有效衔接，解决好高校与家庭、社会的协同配合，有效整合校内和校外系统的育人资源，最终形成多元主体协同综合治理格局。

二、完善治理主体队伍，构成多种育人力量汇聚治理生态

高校思想政治教育治理的能力和水平，说到底在于高校思想政治教育治理主体队伍的专业化素养。推进高校思想政治教育治理体系和治理能力现代化，构成多种育人力量汇聚的治理生态，关键在于打造一支经验丰富、结构合理、素养优秀、善于协作的高校思想政治教育治理主体队伍。这支优秀的高校思想政治教育治理主体队伍应从高校思想政治教育队伍中选拔人才、科学配比、强化支撑，"既有专业精通的智囊型人才，也有工作经验丰富的干才；既有善于做党政业务的干部，也有善于组织活动的行家；既有富有活力的中青年，也有沉着老练的老同志；既有战斗在一线的实际工作者，也有勤奋专研学说的研究者"[①]，从而为高校思想政治教育治理提供强有力的人才支撑。

高校思想政治教育治理成效的实现，需要建设一支高素质、专业化的高校思想政治教育治理主体队伍，推动高校思想政治教育治理主体理念更新、结构优化、能力提升，构成多种育人力量汇聚的治理生态。首先，推动高校思想政治教育治理主体的治理理念更新。高校思想政治教育治理是一种教育新生态，这就要求高校思想政治教育治理主体不断提升认识、重新构筑治理生态下的全新治理理念，不断适应高校思想政治教育治理的发展。一方面，高校思想政治教育治理主体要突出"以人为本"的治理理念。国家治理以人民为中心，那么高校思想政治教育治理就是理应要以学生成长成才为中心。不仅要突出以学生为本，洞察青年学生的成长发展需求，既尊重一般，但也不忽视个例；而且要重视学生这一重要的高校思想政治教育治理的反馈主体的实际参与和反馈，通过学生反馈找到学生的"痛点""关注点""难点"等；同时也要注重青年学生的成长体验，为学生提供个性化的服务，设身处地地提升青年学生在高校生活的体验感。另一方面，高校思想政治教育治理主体要树立"多元协商"的治理理念。过去闭门造车、单打独斗、各自为政的管理方式已经被时代所抛弃，取而代之的是高校思想政治教育治理主体之间必须相互联系、相互协助、相互协同。"多元

---

① 《思想政治教育学原理（第二版）》，高等教育出版社2018年版，第341页。

协商"的治理理念要求高校思想政治教育治理各主体之间充分沟通、有效协调、整体提升,不断适应高校思想政治教育治理的新要求。

其次,优化高校思想政治教育治理主体的队伍结构。高校思想政治教育治理主体的队伍结构的合理性事关高校思想政治教育治理的最终成效,因此高校思想政治教育治理主体的队伍结构应着重考虑年龄结构、专业结构、质量结构三个方面。从年龄结构来看,应由老、中、青三个年龄段按照一定比例组成,老年人要在其中发挥好定海神针、参谋决策的作用,中年人要发挥好骨干核心、把控推进的作用,青年人要发挥好骨干先锋、增添理论的作用,形成老、中、青三代之间的层层递进与紧密配合,在保证队伍人员构成稳定的情况下,充分给予青年人个人锻炼、施展才华的机会和平台,以年龄提升队伍治理的效率。从专业结构来看,既要关注到高校思想政治教育治理的男女成员性别结构,充分发挥互补优势。也要关注到高校思想政治教育治理主体的数量配比,达到思想政治理论课教师、辅导员、团干部配备数量达到要求。比如,在2020年颁布的《新时代高等学校思想政治理论课教师队伍建设规定》中,要求高校应当根据全日制在校生总数,严格按照师生比不低于1∶350的比例核定专职思想政治理论课教师岗位。在专业结构中,最主要的是关注到高校思想政治教育治理主体队伍的专业知识,这也是高校思想政治教育治理主体队伍专业度的体现,这也要求高校思想政治教育治理主体队伍在掌握专业知识和思想政治教育知识的同时,还要具备社会学、管理学、教育学、心理学等相关知识,具备将知识转化为技能的方法。从质量结构来看,要打造适应新时代高校思想政治教育治理的人才队伍,既要培养高、精、尖等专业稀缺人才,又要培养实干实用人才,还要为青年人才提供良好的展示平台和交流机会,形成一支注重人才培养、具有专业能力、具备专业精神、拥有专业素养的高质量的高校思想政治教育治理主体队伍。

最后,提升高校思想政治教育治理主体的队伍能力。高校思想政治教育治理需要以整体性思维进行统筹思考,这也就要求高校思想政治教育治理主体队伍需要具备开阔的思维、扎实的专业基础、较强的科研能力、全面的沟通能力和主动的创新能力,以应对高校思想政治教育治理的全新要求。一是要进一步提升理论和实践结合的能力，高校思想政治教育治理主体队伍需要将专业工作所要求的理论、知识、技能和方法等灵活运用于教育实践中，聚焦问题意识，提升科研攻关能力，将在实际工作中的经验上升为认识，形成对于实际问题的准确理解，密切关注实际过程中的热点和难点问题。二是提升各治理主体之间相互协调沟通的能力，高校思想政治教育治理主体队伍是多部门、全方位、宽领域进行协同配合的综合性队伍系统，较强的人际沟通能力和协同互助意识是确保高校思想政治教育治理成效的关键要素。三是增强各治理主体的创新意识和创新能力，高校思想政治教育治理主体队伍面对着具有复杂性、整体性的高校思想政治教育治理，必须要激发治理主体的创新意识，培养创新性思维，实现创新能力的培养，使高校思想政治教育治理主体队伍由知识型逐渐过渡为创新型，推动高校思想政治教育治理成效的实现。

三、优化治理主体要素，推进各要素多维度的系统化治理

高校思想政治教育治理主体在高校思想政治教育治理中面对的情况是复杂的，高校思想政治教育治理主体与多个要素之间是息息相关的，高校思想政治教育主体治理的内容体系、话语方式、载体形式等构成了各要素多维度系统化治理的重要抓手。因此，高校思想政治教育治理重视对治理主体要素的优化，围绕治理目标体系共担责任、有效配合、协同发力的建设思路，对与治理主体要素紧密相关的内容体系、话语方式、载体形式进行科学性、系统性、整体性的布局，诠释了高校思想政治教育治理各要素多维度的系统化治理。

首先，推进高校思想政治教育主体治理内容体系的长效性。内容体系是高校思想政治教育主体治理的重要遵循，高校思想政治教育主体治理内容体系囊括着高校思想政治教育治理的复杂系统，这一复杂系统随着时间、空间及相关信息的变化而产生相应的变化。因此，高校思想政治教育主体治理的内容体系要在遵循已有内容规范的基础上，积极主动地探索符合实践发展和时代特点的内容安排，通过形成科学系统、稳定连续的主体治理

的治理内容体系，以此诠释高校思想政治教育主体治理内容体系的长效性。高校思想政治教育主体治理的治理内容体系的构建要以科学的理论为指引不断扩展和整合治理主体的治理内容体系，紧紧围绕立德树人的根本任务，坚持以习近平新时代中国特色社会主义思想铸魂育人。在治理主体的治理内容体系中不仅注重中国特色，把中国特色社会主义取得的成就，在革命、建设和改革过程中锻造的革命文化和社会先进文化作为治理主体的治理内容体系的重要支撑；而且重视时代特征，关注到此次新冠肺炎疫情对我国的政治、经济、文化等领域带来的深刻影响，在治理主体的治理内容体系中总结时代特征并探寻其中的解决之道；同时还要运用世界眼光，在世界百年未有之大变局中逐步适应全球化、信息化等趋势，将过往经验、优秀做法、深入思考转化为知识、观念等丰富治理主体的治理内容体系。

其次，推进高校思想政治教育治理主体话语方式的动态性。高校思想政治教育治理主体话语方式，不仅是治理主体与治理对象有效沟通的重要载体，而且还肩负着进行意识形态教育的重要责任，具有思想引领、价值引导、积极调动的重要作用。高校思想政治教育治理主体的话语方式需要始终保持理论与实践开放和包容，特别关注到治理对象对于治理主体话语方式的认可度、接受度和满意度，要在充分了解、理解当代学生的思想、性格、行为特点的基础上，在治理主体的话语方式中回应当代学生的成长、发展的需求，在治理主体话语方式的深化和升级中充分体现出对于治理对象的充分尊重和正当引导。推进高校思想政治教育治理主体话语方式的动态性，既要对治理主体的话语方式进行进一步创新，在强化高校思想政治教育治理主体的话语方式的政治性、科学性的同时，增强其生动性、趣味性，提升高校思想政治教育治理主体的话语方式的思想性、亲和力和感染性；又要对治理主体的话语方式具有开放性的心态，要从治理主体即当代学生的角度出发，更多地使用当代青年学生可以接受、便于接受、乐于接受的话语方式，高校思想政治教育治理主体也要在话语方式的选择中尊重学生、了解学生、走近学生。

最后，推进高校思想政治教育治理主体载体形式的综合性。单一的高校思想政治教育治理主体载体形式已经无法满足全部的高校思想政治教育治理的场景，这就需要高校思想政治教育治理主体载体形式体现出综合性。高校思想政治教育治理主体载体形式是实现治理目标、贯彻治理人物、实施治理内容的重要因素，高校思想政治教育治理主体增强与治理载体形式的契合度，有助于高校思想政治教育治理成效的实现。一方面，高校思想政治教育治理主体要把握多样化的治理载体形式，面对着高校思想政治教育治理的不同环节、不同条件、不同场景选择和运用多种技术和手段，使之与高校思想政治教育治理的复杂场景相适应。另一方面，还要能够在治理主体运用治理载体形式的实践中与时俱进，充分融入大数据应用发展的先进成果，将5G、人工智能、大数据、VR虚拟现实等科学技术的发展优势充分融入治理主体载体形式中，形成互联网时代下高校思想政治教育治理主体的治理载体形式，充分挖掘互联网中蕴含的丰富的育人资源，并与传统的高校思想政治教育治理主体传统的载体形式相结合，引领广大师生自觉维护网络空间生态，弘扬主旋律，传播正能量，不断凸显高校思想政治教育治理主体载体形式的时代感和吸引力。

四、完善治理主体机制，为实现治理系统化提供有力保障

充分发挥高校思想政治教育治理各主体优势，需要有完善的高校思想政治教育治理主体机制，为实现高校思想政治教育治理系统化提供强有力的保障。习近平总书记指出："相比过去，新时代改革开放具有许多新的内涵和特点，其中很重要的一点就是制度建设分量更重。"① 对于高校思想政治教育治理主体来说，完善治理主体机制有两大重要意义，一是保证治理主体在高校思想政治教育治理中避免行为随意性和政策执行的随机性，保证高校思想政治教育治理活动的标准化和规范化；二是在激发高校思想政治教育治理主体的积极性、主动性和创造性的同时充分贯彻党和国家对于高校思想政治教育治理的重视和支持。完善治理主体机制，需要从健全高校思想政治教育治理主体的运行和执行保障机制、完善高校思想政治教育治理主体队伍可持续发展制度机制、加强高校思想政治教育治理主体质量评

---

① 《习近平谈治国理政（第三卷）》，外文出版社2020年版，第112页。

价机制三个方面重点推进，为实现治理系统化提供有力保障。

其一，完善治理主体机制需要健全高校思想政治教育治理主体的运行和保障机制。提升高校思想政治教育治理效能离不开高校思想政治教育治理主体运行和保障机制的建设。一方面，高校思想政治教育治理需要在适应国家治理现代化的基础上，形成高校思想政治教育治理主体多元协同联动的动态运行机制。高校思想政治教育治理主体强调多元主体的管理和联动，充分发挥各治理主体的能动性和创造性。仅仅依靠单方面的力量是无法真正解决高校思想政治教育治理中的复杂问题的，因此必须在高校内部形成各部门、各单位发挥自身优势，各方相互支撑、协同推进的治理格局，并且充分促进政府、社会、高校、家庭等多元主体的协同联动，形成各治理主体之间的紧密配合和相互协作，建立起动态高校、丰富多样的高校思想政治教育治理主体运行机制，凝聚各治理主体的治理资源，形成强大的治理合力。另一方面，高校思想政治教育治理主体的保障机制是推进高校思想政治教育治理成效实现的关键所在。高校思想政治教育治理主体的保障机制为治理主体提供了科学有效进行治理的具体规范，有助于强化治理主体对于高校思想政治教育治理的认知、对于治理制度的认同感、对于治理相关政策的自觉遵守，并且在实践发展中及时修订、补充和完善相关保障机制，最终形成"从中央到地方、从部委到学校，需要在相关政策制定、文件落实、问题聚焦、难题解决等方面加强协同联动，实现开放式联合共管新局面，为思想政治教育治理提供与时俱进、遵循规律、科学有效的政策支持和制度保障"[①]。

其二，完善治理主体机制需要形成高校思想政治教育治理主体队伍可持续发展制度机制。高校思想政治教育治理主体既包括思想政治教育的专职力量，同时也包括学校内部教师、行政管理人员、后勤服务人员、安全保卫人员以及辅导员、班主任等，全体教职工等都是高校思想政治教育治理主体的重要组成部分。形成高校思想政治教育治理主体队伍可持续发展制度机制有助于提升治理主体队伍的质量和能力，也有助于从全局战略高

---

① 冯刚：《推进新时代思想政治教育治理体系现代化》，《中国教育报》2020年3月19日。

度整体谋划、科学统筹治理主体队伍的整体解构。既要明确划定高校思想政治教育治理主体的职责，使各治理主体能够明确治理权力，做到各司其职、各尽所能、各负其责，进而统一思想、明确目标、同向而行，形成人人负责、人人参与的良好氛围，为高校思想政治教育治理主体队伍可持续发展制度机制作好铺垫；也要形成全校统筹、党委领导、统一管理的高校思想政治教育治理主体队伍持续性建设机制，重点关注治理主体的人员构成、学历情况、年龄结构、职称层次、性别比例等方面，突出全员性、长效性、整体性的特点，找准高校思想政治教育治理主体队伍的育人角度，集聚育人能力，形成协同育人、可持续发展的制度机制。

其三，完善治理主体机制需要加强高校思想政治教育治理主体质量评价机制。科学有效的高校思想政治教育治理主体质量评价机制是高校思想政治教育治理主体机制的重要闭环，对高校思想政治教育治理主体进行科学性、专业性、实效性的评价，使高校思想政治教育治理主体在实际治理过程中有规可循、违规必究、违者担责，实现高校思想政治教育治理科学、合理、有序地运转。加强高校思想政治教育治理主体质量评价机制需要明确评价维度、设计评价指标、收集评价信息、作出质量评判、反馈调整结论，只有从部分到整体、从要素到体系进行完整全面的建构，才能指导高校思想政治教育治理主体正向评价的实践开展，在此过程中设计评价指标、收集评价信息关系着高校思想政治教育治理主体质量评价机制是否具备更佳形态。因此，在加强高校思想政治教育治理主体质量评价机制时需要重点把握质量评价的维度和质量评价的方法。一方面，高校思想政治教育治理主体质量评价机制要选择合适的评价维度。治理体系、治理能力、治理效能是理解国家治理的三个重要维度，它们反映着从政策体系形成到政策体系落实，再到政策体系产生实际效果，准确地反映了国家治理的内在逻辑和运行机制。高校思想政治教育治理是国家治理的重要组成部分，治理主体作为高校思想政治教育治理中的重要子系统也应该从治理体系、治理能力、治理效能三个维度进行审视，使高校思想政治教育治理主体质量评价机制充分遵循高校思想政治教育治理的内在机制和逻辑。另一方面，高校思想政治教育治理主体质量评价机制要选择合适的评价方法。评价方法是决定高校思想政治教育治理主体治理结果呈现方式的重要因素，针对高校思想政治教育治理不同领域、环节、过程的具体情况，治理主体采用过程评价与结果评价相统一、定性评价与定量评价相统一、线上评价与线下评价相统一的方式，这些方法之间相互联系，可以融合使用，使高校思想政治教育治理评价的实效性和精确性得到提升。

第八章
高校思想政治教育治理能力的分类建设

思想政治教育是高校落实"立德树人"的重要环节,其价值旨归与国家治理和社会治理的现实需求和实际期待相契合,高校思想政治教育治理能力的现代化是全面贯彻落实党的教育方针的必然要求,也是实现思想政治教育治理体系现代化的目标归宿。高校思想政治教育治理体系作为一个制度化的治理架构,不仅要有完整和科学的制度设计与制度安排,而且还要推进相应的治理能力建设,突出系统性、整体性和协同性,形成制度保障与能力建设和谐运行的机制。根据第五章的高校思想政治教育治理能力的体系框架架构,高校思想政治教育治理能力的分类建设相应地从以下四个方面为重点着力展开。

第一节 思想政治引领能力

思想政治引领能力是高校思想政治教育治理能力建设之首,这是由思想政治教育的特征所决定的。一方面,政治性是思想政治教育的本质特性,它所体现出的社会关系体现和价值取向是社会利益关系的反映,从这一角度来看,政治性体现了阶级性,是阶级利益的反映,即思想政治教育是处在一定的阶级关系中的,是以一定阶级的思想理论为指导的、为一定的阶级利益服务的实践活动。思想政治教育的政治性同时还决定了它是实现政治任务的重要手段。2022年五四青年节前夕,习近平在中国人民大学考察时强调:"建设中国特色、世界一流大学不能跟在别人后面依样画葫芦,简单以国外大学作为标准和模式，而是要扎根中国大地，走出一条建设中国特色、世界一流大学的新路。"① 党的思想政治教育，就是在党的领导下，直接为党的事业服务的。另一方面，"思想政治教育作为一种理论意识形态的表达和传播形式，固态化、抽象化和规范化表达的理论话语较多，理论色彩较浓，思想性较强"②。从这点来说思想政治教育具有较强的思想性，思想性的特点还表明思想政治教育是一种思想转化的工作，不仅工作对象是直接作用在人的思想上，而且教育内容也极具思想性和理论性，无论是政治教育、思想道德教育、心理教育、法律教育，这些教育内容都具有突出的思想性。因此，思想政治引领能力建设既要突出政治性，以党的创新理论为政治导向，也要关照新时代的新变化，以社会主义核心价值观为思想引导，以立德树人为实践目标，通过思想教育最大限度地发挥人的主观能动性和挖掘人的内在潜能。

一、以党的创新理论为政治导向

马克思指出："批判的武器当然不能代替武器的批判，物质力量只能用物质力量来摧毁，但是理论一经掌握群众，也会变成物质力量。"③ 理论只要说服人，就能掌握群众；而理论只要彻底，就能说服人。党的创新理论只有不断大众化、深入人心，才能发挥理论的指导作用。理论创新每前进一步，理论武装就要跟进一步，党的创新理论为高校思想政治教育治理和实践发展指明了方向、明确了内容。党的创新理论是随着时代的发展而逐渐发展和丰富的过程，是适应时代发展要求，符合时代大势的理论。因此，受到思想政治教育学科属性影响，高校思想政治教育治理应要以党的创新理论为政治导向，坚持以党的创新理论武装头脑。马克思主义是我们立党立国的根本指导思想，党的十八大以来，以习近平同志为核心的党中央紧密结合新的时代条件和实践要求，进行艰辛理论探索，形成了习近平新时

---

① 《习近平在中国人民大学考察时强调　坚持党的领导传承红色基因扎根中国大地　走出一条建设中国特色世界一流大学新路》，《人民日报》2022年4月26日。
② 黄传慧：《高校思想政治教育课话语有讲究》，《光明日报》2019年6月18日。
③ 《马克思恩格斯全集（第一卷）》，人民出版社1956年版，第460页。

代中国特色社会主义思想。习近平新时代中国特色社会主义思想是当代中国马克思主义、二十一世纪马克思主义、中华文化和中国精神的时代精华,实现了马克思主义中国化的新飞跃,是全党全国人民为实现中华民族伟大复兴而奋斗的行动指南,是经过实践检验、富有实践伟力的强大思想武器,必须长期坚持并不断发展。在高校,坚持习近平新时代中国特色社会主义思想进教材、进课堂、进头脑、教育师生,对于统一思想认识、明确前进方向、凝聚奋进力量,实现中华民族伟大复兴,具有深远历史意义和重大现实意义。

第一,重视理论宣传教育。"新时代思想政治工作要着眼世界百年未有之大变局,紧紧围绕'实现中华民族伟大复兴'这个主题,紧密结合经济工作和其他各项工作一道去做,防止和纠正思想政治工作与其他工作脱节的'两张皮'现象,注重增强思想政治工作的实际效果。"[①]让师生熟知、掌握党的创新理论,就需要把理论讲透、说清。应充分了解青年需要,结合青年实际,一方面积极发挥高校马克思主义理论专家、智库、学者的作用,通过邀请理论专家、学者等进课堂、进支部、进社团等形式,把党的创新理论讲清楚、说明白,带动广大师生自觉用党的创新理论武装头脑、推动工作,不断增强"四个意识"、坚定"四个自信"、做到"两个维护"。另一方面善于运用朋辈教育开展理论宣讲,用青年人影响青年人,用青年人感召青年人,和青年人交朋友,做青年人的知心人,把党的理论化作青年的身边事,以小切口展现大主题,以小故事反映大时代,用朴实语言、真情实感打动青年,使广大青年脱离拜金主义、享乐主义、极端个人主义等低层次的需求,把个人理想与社会理想、青春梦与中国梦有机结合起来,将党的创新理论融入生活、深入思想,内化于心、外化于行。

第二,筑牢理想信念之基。习近平总书记曾指出"信仰、信念、信心,任何时候都至关重要。小到一个人、一个集体,大到一个政党、一个民族、一个国家,只要有信仰、信念、信心,就会愈挫愈奋、愈战愈勇,否则就

---

① 冯刚、朱小芳:《深刻把握新时代思想政治工作的规律性认识》,《思想教育研究》2022年第3期。

会不战自败、不打自垮。"①回望百年历史，坚定的理想信念作为中国共产党精神谱系的灵魂和基因，支撑着一代又一代中国青年人在漫漫征途中百折不挠、顽强拼搏，才使得中华民族历经百年却风华正茂、饱经磨难却绵延不绝，才使得我们实现了从生产力相对落后的状况到经济总量跃居世界第二的历史性突破，实现了人民生活从温饱不足到全面小康的历史性跨越，创造了改革开放和社会主义现代化建设的伟大成就。中国共产党百年发展就是一部丰富生动的历史教科书，体现着中国共产党人的初心和使命，是一笔巨大的精神财富，为高校培育时代新人注入了"营养剂"。当前，在社会"内卷"语境下，一些青年中出现了"躺平""摆烂"现象，高校要通过开展党史学习教育，锤炼广大青年学子的品德，补足精神之钙，明确自身使命担当，自觉用中华优秀传统文化、革命文化、社会主义先进文化培根铸魂、启智润心，使广大青年与时代精神同频共振，在感知中国发展、体悟时代变迁中坚守理想信念，奋发有为。

第三，把握好分众化特点。"分众"概念最早出现在传播学中，即面对不同传播对象以不同的方法传递不同的内容。"分众是一种手段，更是一种思维。分众思维引入思想政治教育有助于规避大水漫灌的教育方式，形成分众滴灌的教育模式。"②根据学生不同的特点区分受众，进而针对不同学生群体选择不同的教育内容和教育手段，最大限度关注学生的个体需求，从而达到更好的教育效果。分众化治理首先需要坚持坚持"因事而化、因时而进、因势而新"的原则。"因事而化"是指根据"事"把握不同的"化"解方法，要求分众教育根据学生的不同特点可划分不同的群体，不同年级，面对不同群体、不同事件辅之以不同教育内容。"因时而进"是指要把握时代发展的脉搏，密切结合学生的思想实际，进行深入的理论挖掘，形成对理论和现实问题的精准阐释。"因势而新"是指要充分认识社会发展的新变化，以党的最新理论成果服务思想政治理论课分众教学。其次，把握分众化特点，分析分众化需求，是创新高校治理手段方式和提升治理针对性的有效方法。高校人员构成复杂，既可以根据不同年龄、不同年级进行分众

---

① 习近平：《在庆祝改革开放40周年大会上的讲话》，人民出版社2018年版，第42页。
② 卢岚：《数字环境中分众思想政治教育研究》，《思想理论教育》2021年第6期。

化分析，也可以根据不同专业、不同学历分析对象需求，在大数据条件下进行分众化分析处理，依托数据进行精准化分众化推送相应教育内容，可以有效规避同质化育人模式，避免千篇一律的传统"灌输"，变"大水漫灌"为"精准滴灌"，推动党的创新理论传播必须加强传播手段和话语方式创新，让党的创新理论"飞入寻常百姓家"，从而提升理论教育的有效性和针对性。

二、以社会主义核心价值观为思想引导

习近平总书记指出："培育和弘扬核心价值观，有效整合社会意识，是社会系统得以正常运转、社会秩序得以有效维护的重要途径，也是国家治理体系和治理能力的重要方面。"① 社会主义核心价值观作用于学校治理的全过程，为思想政治教育治理体系和治理能力提供制度规范和评价标准，通过培育和践行核心价值观，构建起充分反映中国特色、民族特性、时代特征的价值体系。因此，把社会主义核心价值观放在高校思想政治教育治理全过程中去弘扬和践行，对于推进高校思想政治教育治理能力现代化具有重要意义。

一方面，社会主义核心价值观为高校思想政治教育治理能力建设提供深厚的价值支撑。近年来，高校在社会主义核心价值观融入思想政治教育过程中创新了许多工作方法，形成了许多可借鉴可复制的优秀案例，社会主义核心价值观教育逐渐转向日常化、生活化，赋予了学校治理以重要使命。发挥好价值观育人的重要作用，通过价值观持久隐形育人方式对人的思想道德层面进行渗透和影响，是当前培育和践行社会主义核心价值观的新特征。但我们也应看到，在社会主义核心价值观融入思想政治教育治理的进程中，仍存在一些挑战。我国改革开放进入攻坚期和深水区，一些诸如资产阶级的自由主义、个人主义、享乐主义、利己主义、民主主义等社会思潮不断冲击、挑战社会主义核心价值观，对社会发展产生负面作用。这些资产阶级价值观对大学生的价值观、人生观的形成产生不利影响，误导他们做出错误的行为。在推进国家治理能力现代化的进程中，利益结构

---

① 《习近平谈治国理政（第一卷）》，外文出版社2018年版，第163页。

将面临重大调整，各种利益群体必然会通过各种方式将本群体的价值观表达出来，这种价值观的表达必然导致社会价值出现多元化和碎片化的倾向，因此有必要对各种价值观进行整合。社会主义核心价值观是整个国家和社会所有群体和成员所共同希望追求的目标，凝聚起了全体人民的最大价值共识。社会主义核心价值观从国家、社会和个人三个层面作出了价值要求，这些价值观凝聚了社会共识，使各个群体的利益在核心价值观的统领下协调起来，使得公共利益的最大化得以实现，最终实现善治目标。总之，多元价值整合是高校思想政治教育治理能力建设的前提条件，社会主义核心价值观为高校思想政治教育治理能力建设提供了这种整合，为高校内涵式发展注入了灵魂，为高校思想政治教育治理能力建设提供深厚的价值支撑。

另一方面，高校思想政治教育治理能力建设是践行社会主义核心价值观的表现形式和重要载体。社会存在决定社会意识，社会意识又反作用于社会存在。作为观念上层建筑的社会主义核心价值观在涵养美德善行，凝聚价值共识方面发挥着重要作用，但如何将社会主义核心价值观落实到人们的日常生活中，就需要借助一定的载体为公众所感知、接纳和践行。把践行社会主义核心价值观作为高校治理的重要内容，融入学校制度建设和治理工作中。发挥社会主义核心价值观的道德作用，结合适当的激励机制，创新治理方式，褒奖美德善行，进行正向的道德引导，以便提升青年道德水平，实现治理效能与道德提升相互促进，从而提升思想政治教育治理效能。同时，坚持以社会主义核心价值观引领文化建设制度，推动理想信念教育常态化、制度化，大力弘扬爱国主义、集体主义、社会主义教育，实施公民道德建设工程。值得注意的是，践行社会主义核心价值观问题是一个社会最深层次的问题，解决的是魂的问题，不会一蹴而就，所以需长效机制来作为保证。机制是理论转化为实践的中介，是使工作落到实处的保证，为此还必须依靠高校思想政治教育工作者和各级管理工作者执行能力的提高。把社会主义核心价值观贯彻到依法治校、依法执教的实践中，完善大学章程、落实相关制度安排、完善学术道德规范、强化规章制度实施力度，形成科学有效的诉求表达机制、利益协调机制、矛盾调处机制、权益保障机制，在学校治理中彰显社会主流价值。

三、以立德树人为实践目标

习近平总书记指出:"高校思想政治工作关系高校培养什么样的人、如何培养人以及为谁培养人这个根本问题。要坚持把立德树人作为中心环节,把思想政治工作贯穿教育教学全过程,实现全程育人、全方位育人,努力开创我国高等教育事业发展新局面。"[①] 立德树人在高校思想政治教育治理中具有统领性和根本性地位,既是高校立身之本,也是检验高校一切工作的根本标准。

"立德树人",由"立德"和"树人"两个词组成。"立德",语出《左传·襄公二十四年》:"大上有立德,其次有立功,其次有立言。虽久不废,此之谓不朽。"[②] 意指一个人如在德业、功业、言论任何一个方面有所建树,即便故去久远,也不会被废弃,是为不朽,而立德为最高层次,立德在古代即被视为一种高尚的人格。"树人",语出《管子·权修》:"一年之计莫如树谷,十年之计莫如树木,终身之计莫如树人。"[③] 树人取"助益于人,使之成人"之意。"立德树人"这两个概念合起来即意为修立圣人之德,培植品学兼优之人。党的十八大以来,习近平总书记就"立德树人"问题多次作出重要论述,这些论述归根结底就是要"解决好培养什么人、怎样培养人、为谁培养人这个根本问题"[④]。这些都需要高校深化对立德树人的思考和研究,大力提升人才培养质量。

人的素质现代化是推进国家治理体系和治理能力现代化和全面建成小康社会必须解决好的一个重大现实课题。我国现代化建设的进程,在很大程度上取决于人民素质的提高和人才资源的有效开发。中华民族伟大复兴关键是中华文明和中国文化的崛起,只有拥有高素质人的国家才有作为民族复兴的资格和条件。人的素质现代化是国家现代化必不可少的因素,它并不是现代化过程结束后的产物,而是国家现代化与社会发展的先决条件。

---

① 《习近平谈治国理政(第二卷)》,外文出版社2017年版,第376页。
② 阮元校刻:《十三经注疏·春秋左传正义》(清嘉庆刊本),中华书局2009年版。
③ 黎翔凤撰,梁运华整理:《管子校注》,中华书局2004年版。
④ 《习近平主持召开学校思想理论课教师座谈会强调 用新时代中国特色社会主义思想铸魂育人贯彻党的教育方针落实立德树人根本任务》,《人民日报》2019年3月19日。

因此，高校作为落实立德树人的重要阵地，具有义不容辞的责任和义务。需要从以下三个方面下功夫来落实立德树人的实践目标。第一，需要在促进人的全面发展上下功夫，人的全面发展和实现人的现代化是教育的最终目的，也是立德树人的核心所在。立德树人所强调的人的全面发展，需要在整个育人体系和过程中以融合式和综合性的方式进行，而不是单一的思想政治理论课教学这一种形式，将德育与专业课程所蕴含的价值观念相结合，实现知识、能力和价值观的共同发展和有机统一。第二，需要在提升人才培养质量上下功夫，立德树人作为教育的根本任务，这意味着对高校培养人才这一基本职能的重视和强调，而质量则是衡量人才培养水平的标准。提升高校人才培养质量的最终目标就是使人才培养质量符合社会发展的需要，符合人的全面发展的需要。高校人才培养质量体现在学生质量和服务过程质量两个方面，服务过程质量是对高校教育水平高低和效果优劣的评价，是高校人才培养质量的重要保证，最终体现在培养对象，即学生的质量上。第三，需要在加强师德师风建设上下功夫，作为落实立德树人根本任务的责任主体和实施主体，教师不仅要上讲台、搞科研，更重要的是要帮助学生扣好"人生第一粒扣子"，加强师德师风建设是确保教育"为人民服务，为中国共产党治国理政服务，为巩固和发展中国特色社会主义制度服务，为改革开放和社会主义现代化建设服务"[①]的前提和基础，是落实立德树人根本任务的关键，推动教师成为先进思想文化的传播者、党执政的坚定支持者、学生健康成长的引路人。

第二节 协同合作能力

协同教育是协同学理论应用于教育领域而形成的教育理论。协同教育的提出最早源于德国赫尔曼·哈肯（Hermann Haken）提出的关于协同学的基本理论，协同学吸纳了系统理论的精髓，同时与自然科学领域的系统论相结合，逐步搭建了协同教育的理论框架。随着我国社会治理实践的不断

---

① 《习近平在全国高校思想政治工作会议上强调　把思想政治工作贯穿教育教学全过程　开创我国高等教育事业发展新局面》，《人民日报》2016年12月9日。

发展，协同思想逐渐地被引入到社会治理理论当中，进而形成了协同治理理论。协同治理的本质是协调不同治理主体在公共事务中的关系，弥补单一治理主体的局限性，以最低的成本实现公共利益的最大化。高校思想政治教育治理能力建设是一项系统工程，其治理能力的建设紧紧依靠高校这一方面必然会显得势单力薄，因此需要社会各方合作，多点发力，协同推进。"协同育人是'大思政'工作格局的必然要求"[①]，治理视阈下的高校思想政治教育协同合作能力建设，从育人空间维度来讲，需要学校、社会、家庭教育协同合作，从育人内容维度来讲，需要德、智、体、美、劳教育协同合作，从育人方式维度来讲，需要思政课程与课程思政协同合作。

一、学校、家庭、社会协同教育的能力

养不教，父之过；教不严，师之惰。我国自古就有协同育人的传统，成为维系中华文明绵延不绝的育人理念之一。协同教育是一种育人方式，更是一种育人观念，培养出高素质、全面发展、有个性、符合社会期待的时代新人是高校思想政治教育治理的出发点和落脚点。每个受教育者在不同人生阶段都要受到来自家庭、学校和社会的教育，或同时接受这三个方面的教育，三方面的教育产生的叠加效应远超于单纯的学校教育。2017年中办、国办印发《关于深化教育体制机制改革的意见》明确要求"构建政府、学校、社会之间的新型关系"，突出了"加强学校教育、家庭教育、社会教育的有机结合，构建各级党政机关、社会团体、企事业单位及街道、社区、镇村、家庭共同育人的格局"的具体内容，2020年《中华人民共和国国民经济和社会发展第十四个五年规划和2035年远景目标纲要》指出："健全学校家庭社会协同育人机制。"[②] 由此可见，推进家校社协同育人已形成自上而下的强大动力。高校思想政治教育治理能力建设需考虑家庭教育和社会教育的影响与配合，家校社协同育人机制构建不应该被视为局部工作、短期

---

① 冯刚、刘嘉圣：《新时代大中小学课程思政一体化建设的内涵要素及优化路径》，《中国高等教育》2022年第1期。

② 《中共中央关于制定国民经济和社会发展第十四个五年规划和二〇三五年远景目标的建议》，人民出版社2020年版，第33页。

工作、次要工作，应站在高校治理全局角度全盘考量，创新发展，综合发展。因此，需要将学校、家庭、社会这三个要素进行科学整合，使学校、家庭和社会这三个子系统的要素相互渗透，相互作用，形成和谐互动的育人机制。

就学校教育而言，学校教育处于主导地位。作为我国国民教育体系的重要组成部分，高等教育经过新中国成立70多年特别是改革开放40多年来的实践探索，形成了具有鲜明中国特色的思想政治教育体系。高校是思想政治教育的主阵地，立德树人是办好中国特色高水平大学的核心理念，是检验学校一切工作的根本标准。高校思想政治工作本身就是一项系统工程，要整合好优化好校内资源，紧抓学生成长成才的关键环节，持续推动人才培养改革创新，通过强化思想引领推动思政工作守正创新、创新体制机制培养高水平复合型人才、补齐体美育和劳育短板，推进"五育并举"，促进学生全面发展，落实"三全育人"，切实提升人才培养质量。在治理中，让学生既成为人才培养综合改革的受益者，更成为改革治理的参与者和推动者。

就家庭教育而言，不少人存在这样的认识误区，认为进入高等教育阶段意味着学生已长大成人，不需要家庭教育了，使得家庭教育产生缺失，并与学校教育逐渐脱节，殊不知良好的家风家教会影响人的一生。当前常态化的疫情防控打乱了原本的生活节奏，不仅容易让学生产生恐慌不安的心理，也影响了其原本的学习规划，更容易在居家和求学的过程中产生不同程度的矛盾和问题，如沉迷网络、无法处理人际关系、孤僻自闭、深陷网贷、消极抑郁、自残、轻生等一些系列问题。究其成因，往往正是由家庭教育在大学阶段的明显缺失所诱发，我们需要充分意识到大学生家庭教育的方法和重要性。大学生的健康成长需要家校的共同配合，在"后疫情时代"的当下更是显得尤为重要。在高校的教育之余，家长需和子女保持充分、良好的沟通，同时熟悉高校制度和育人理念，加强与高校的联系与协作，共同培养，以达到促进大学生健康成长的目的。

就社会教育而言，大学与社会、社区存在着天然的联系，在教育大系统乃至社会大系统不断开放的过程中，这一联系更加密切，"思想政治教育绝非面向学校师生开放的'专供品'，应是面向社会全体成员开放的'必需品'。但这一'必需品'如果不能与社会生活紧密融合，必然会变成游离于群众、脱离于实际的'客里空'。"① 因此，没有社会、社区作为服务对象以及资源支持等，大学教育难以发展，大学服务社会的职能也难以实现，而社区、社区教育的发展也需要大学教育的支持。在高校产、学、研相融合的大背景下，学生走进企业，进行社会，是大学生了解国情民情、参与社会生活、体悟社会价值的基本途径，也是高校实践育人的重要方式。充分发挥和有效利用社会教育资源，通过建立双师型队伍，使学校育人与社会实践育人高度融合，创新育人模式，建立与之相配套的法律、行政、经济措施与政策，协同为高校人才培养开辟新方向。

当代的大学已经不再是传统意义上的"象牙塔"，在高校思想政治教育治理过程中，大学不能唱"独角戏"，建立由学校主导、社会支持、家庭参与的共建共治共享的育人机制是破解当下家校社协同育人机制建设困境与难题的一剂良方。家庭是人发育、成长、生存的首要场所，是每一个人教育的起点，家庭教育是学校教育和社会教育的基础；高校是传承文化、立德树人的重要平台，学校教育是落实立德树人根本任务的重要阵地；社会是人谋求发展、相互交往的基本场域，社会教育是家庭、学校教育的必要延伸，是学生走向社会不可或缺的历练过程。三者纵贯每个人的一生，构成促进人的全面发展的基本链环。总之，要充分发挥家校社育人的协同效应，同唱一台戏，通过围绕共同的育人目标和培养方向，通过互动与合作，构成多渠道、多层次、全方位的育人机制体系，形成贯彻落实立德树人根本任务的强大合力。

二、德、智、体、美、劳教育协同的能力

人是社会发展和社会治理实践活动主体，是核心元素。促进人的自由全面发展不仅是马克思主义理论精髓，也是高校思想政治教育治理能力建设的关键，我们在高校思想政治教育治理中可以从一个学校是否重视学生的自由全面发展来衡量这个学校的治理水平的高低。

---

① 沈壮海、刘灿：《论新时代思想政治教育的高质量发展》，《思想理论教育》2021年第3期。

第八章　高校思想政治教育治理能力的分类建设

民族的复兴靠人才,而担当民族复兴大任的人必须是德才兼备、德智体美劳全面发展的人。"五育并举"的思政工作理念有一个历史演进的过程。1912年2月,蔡元培担任中华民国临时政府首任教育总长,发表了《对于新教育的意见》。他在《关于新教育的意见》中首次提出了具有近代意义的教育方针,新的教育方针包括军国民教育、实利主义教育、公民道德教育、世界观教育和美学教育等内容,并指出:"五者,皆今日之教育所不可偏废者也。"① 他是我国近代史上第一位提出"五育并举"的教育思想家。毛泽东在1957年指出:"我们的教育方针应该使受教育者在德育、智育、体育等几个方面都得到发展,成为有社会主义觉悟、有文化的劳动者。"② 2002年,党的十六大报告提出,"坚持教育为社会主义现代化建设服务,为人民服务,与生产劳动和社会实践相结合,培养德智体美全面发展的社会主义建设者和接班人。"③ 这是关于党的教育方针在当时的全面阐述。2018年9月,习近平在全国教育大会上指出:"要努力构建德智体美劳全面培养的教育体系,形成更高水平的人才培养体系。"④ 习近平总书记进一步拓展了促进人的全面发展的关键领域和重点环节。然而,美中不足的是,当前部分高校的思想政治工作还处于"五育"割裂状态,立德树人绝不仅仅停留在德育课程的讲授上,而是应该渗透到智育、体育、美育和劳动教育诸多方面中。如何形成"五育并举"的思政工作新格局,构建起促进大学生全面发展的人才培养体系,是当前高校思想政治教育治理能力建设面临的迫切任务和重大课题。

"五育并举"中心在"育"。培育时代新人要聚焦学生,把握学生成长规律,因材施教,摒弃"千人一面"的育人模式,营造育人新生态。必要的体育锻炼,保障了身体健康这一基础和前提,德行的教育,把脉学生心理健康,加以知识的积累、技能的提升、美育的熏陶,构成了学生成长的完整体系。习近平总书记指出:"人才培养一定是育人和育才相统一的过程,而育人是

---

① 高平叔:《蔡元培教育文选》,人民教育出版社1980年版,第5页。
② 《毛泽东著作选读(下册)》,人民出版社1986年版,第780—781页。
③ 《中国共产党第十六次全国代表大会文件汇编》,人民出版社2002年版,第39页。
④ 《习近平在全国教育大会上强调　坚持中国特色社会主义教育发展道路　培养德智体美劳全面发展的社会主义建设者和接班人》,《人民日报》2018年9月11日。

本。"① 学生的成长与发展，有其内在的成长规律，"五育并举"从德智体美劳五个维度入手，将"五育并举"贯穿于高校人才培养体系全过程，实施多元融合的教育实践，完善相应的学科体系、教学体系、教材体系、管理体系，紧盯课堂教学、实践教学、第二课堂、线上教育、社会实践等关键的育人环节，教育工作者要对德智体美劳教育及其之间的内在联系、相互作用，从理论认识上加强研究，摸清人的全面发展的内在规律性要求、人的成长成才规律、高等教育阶段特点，构建以课程育人、科研育人、实践育人、文化育人、网络育人、心理育人、管理育人、服务育人、资助育人、组织育人等为依托，德育铸魂、智育提质、体教融合、美育熏陶、劳动促进的思政工作新模式，实现"1+1+1+1+1>5"的育人成效。

"五育并举"重心在"并"。人的教育是一个内涵丰富的整体，"五育"不是截然分开的，而是相互联系、相互交融而构成有机整体。"'德智体美劳全面发展'并非各自独立的'一育'的简单拼凑或叠加，而是在深入把握各'育'之间相互关系的基础上，使之形成一个紧密联系、相辅相成的辩证统一体。"② 德智体美劳相互渗透，既不能将其分割，也不可偏废一方。"五育"既彼此独立、不可替代，又彼此促进、相互交融。抓好任何"一育"都会有助于其他"一育"或"几育"的发展，如体育不仅为受教育者提供身体条件，还可以培养其情感、意志、审美等非智力因素；同时任何"一育"都从不同角度、不同方面共同实现"五育"的任务、达到"五育"的效果，具体表现为：五育各个要素统一在一个人身上，存在于一个统一且平衡的结构之中，必然关注每个人智力、情感、交际、身体、审美、创造性等多元能力的充分发展。新时代思政育人要抛弃以往德智体美劳独立育人、独立研究、自成体系的格局，打破不同部门、不同层级、不同科目的育人壁垒，构建"五育并举"的家校社共治生态，打通育人边界，扩大"五育融合"的实践场域，每一位教育者都要始终具备关联式、融通式、渗透式思维来观照育人实践，实现"五育"有机结合，发挥各种教育资源综合作用，

---

① 习近平：《在北京大学师生座谈会上的讲话》，人民出版社 2018 年版，第 7 页。
② 王茂胜、张凡：《"五育并举"视域下高校思想政治工作的评价要求》，《思想理论教育》2021 年第 11 期。

树立"五育融合"、全面发展的育人思想，进而使各方面的教育都更有成效、更有实效，以提升育人的整体效果。

三、思政课程与课程思政协同育人的能力

课程是高校育人的主要载体，如何发挥各个课程的育人功能，和思想政治理论课同向同行，是高校思想政治教育治理能力建设的重要内容。当前，高校中还不同程度存在专业教育与思想政治教育"两张皮"现象，未能很好形成育人合力、发挥出课程育人的功能，推进课程思政建设就是要解决这一问题。习近平总书记在全国高校思想政治工作会议上指出："要用好课堂教学这个主渠道，思想政治理论课要坚持在改进中加强，提升思想政治教育亲和力和针对性，满足学生成长发展需求和期待，其他各门课都要守好一段渠、种好责任田，使各类课程与思想政治理论课同向同行，形成协同效应。"[①]2020年6月，教育部颁布了《高等学校课程思政建设指导纲要》，明确提出："课程思政建设工作要在全国所有高校、所有学科专业全面推进，促使课程思政的理念达成广泛共识。"思政课程与课程思政协同育人的能力建设的关键在于坚持守正与创新相统一。

坚持守正，"作为对大学生进行系统的马克思主义理论教育和政治、思想、道德素质教育的主阵地，引导大学生形成正确认知、情感、信念和行为的主渠道，高校思想政治理论课肩负着培养担当民族复兴大任的时代新人的光荣使命，必须要坚持正确政治方向。"[②] 高校思想政治理论课就是要牢牢把握思政课在马克思主义理论教育中的核心地位，以培养担当民族复兴大任的时代新人为根本目标，同时要充分发掘其他课程的育人元素，强调在各类各门课程中增强政治意识，涵育学生的科学精神、人文素养、价值伦理追求，加强思想价值引领，为学生构架新时代的价值坐标，"紧紧围绕坚定学生理想信念，以爱党、爱国、爱社会主义、爱人民、爱集体为主线，

---

① 《习近平在全国高校思想政治工作会议上强调 把思想政治工作贯穿教育教学全过程 开创我国高等教育事业发展新局面》，《人民日报》2016年12月9日。
② 王景云：《论"思政课程"与"课程思政"的逻辑互构》，《马克思主义与现实》2019年第6期。

围绕政治认同、家国情怀、文化素养、宪法法治意识、道德修养等重点优化课程思政内容供给，系统进行中国特色社会主义和中国梦教育、社会主义核心价值观教育、法治教育、劳动教育、心理健康教育、中华优秀传统文化教育。"①构建显性教育和隐性教育一体化的思想政治理论教育课程体系，突出显性教育和隐性教育相融通。

坚持创新，就是始终坚持以问题为导向，深耕细做，推进课程思政与思政课程多元化、多层次联合协同与创新融合。新时代青年学生比较排斥教条式的说辞，简单、生硬的灌输做法对现在的学生已经行不通了，价值观的传递要靠教师身体力行，根据不同专业课程特色，合理嵌入思政元素，通过引导、启发、体验等方式，激发受教育者自我体悟、内化，并促进其从内化到升华，做到培根于无形、铸魂于无声，需要指出的是合理嵌入思政元素需要把握力度，防止用力过猛，防止在教学中或生搬硬套贴标签，或不惜破坏专业课知识学习的完整性，生拉硬扯为思政而思政。"在教学内容方面，课程思政和思政课程要能够体现差异性，不能'合二为一'"②，高校可根据自身办学特色，对特色学科、主干学科进行深入分析，对核心课程、主干课程、枝干课程进行有机统筹，把校史校情和办学精神融入课程教学，用学校的精神和文化引导学生，培养学生的家国情怀和使命担当；在教学模式方面，推进信息化、智能化技术手段在思政课教与学的运用，持续推进"互联网+""智能+教育"改革，大力加强在线开放课程建设，拓宽专业课程和思政课程的教学场域，教育教学可以适时走出课堂、走向社会，自觉将社会实践作为教育教学质量提升的活水源头，提升学生的学习兴趣、学习体验和学习效果；在教学管理方面，完善集体教研、集体备课机制，"通过集体备课明确教学内容、制作标准化课件规范教学文件、讲授示范公开课传授教学方法等形式，把思想政治理论课教育教学改革好的经验和做法传递给广大专业课教师，为广大专业课教师树立教学样板，提供教学参考，

---

① 《教育部关于印发〈高等学校课程思政建设指导纲要〉的通知》，中华人民共和国教育部：http：//www.moe.gov.cn/srcsite/A08/s7056/202006/t20200603_462437.html。

② 韩喜平、肖杨：《课程思政与思政课程协同育人的"能"与"不能"》，《思想理论教育导刊》2021年第4期。

带动专业课教师和思想政治工作者开展思想政治教育改革创新活动。"[①]然后在其基础之上，组建多学科协作教研团队，不断推进专业课程与思政课程之间的协调、开放、共享，最大限度促进两者的协同育人效应。

第三节　社会服务能力

增强社会服务功能、参与经济社会发展已经成为现代大学的重要历史使命。社会服务能力是高等学校作为一个集产学研为一体的组织为经济社会发展作出多方面贡献的能力。发挥大学的社会服务能力，不仅有利于推动现代社会发展，而且有利于拓展大学发展的社会空间，大学可以在提供社会服务的过程中拓展学校发展空间，在社会中积聚办学资源，提升社会价值，社会服务是大学与社会经济发展之间共赢的选择。思想政治教育作为高校社会服务的重要内容，是一个不断满足社会需求、为社会服务的过程。高校思想政治工作不仅仅是高校的一种职能，更是高校进行社会治理的重要手段，它通过社会控制、社会协调和社会动员来实现传承文化，传播思想政治观念，弘扬社会道德，维护社会和谐稳定、帮助人们树立正确的世界观、人生观和价值观，提高公民整体素质，为社会经济进步提供思想保障。

一、社会控制能力

社会控制是社会治理的基本方式之一，任何社会形态下的国家都需要运用社会控制来推行统治阶级所确定的社会价值观念，维系社会秩序的稳定，使其达到预期的社会目标。"社会控制"作为一个重要的社会学概念，最早是由美国社会学家罗斯（E.A.Ross）在他所著的《社会控制》中所提出的。他认为，社会控制是一种有意识、有目的的社会统治，当人类的自然情感不足以维持社会稳定时，就需要社会控制，其目的是限制人们发生不利于社会的行为。因此，从这个意义上来说，社会控制就是为了维护社会

[①] 许硕、葛舒阳：《"思政课程"与"课程思政"关系辨析》，《思想政治教育研究》2019年第6期。

秩序，对社会成员的行为和观念加以约束、引导和管理的制度或手段。① 这与思想政治教育的意识形态属性相契合。恩格斯曾指出："任何意识形态一经产生，就同现有的观念材料相结合而发展起来，并对这些材料作进一步的加工；不然，它就不是意识形态了，就是说，它就不把思想当作独立地发展的、仅仅服从自身规律的独立存在的东西来对待了。"② 意识形态是社会存在的重要组成部分，思想政治教育的过程就是统治阶级把符合阶级利益的社会意识通过灌输的方式传播到社会成员中去过程，从而实现社会控制，达到维护社会稳定的目的。

当前国际国内的不稳定因素给中国社会带来了各种风险和挑战。从国际因素来看，俄乌局势、国际格局的变化以及全球产业链、供应链重构等正在深刻影响当前的国际经济和产业格局；从国内因素来看，疫情防控、稳定全国经济大盘、增加就业等社会问题亟待解决，这一系列的问题所造成的社会控制的弱化也同样是值得关注的风险。社会的"善治"离不开道德与法律的同频共振。坚持德治与法治相结合，是社会治理的重要内容之一，也是高校思想政治教育义不容辞的责任，坚持道德治理与法治治理并重是社会控制能力建设的应然选择。

在道德治理层面，要注重道德关怀，唤起学生内心的道德情感，道德关怀教育就是关怀者通过情感、语言、行为等关怀方式激发被关怀者内心道德情感，从而增强道德主体意识，不断完善道德人格。要见贤思齐，发挥道德榜样的示范引领作用，要引导青年学生要养成向英雄学习、向模范学习的良好风尚，把榜样的精神境界和价值取向转化为自身道德追求。要注重环境熏陶，以良好的道德环境涵养美德善行，其中校园环境是高校思想文化的重要组成部分，"校园环境也是大学生核心价值观教育的一个重要实践条件，能够使教育更加符合规律，从而收到育人和塑造品德的功效。"③ 要因势而新，拓展网络道德实践，一方面教育引导青年具有正确的网络道德认知，正确认识网络新产品，另一方面也要积极拓展道德实践的时间和

---

① 赵孟营：《社会学基础》，高等教育出版社 2008 年版，第 279—280 页。
② 《马克思恩格斯选集（第四卷）》，人民出版社 2012 年版，第 261 页。
③ 冯刚：《关于大学生核心价值观培育问题的思考》，《学校党建与思想教育》2012 年第 5 期。

空间，如线上公益服务平台、志愿服务在线平台、爱心众筹等网络平台，主动占领网络这个战略"新阵地"，形成线上线下道德实践的最大合力。

在法治治理方面，"法治的实施必须依托于治理主体的实施能力，创造性地运用法治思维和法治方式是治理主体实现治理法治化的必然要求。"①首先要现实依法治校，依法治校是高校管理育人的重要保障，一方面建立依法依规办事的制度体系，不断规范学生的行为，达到育人、育才的育人目标；另一方面，实现学校内部治理体系现代化，依法、依章治校，防微杜渐，形成良好的教育、科研、生活秩序，为人才培养创造良好的环境。其次，"思想政治教育治理主体要推进思想政治教育治理法治化，就必须使治理主体信仰并坚守法治，学会运用法治思维和法治方式将思想政治教育治理党内法规和国家法制融于实践。"②在学校治理中治理主体要进一步实现学生工作管理法制化，结合宪法、教育法以及学位管理条例，对学生相关的权利与义务相关内容进行细化分类，在学生工作全过程中落实相关法律规定，同时以此来保障学生的合法权益不受侵害。再次，强化高校法治宣传教育，高校法治宣传教育既要普及基本法律知识，如宪法、民法典，又要有的放矢，针对不同专业学生开展相关行业法律法规教育，如金融法、教育法、卫生法、广告法等，针对不同年级开展相关法律宣传教育，如对于大一新生可重点进行预防电信网络诈骗、网络安全等法律知识普及，对于毕业年级可开展劳动法、合同法等法律知识的教育。

二、社会协调能力

党的十八届五中全会将"协调"作为"五大发展理念"之一，并明确指出："坚持协调发展，必须牢牢把握中国特色社会主义事业总体布局，正确处理发展中的重大关系……增强发展协调性，必须在协调发展中拓宽发展空间，

---

① 张文显：《治国理政的法治理念和法治思维》，《中国社会科学》2017年第4期。
② 李淼磊、周刚志：《论法治视域下的思想政治教育治理现代化》，《思想教育研究》2021年第5期。

在加强薄弱领域中增强发展后劲。"①协调发展是推进国家治理体系和治理能力现代化的必然选择，是社会存在发展的客观要求。恩格斯指出："自然界中死的物体的相互作用包含着和谐和冲突；活的物体的相互作用如既包含有意识的和无意识的合作，也包含有意识的和无意识的斗争。"②所谓社会协调就是指社会结构作为一个矛盾统一体，在自身发展中必然形成的矛盾依存关系和运动状态。思想政治教育的社会协调能力包括协调学校和社会之间的关系，协调个人和集体之间关系。

大学从来不是独立于社会之外的象牙塔，大学来自社会，服务于社会，高校思想政治教育也理应服务于社会，服务于经济社会发展，所以要协调好学校和社会之间的关系。社会服务能力直接体现了一所学校在社会上的声誉和形象，要协调高校与社会的关系，使学校的发展目标、育人目标和科研目标与社会的发展方向和实际需求和谐一致，但高校的对外服务功能不是被动地服从，利益协调应以推动社会发展与提高人才质量为价值导向，以系统、整体的眼光，实现学校各系统的协调运行，共同服务于社会发展。协调发展必须着眼于人的生活质量的改善和整体素质的提高。社会发展最终目的是人的发展，社会发展的状况如何，最终也要通过人的发展状况体现出来。人的发展主要表现在人的需要的满足和人的各种能力的提高，其主要标志是生活质量的改善和人的素质的提高。因此，高校无论是内部治理还是外部治理都要尽可能地完善和提高自己的治理能力，以适应人的发展，满足人的不断变化的需求，在治理中进一步理顺科学研究与经济社会发展、人才培养与社会需求、文化传承与社会文明的关系，实现知识、文化、科学等社会性传播，保证高校与社会、与学生之间不会出现裂痕和脱节。

在国家治理体系下，治理国家不再仅仅是国家机关的事情，各个社会主体都应做到各尽所能、各尽其责。治理的主体是多元的，利益关系也是复杂的，这就需要我们正确处理好个人和集体之间的关系问题。进入新发

---

① 《中国共产党第十八届中央委员会第五次全体会议公报》，人民出版社2015年版，第9—10页。

② 《马克思恩格斯选集（第三卷）》，人民出版社2012年版，第987页。

展阶段，治理环境复杂，治理诉求繁杂，国家治理不仅需要面对更加多元的社会思潮，而且还要解决包括在深化改革过程中可能出现的思想混乱局面，在这个过程中，集体主义思想发挥了重要的凝聚作用。"针对治理领域出现的碎片化、割裂化、条块化等问题，需要加强整体谋划，提升治理的系统性和协同性，使个人的目标与集体利益的要求相符合。"① 国家治理现代化过程是公民个体现代化与社会现代化的双向互动的过程，公民作为国家治理的重要主体，其参与社会治理能力的强弱关系到治理效能的高低。当前人们还习惯性地依赖政府与社会的单方面治理，缺乏治理的集体主义意识，所以要以培养公民的集体主义意识为突破口，通过道德教育引导实现由消极被动服从向积极主动参与转变。"道德调适可以有效约束人们的行为，是解决目前群体矛盾的有效'润滑剂'、'助推器'，进而成为调节社会关系的一种社会治理机制。"② 新时代国家治理要重视发挥德治教化作用，深化社会主义道德建设，以道德治理为突破口，克服和消除突出道德问题及其所产生的负效应，提高公民的道德境界，把国家治理现代化建立在较高的道德水平之上。

三、社会动员能力

任何社会都存在社会动员，社会动员作为国家治理的一种方式，是组织社会成员参与公共事务的重要手段，也是思想政治教育延伸到社会治理的关键环节。"所谓社会动员，就是广义的社会影响，也可以称之为社会发动。它是指人们在某些经常、持久的社会因素影响下，其态度、价值观与期望值变化发展的过程。"③ 社会动员以思想为先导，思想始终贯穿在社会动员全过程，思想政治教育和社会动员始终联系在一起，两者相互促进。一方面，思想政治教育为社会动员指明方向，高校思想政治教育可以扩大政治认同，形成政治共识，维护政治稳定，平衡利益冲突，为社会动员营造良好思想

---

① 冯刚、邢斐：《在国家治理现代化中坚持集体主义导向》，《思想教育研究》2021年第3期。
② 杜旭宇、程洪宝、周立军、何丽艳：《思想政治工作的社会治理功能——基于社会控制、社会协调和社会动员的分析》，《湖北社会科学》2015年第7期。
③ 郑永廷：《郑永廷文集》，中山大学出版社2013年版，第310页。

氛围。另一方面，社会动员是思想政治教育的诉求，"社会动员是指一定的社会或社会群体依据特定的价值指向要求，有目的、有计划、有组织地对动员客体施加影响，发动动员客体积极主动地参与重大社会活动，并促使动员客体的思想、心理、态度和价值取向产生社会预期变化的具有导向性的社会功能机制。"① 社会动员作为宏观思想政治教育学的重要范畴，无论在主体、客体抑或是作用功能上都具有一致性，"社会动员可以充当思想政治教育的有力载体、思想政治教育可以为社会动员提供基本前提和精神动力，有助于开展学科对话和联结不同范畴。"② 总之，社会动员是以人的社会实践需要为逻辑起点又服务于社会实践的社会活动。

第一，社会动员要坚持党的领导，确保社会动员政治方向。坚持党的领导是中国特色社会主义的本质特征，是中国特色社会主义制度的最大优势。中国特色社会主义的制度设计有效规避了西方政党制度下的党派斗争导致的内耗，实现了在党的集中统一领导下的顶层设计和统筹规划相统一，从治国理政的全局出发，最大限度地调动一切人力、物力和财力，在社会动员中做到高效、系统和有序。尤其是在别是在重大事件和突发危机中，党通过广泛社会动员能够迅速凝聚共识、统一思想认识，形成行动合力，正如毛泽东指出："如此伟大的民族革命战争，没有普遍和深入的政治动员，是不能胜利的。"③ 因此，社会动员必须确保正确政治方向，形成全国上下一盘棋的行动伟力。

第二，社会动员要坚持以人民为中心，彰显社会动员的价值依托。社会动员依靠人民，为了人民，人民是社会动员的稳固根基。马克思主义的唯物史观认为，人民群众才是推动历史前进的真正英雄。尽管历史的发展表现为不同力量的较量与冲突、融合，但是决定历史前进方向和结果的依然是最广大的人民群众。正所谓"兵民是胜利之本"，思想政治动员的前提是价值共通、情感共鸣、话语共情、利益共存，社会动员的聚焦通常是以国家和人民利益的具体指向为起点的。实现中华民族伟大复兴是全球中华

---

① 王学俭：《思想政治教育理论与实践问题的研究视角》，中国人民大学出版社 2017 年版，第 197 页。
② 王军：《社会动员：宏观思想政治教育学的重要范畴》，《思想政治教育研究》2021 年第 5 期。
③ 《毛泽东选集（第二卷）》，人民出版社 1991 年版，第 480 页。

儿女的共同愿望，党的意志与人民的价值目标在根本上是一致的，这就为社会动员的一致性行动提供了价值导向。党和政府在关乎群众切身利益的重大问题上做到坚定不移，毫不含糊，旗帜鲜明地站在人民的一边，这是亿万人民配合与支持社会动员的关键所在。

第三，社会动员要善于利用新媒体传播，创新社会动员方式。随着信息化、网络化、现代化的发展，国家治理的方式手段已发生改变，传统的社会动员手段难以适应时代的新变化。当今世界文化思想传播已向信息化、网络化转变，社会动员进入一个载体与方式多样化的网络时代。新媒体、新技术的出现，带来社会动员的新变化。要破除传统观念束缚，有的放矢，突出实效，注重动员对象的层次性、动员方式的针对性、动员载体的灵活性和动员话语的大众性，善用、会用、敢用新媒体、新技术高效发动社会动员，尤其是在疫情防控期间，高校主动掌握话语权，充分利用线上网络平台，采取领导人讲话、榜样宣传、经验分享、常识普及、破除谣言等动员方式，既运用电视、新闻发布会等传统媒体，也运用微视频和互联网直播等新媒体，利用宣传片、顺口溜、标语、微信群等亲民化载体，形成了纵横交错、彼此关照的思想政治教育治理新模式，这为今后的社会动员形成了良好的示范效应。

第四节 信息技术能力

随着科技的不断进步，以云计算、大数据、新媒体为代表的新一代互联网信息技术与传统教育的融合创新，不仅培育了新的产业增长点，催生了"互联网＋教育"，为教育信息化发展创造了良好的环境，而且也深刻地改变着人们社会生活的方方面面。信息技术时代跨界融合、重塑结构、开放互联、尊重人性等特征给国家治理带来了新的机遇和挑战，高校思想政治教育领域当然也不例外。高校思想政治教育治理实践的外部环境和内部结构临着前所未有的改变。思想政治工作是我们党的优良传统和政治优势，是一切工作的生命线，在中国共产党成立100周年之际，中共中央、国务院印发了《关于新时代加强和改进思想政治工作的意见》（以下简称《意见》），其中就明确指出："推动思想政治工作传统优势与信息技术深度融合。"① 这为做好新时代思想政治工作提出了新要求，这也是顺应时代发展的必然选择。因此，高校思想政治教育治理能力建设理应抓好信息技术这个最大变量，以信息化驱动治理现代化为主线，在提升网络育人本领，构建信息技术生态环境和促进信息技术深度融合上下功夫，推动高校思想政治工作高质量发展。

一、有的放矢，提升网络育人本领

如今网络已经逐渐成为一种人们用于广泛表达和反映民情民意的重要参与渠道。当下许多社会事件一发生就被网民传播到网络中，再通过网络平台的迅速传播和发酵，扩大了网民的参与关注度，极其容易发展成为社会热点事件，引起广泛的社会关注和网络舆情。在这些网络热点中有各种各样的思想和观点，在这些观点中，不乏有负面思想，易对尚处于校园中、网络信息甄别能力仍未成熟的学生产生较大影响，极易对高校习得的思想和价值观念产生动摇。尤其是一些重大的社会事件，如果不注重教育引导，稍有不慎很容易上升到意识形态领域问题，引起社会纷争和重大网络舆情，对社会大局稳定造成影响。《意见》进一步指出："加强网络思想政治工作，深入实施网络内容建设工程，加强网络传播能力建设，依法加强网络社会管理。"积极构建网络育人工作体系与机制是党中央对高校思想政治工作进行全面、系统、科学判断基础上做出的重大决策部署。因此，新时代高校思想政治教育治理要用好互联网这个最大增量，主动占领网络思想政治教育新阵地，掌握话语主动权，下好网络育人的"先手棋"。

网络育人要以"内容为王"。当今是一个"无人不网""无处不网""无时不网"的时代，《中国互联网络发展状况统计报告》显示，"截至2021年12月，我国网民规模达10.32亿，较2020年12月增长4296万，互联网普及率达73.0%。"② 苟日新，日日新，又日新，近两年来，疫情防控催生了在

---

① 《中共中央国务院印发〈关于新时代加强和改进思想政治工作的意见〉》，《人民日报》2021年7月13日。

② 《我国网民规模达10.32亿》，《人民日报（海外版）》2022年2月26日。

线网络教育的蓬勃发展,在线网络教育突破了课堂、高校、知识的传统边界,内容也越来越成为在线教育竞争的核心要素,这也从一个侧面表明"内容为王"永不过时。所谓"内容为王",就是更注重网络育人的质量和实效,要突出内容的科学性、针对性和有效性,以品质论成败而不是以流量论成败。虽然各个高校都在网络育人上下功夫,作出了不少有益探索,不断创新思政育人模式,打造网络思政育人新范式。但不少高校在教育的形式和内容同质化现象严重,例如,很多高校千篇一律使用微信公众号推送,直接把权威部门的官方网页内容或教材内容直接复制到微信平台,没有结合内容作出解读,仅仅是把单向知识灌输搬到网络上而已。再例如,在内容上依旧遵循传统媒体的语言风格,参照公文写作风格,缺乏对学生的吸引力,达不到创新互动的效果。网络育人应避免出现以上问题,遵循"内容为王"的建设规律,开展线上线下联动,不仅要"键对键",更要"面对面",紧密结合时代热点、时代精神,积极研发青年学生喜闻乐见、形式多样的网络文化精品。

网络育人要以网络传播能力建设为重点。传播能力建设是高校网络育人的重要能力之一,要坚持党管宣传、党管媒体,着力提高意识形态领域风险防范化解能力,旗帜鲜明开展网上斗争,坚决抵御网上渗透破坏行为。明确网络新闻宣传工作的运行机制,做到在网络意识形态中工作做到责任明晰。其次,"思想观念、价值取向深入人心需要经历一个濡化、内化、外化的作用过程,只有真正解决网络世界'话语代沟'问题,才能将教育内容潜移默化地植入学生的思想。"[1]对于思想政治教育工作者来说,要顺应数字化生存的时代要求,丰富网络知识储备,克服信息技术的本领恐慌,防止在和学生做思想政治工作时出现网际代沟和话语鸿沟,成为善于运用网络资源开展思想政治工作的意见领袖,成为学生的知心人。思想政治教育者还要不断提高信息媒介素养,以高校新媒体矩阵的搭建为载体,注重从网络话语权力,从网络语言现象、网络语言策略、网络语言环境等方面加强话语创新的研究,保证育人信息搜集渠道、编辑发布、交互反馈渠道的

---

[1] 侯庆敏、宋丹、崔强:《抗疫背景下加强高校网络育人的几点思考》,《中国高等教育》2020年第17期。

畅通。坚持"导先于防，防寓于导"的原则，以学生喜闻乐见的方式传播正能量，如加大短视频、海报、图文结合、网络直播等可视化产品在工作中的运用，更加突出技术赋能，利用数字化技术，提高传播表现力、感染力，让正能量收获大流量，将思想政治教育传播从单一的政治传播、文本传播和理论传播中解放出来。

网络育人要加强网络安全教育。从外卖点餐到打车出行，从网络课堂到网络社交，从直播带货到网络短视频，如今高校师生的生活早已和网络密不可分，网络带给人们的便利是显而易见的，但与此同时也带来了很多风险，产生了很多网络安全问题，高校也成为网络意识形态安全风险需要高度关注的地方。"当前，我国高校网络安全教育主要集中在网络安全宣传及学生安全管理方面，强调'事后教育、事后管理'，并没有回归'教育属性'，导致学生对网络安全教育认识片面。"[1]高校应建立健全网络安全教育体制机制，提升网络安全教育的实效性，切实提高学生网络安全素养。面对网络安全问题，正确的态度不是因噎废食、放弃网络，而是正视网络带来的安全问题，运用一切方法将网络带来的负面影响降到最低，使网络能够更好地为社会的进步服务。高校应高度重视大学生网络安全教育工作，将网络安全教育纳入"三全育人"体系。再安全的网络设备离不开人的管理，再好的安全策略最终要靠人来实现，人的安全意识是整个网络安全中最为重要的一环，也是要求最高的一环。作为立德树人的高校，肩负着网络安全意识教育的重任。要引导大学生全面认识网络安全的重要性和必要性，特别是要以高度的网络安全自觉，警惕近年来西方国家操纵下的西方网络话语霸权渗透，引导大学生科学上网、规避网络风险，将网络安全教育与思想政治教育工作紧密结合，着力增强和提升大学生维护网络安全的意识与能力。

二、内外结合，优化网络育人环境

环境是人类赖以生存和发展的条件，任何个体的成长都离不开环境的

---

[1] 蒋燕玲:《新时代高校网络安全教育的意义、困境与路径》，《中国高等教育》2020年第20期。

影响，不受环境作用的个体是不存在的。思想政治教育环境是制约高校思想政治工作发展状况的重要因素，环境条件是思想政治教育实践的外在依据和实现场域。实践证明，思想政治教育能否取得良好成就、达到预期效果，环境影响至关重要。网络时代下的高校思想政治教育治理环境发生深刻变化，呈现出时代性与虚拟性并存、自发性与自控性并存、开放性与复杂性并存的新特点。所谓网络育人环境，是指对网络育人活动的开展以及对教育者与受教育者政治、思想、道德的形成和发展产生影响的一切因素的总和。高校网络育人环境是一个复杂的系统，在它的内部，各种环境要素相互依赖、相互作用，"既涉及政府领导，也涉及学校领导，既涉及党务部门，又涉及行政部门，既涉及教师，又涉及学生，既涉及校内，又涉及校外，既涉及网上，也涉及网下"[①]，共同影响着育人实践活动的发展。从结构体系来划分，网络育人环境可以分为内部环境和外部环境。其中，内部环境是指高校内部的一切事物，包括物质的与精神的、有形的与无形的环境；外部环境是指即指除高校内部环境以外的一切对网络育人活动开展以及大学生思想品德形成和发展产生影响的外部因素总和。

在优化网络育人内部环境上，首先要创造良好的网络育人校园环境。"网络环境的生成是人的社会需要和劳动创造能力的对象化产物，是人的本质力量的延伸和发展"[②]，随着移动互联网、大数据等信息技术的发展，高校网络育人的环境更加复杂，传统育人模式面临新的挑战。青少年一代是网络的"原住民"，大学生更是网络的主力军，要注重网络思想引领，大力弘扬校园正能量，构建起"校园网、微信、微博、抖音、视频号"的线上全覆盖网络思想政治教育矩阵，实现网络育人工作由"条块分割"到"协同育人"的局面。"或仁或鄙，陶冶而成之"，良好的环境既可以陶冶情操，涤荡灵魂、启迪心灵，也可以砥砺品格，激发人们积极向上的动力，唤起人们心中崇高的情感，催生人们对美的向往与追求，塑造人们真、善、美的品德。学校要不断开发和优化网络环境，积极营造大学生求真、向善、至美的良好

---

① 骆郁廷、付玉璋：《论高校网络育人协同机制构建的时代价值》，《思想政治教育研究》2018年第4期。

② 张瑜：《论思想政治教育网络环境的生态观》，《教学与研究》2021年第8期。

氛围，增强思想政治教育的渗透力，使大学生在不知不觉中受到情操上的陶冶、心灵上的感染，使他们以轻松愉快的心态接受教育，潜移默化地提高思想政治觉悟。其次建立网络育人制度环境，"无规矩不成方圆"，制度环境是网络育人的保障系统，建立完善的制度环境，是保证网络育人工作渠道畅通的重要工程之一。所谓制度环境主要由维系学校活动工作和各种关系的法律、规章、准则和相关制度构成，是一种覆盖范围广且规范性强的环境支撑体系。网络育人本身就是一项具有制度约束性的活动，是在一定的制度设计和法律框架下进行的，而育人环境作为思想政治工作的重要载体，自然需要一套行之有效、科学严谨的制度来推动育人环境的不断优化。

在优化网络育人外部环境上，近年来我国网络外部环境治理取得的成就有目共睹。但是，随着互联网的迅猛发展，新的风险因素逐渐增加，这也给高校网络空间治理带来了许多隐藏的威胁，其中最大的威胁之一就是网络安全问题。突出表现在传统犯罪不断向互联网渗透，网络诈骗、网络赌博等利用网络实施的违法犯罪活动频发。面对形形色色的网络违法犯罪活动，要坚持"软""硬"综合治理并举。一方面，要加强网络安全的"硬"治理，互联网是借助网信技术、基于网信硬件设施搭建的物质领域，要加大网络核心技术研发，在关键硬件领域不断掌握核心技术，增强自主创新能力。另一方面，要进行网络安全的"软"治理，以建立健全网络安全管理工作机制为重点，不断提高网络安全风险防范和应对处置能力，增加网络安全治理制度供给。网络空间不是法外之地，推进网络社会法治建设，将法治思维贯穿网络安全工作的始终。要筑牢网络安全人民防线，深入开展网络安全知识和技能普及，形成党委领导、政府管理、社会监督、网民自律等多元主体共同参与的网络综合治理格局。总之，优化网络育人环境要从内外环境两方面施策，不断增强网络环境优化的科学性、协同性，营造风清气正的网络环境。

三、整体联动，促进信息技术深度融合

信息化时代，高校思想政治教育治理逐步突破学校边界，与信息技术

深度融合，为治理效率与质量的提升注入了新的发展活力。习近平总书记在全国思想政治工作会议上明确指出："要运用新媒体新技术使工作活起来，推动思想政治工作传统优势同信息技术高度融合，增强时代感和吸引力。"[1]依靠现代化信息技术，深入开展思想政治教育方法创新，是时代发展的需要，也是思想政治教育治理能力建设的内在逻辑。现代社会，信息技术已经成为学习的物质基础，而信息素养、计算思维、网络技能则是每一个公民必须具备的基本技能。思想政治教育作为一项为了人、依靠人、教育人、服务人的实践活动，要始终立足于促进人的自由全面发展这一根本任务，将思想政治教育与信息技术深度融合，从而更好适应信息时代背景下人才培养目标的变革。

数字经济时代，以大数据、区块链、元宇宙等为代表的信息技术凭借其鲜明的特征和独特的魅力已经广泛应用于社会生活各领域，对高校思想政治教育治理也产生了不同程度的影响。而大学生作为高校思想政治教育的主要受众，其发生的变化必将牵动思想政治教育随之改变。与此同时，思想政治教育的核心内容是思想信息的传递与交流，这与信息技术的本质具有一致性。为此，促进信息技术与思想政治教育深度融合，更有利于提高思想政治教育现代化水平，助力思想政治教育治理能力建设。

促进大数据与精准思政深度融合。大数据开启了一场新的数据技术革命，成为深化思想政治教育关于人的思想行为的质性和量化研究的"新工具"。如何使用好这一"新工具"，做好数据信息的挖掘和处理是大数据与精准思政深度融合的关键。"在思想政治教育实践中，借助大数据等技术可以精准锁定目标，及时捕捉和获取时效性强价值大的有用信息，分析教育实践活动整体状况，及时纠偏、校准运行路线，升级运行能力和提高运营水平。"[2]面对数据，教育者要保持对数据的敏感性和明锐性，树立大数据意识，掌握基本的数据分析能力。在大数据的帮助下，"教育者遵循和依据法律与伦理的许可，收集教育对象在日常生活中留下的数据痕迹、电子脚印，

---

[1] 《习近平谈治国理政（第二卷）》，外文出版社2017年版，第378页。
[2] 吴满意、王丽鸽：《从精准到智慧：思想政治教育创新发展的根本态势分析》，《马克思主义与现实》2019年第4期。

从中筛选识别能体现教育对象思想与行为总趋势的数据印纹，整合其扮演的数据分身与角色、行为呈现模式、兴趣特长映射等，借助整体画像，为教育者提供全面的参考，依此实现有效互动，并依据技术逻辑针对性地提出化解方案。"① 例如，通过对学生校园卡消费数据进行分析，对生活中有困难的学生提供及时的帮助；通过网络搜索数据分析，对有潜在心理健康问题的学生及时提供心理咨询；通过社交网络信息预测和分析，判断学生的个性爱好、学习习惯等内容，为有针对性地教育提供帮助；通过学习行为相关数据可分析出学生在校的学习需求、学习困惑、学习问题、学习轨迹等，从而发现问题或规律，及时进行教学反思，从而促进学风建设。总之，要善于从海量数据中分析出关键数据，为我所用，实现学生个体或特定群体思想行为的整体样态呈现，调动一切积极因素精准育人，使数据成为信息时代开展思想政治教育的"源头活水"。

促进区块链与思政在线教育深度融合。区块链是建立在互联网基础上的分布式数据存储、点对点传输、共识机制、加密算法等计算机技术的新型应用模式。"去中心化"是区块链技术最大特点之一，它使用分布式核算和存储，数据存储不会被篡改，数据稳定性和可靠性极高，参与到区块链系统的所有个体都平等地享有调取区块资源的权利，都平等地负有向其他个体提供浏览权限的义务。这种特征源自于分布式账本，它从技术层面确保所有参与者完全意义上的平等。区块链"去中心化"特点意味着多中心溯源，"可以将思想政治教育活动区域视为一个庞大的数据库，区块链的核心功能就是确保思想政治教育内容不被篡改，使主流意识形态和社会主义核心价值观在数据库得以有效认知、传播和践行"②。疫情让在线教育正在迅猛崛起，线上线下融合发展的教育模式将会在未来成为主流。"自2017年起，教育部共遴选认定包括1875门线上课程、728门虚拟仿真实验教学课程和868门线上线下混合式课程在内的国家级一流课程。"③ 在线网络教育的蓬勃发展，让区块链融入思政在线教育成为了可能。将区块链技术嵌入思想政

---

① 吴满意、景星维：《精准思政：内涵生成与结构演化》，《学术论坛》2019年第5期。
② 吴凯：《区块链赋能思想政治教育的技术逻辑、风险挑战与实践策略》，《思想教育研究》2021年第6期。
③ 《我国在线教育交出亮眼成绩单》，《中国教育报》2021年6月7日。

治教育中，使每位学生都有平等权利参与在线课堂内容讨论、议题的设置、教育载体的选择、方法的运用以及相关数据资源库的共建与维护，有效克服了传统课堂教学过程中学生参与度低，"抬头率"不高的问题，能够激发起学生自主学习的内生动力。同时，区块链技术具有公开透明的特点，"区块链的安全性与可信任性为思想政治教育信息共享制度的运行提供了技术支撑"[①]。利用区块链的分布式账本技术，将教育资源分布式存放在不同的区块中，通过点对点的传播方式，所有节点将通过特定的、达成共识的软件协议直接共享学习资源，学生可以随时随地登录学习，既有助于提高共享效率，又实现了教育主客体之间供需的最优化匹配，解决资源孤岛问题。

---

① 董雅华、赵成林：《区块链提升思想政治教育预测力探析》，《思想教育研究》2020年第10期。

第九章
高校思想政治教育治理能力的效果评价

评价是根据一定的标准，采用一定的方法，对实践活动的发展变化、效果以及与活动相关的各种条件因素的实践活动。高校思想政治教育治理能力的效果评价是由一定的机构或部门，根据一定的评价原则，运用科学方法和指标体系，对其评价对象实施评鉴、估测的系统工程，主要由评价主体、评价对象、评价的原则、评价的指标体系、评价方法、评价过程、评价结果等要素构成。本章立足高校思想政治教育治理能力效果呈现的基本样态，以推动治理能力的提升为出发点和落脚点，分析其效果评价活动的特点、原则、指标体系与实施。

第一节 高校思想政治教育治理能力效果评价的特点、原则

新时代以来，国家治理现代化的有序推进对提升高校思想政治教育治理能力提出了更高的要求，高校思想政治教育治理能力的内涵愈加丰富。具体实践中，治理能力的提升首先取决于治理观念的转变，高校思想政治教育治理能力的效果评价不仅能够建构起监督、评价、反馈的制度体系，还有助于树立制度化、规范化、程序化的治理现代化理念。伴随着国家治理现代化的深入发展，高校思想政治教育治理必将不断完善效果评价机制，有效整合制度资源，把制度优势转化为治理效能。

第九章　高校思想政治教育治理能力的效果评价

一、高校思想政治教育治理能力的效果呈现

党的十八届三中全会将推进国家治理体系和治理能力现代化作为全面深化改革的总目标。推进国家治理体系和治理能力现代化是完善和发展中国特色社会主义制度的必然要求和实现社会主义现代化的应有之义。国家治理体系和治理能力是相辅相成的有机整体。国家治理体系是在党的领导下管理国家的制度体系，包括经济、政治、文化、社会、生态和党的建设等各领域体制机制、法律法规，即一整套紧密相连、相互协调的国家制度。国家治理能力则是运用国家制度管理社会各方面事务的能力，包括改革发展稳定、内政外交国防、治党治国治军等各个方面。简而言之，国家治理体系就是国家的制度体系，国家治理能力就是国家的制度执行能力。在国家治理实践中，制度体系是起根本性、全局性、长远性作用的，但如果缺乏有效的制度执行能力，制度的优势不仅发挥不出来，还会沦为"稻草人"。拥有良好的国家治理体系，才能提高国家的治理能力；只有提高国家治理能力，才能充分发挥国家治理体系的效能。国家治理的现代化必须把治理体系和治理能力有机统一起来，推动二者协同并进。

在高校思想政治工作的创新发展实践中，高校思想政治教育治理同样包含治理体系与治理能力的有机统一。高校思想政治教育治理体系是由高校思想政治教育主体设置的用以调整高校思想政治教育系统及其构成要素之间关系、规范高校思想政治教育工作实践的制度机制体系，包括领导制度、学生管理制度、队伍建设制度、监督评价制度等诸多方面，涉及思想政治教育的"十大育人"体系的制度安排和运行规范等诸多方面。高校思想政治教育治理能力则是运用治理体系管理各方面事务的能力。新时代以来，高校思想政治教育治理构建了治理的基本框架和逻辑原则，伴随国家治理体系和治理能力现代化的建设，形成了系统、协同的治理体系，治理能力愈发提升，从传统的"管理"走向现代的"治理"，不断建立健全具有活力的治理机制。

高校思想政治教育治理作为一种理论形态和特殊的社会治理实践活动，同一切治理活动一样，其治理能力是治理体系在执行过程中的应用化和主

体化。高校思想政治教育治理能力现代化的发展进程中，通过不断提高治理体系的执行力，可以从整体上提升治理主体的素质能力，实现治理的相应目标，呈现出一定的治理效果。同时，随着高校思想政治教育治理能力凸显出来的成效，进一步推动高校思想政治教育治理能力现代化的基本实现。因而，加强高校思想政治教育治理能力的效果评价，能够起到优化制度运行机制，整合制度资源、强化制度效能的积极作用。一方面，通过效果评价可以发挥监督、考核、评价、反馈等功能，以此优化现有的高校思想政治教育治理体系的运行机制。另一方面，面对高校思想政治教育治理的实践，能力的效果评价可以加强其制度建设的主动性与针对性，整合制度资源，通过制度的规范、制约作用，保障制度转化为制度执行的效能。

从治理体系与治理能力的辩证关系来看，影响高校思想政治教育治理能力效果的核心因素是高校思想政治教育的治理体系。要提高治理能力的现代化，实现治理能力提升所产生的成效，就必须首先实现治理体系的现代化。从这个角度来说，治理能力的效果必然体现在治理体系的现代化程度上。治理体系的完善和现代化是高校思想政治教育治理现代化的必然要求，也是治理能力现代化的重要结果表征。此外，影响治理能力效果的除了制度因素外，还有一个极其重要的因素，即治理主体的素质和能力。在高校思想政治教育治理实践中，既包括各个思想政治工作领导部门的领导干部和工作人员，还包括思想政治理论课教师和日常思想政治教育的管理者和工作者。如果高校思想政治教育治理主体的素质能力低下，治理能力必定不强，效果必定不佳。因而，有学者提出"当前，推进思想政治教育治理能力现代化的要点有三：一是要落实习近平总书记对思想政治理论课教师提出的'六个要'的要求。二是要把强化制度执行力作为提高治理能力的重要内容，把制度执行力作为考核评估的重要指标。三是要着眼于人的现代化需要和规律培养治理主体的素质能力，将能力要求与满足主体全面发展的现代化价值诉求相结合。"[①] 以上三点可以作为高校思想政治教育治理能力效果呈现的重要维度。

---

① 冯刚、徐先艳：《现代性视域中思想政治教育治理的生成逻辑、基本内涵及时代价值》，《教学与研究》2021 年第 5 期。

第九章　高校思想政治教育治理能力的效果评价

总体上来看，高校思想政治教育治理能力现代化涉及三个方面的效果：第一，治理主体素质和能力的整体提升。包括加强高校党的建设，深化组织育人的实效；建设优秀的思政课教师队伍。高校思想政治教育内含于高校党的建设中，党的十九大报告着重提出加强党的建设质量，其中也包括高校基层党组织的建设。高校思想政治教育治理能力的评价标准和指标体系，一定程度上就是高校党的建设工作的具体要求。高校思想政治教育治理能力的提升，突出反映高校党的领导和建设能力的水平提高，同时带动教师队伍的素质和能力整体上升。在高校，好的治理体系和治理能力各不相同，但有一个共同特点，造就了一支优秀的教师队伍。习近平总书记在中国人民大学考察时强调："培养社会主义建设者和接班人，迫切需要我们的教师既精通专业知识、做好'经师'，又涵养德行、成为'人师'，努力做精于'传道授业解惑'的'经师'和'人师'的统一者。"[①] 第二，治理体系更加成熟、更加稳定、更加完善。高校思想政治教育治理能力的效果，聚焦治理体系的完善程度和有效性，重点在于治理体系的建设情况。其中，思想政治理论课和日常思想政治教育是高校开展思想政治教育的主渠道和主阵地，是治理体系的重要组成部分，同时相关的制度机制、队伍建设、保障体系等构成了思想政治教育的治理体系。第三，制度执行力明显增强。提高治理能力不是仅仅停留在口号上，而是通过在实践中的检验而逐步展现效果。其中，直接又易显的结果体现在制度执行力方面。制度执行力是衡量国家治理能力的重要指标之一，也是观察治理能力的最直观指标。党的十九届四中全会《决定》强调"制度的生命力在于执行。各级党委和政府以及各级领导干部要切实强化制度意识，带头维护制度权威，做制度执行的表率，带动全党全社会自觉尊崇制度、严格执行制度、坚决维护制度。"[②]当前和今后一个时期，高校思想政治教育的制度执行力将随着治理能力的提升而放在更加突出的位置，更好地转化为治理效能。

---

① 《习近平在中国人民大学考察时强调　坚持党的领导传承红色基因扎根中国大地　走出一条建设中国特色世界一流大学新路》，《人民日报》2022年4月26日。

② 《〈中共中央关于坚持和完善中国特色社会主义制度、推进国家治理体系和治理能力现代化若干重大问题的决定〉辅导读本》，人民出版社2019年版，第91页。

二、高校思想政治教育治理能力效果评价的特点

特点是人或事物所具有的特殊之处，是人或事物彼此相互区别的内在规定性。把握高校思想政治教育治理能力效果评价的特点，有助于正确认识高校思想政治教育治理能力发挥的过程及其结果。可以从效果评价在整个高校思想政治教育治理体系中所处的独特位置分析其特点，主要有以下几个方面。

（一）导向性

评价是治理能力效果呈现的重要组成部分，它直接影响高校思想政治教育治理各个环节的信息反馈、决策调整，对治理能力的发挥与提升具有导向作用。高校思想政治教育治理能力的效果评价可以引导思想政治教育治理活动适应人和社会现代化的发展需要，推动治理体系更加完备、更加定型、更加规范，提升治理能力，确保高校思想政治工作高效、有序运行。由于评价工作是对高校思想政治教育治理能力的功能与价值的判断，这种价值判断具有明确的导向性。这种导向性是思想政治教育政治性和目的性的反映，也是高校思想政治教育治理取得成效的前提保证。

其一，效果评价有利于促进高校思想政治教育治理工作目标的实现。治理能力评价指标体系设置最直接的依据就是治理工作的目标。评价指标体系中的各个指标以及权重设置规定了评价的内容和指向，通过评价结果显示，可以清晰明确地掌握治理工作的开展实际情况以及成效的显现，这样就可以帮助主管部门和评价主体了解哪些既定目标已经实现、哪些目标还需要进一步努力才能达成、哪些目标还未完成。只有通过有效的评价，才能参照目标任务调整治理工作的方向、任务，以推动下一轮工作的完成。通过指标的建构、权重的赋值，对治理能力效果的提升具有一定的导向性。

其二，效果评价有利于提升高校思想政治教育治理工作的针对性和实效性。干工作、抓落实，最终要见成效。"要把是否促进经济社会发展、是否给人民群众带来实实在在的获得感，作为改革成效的评价标准。"[1] 新时代

---

[1] 中共中央宣传部：《习近平新时代中国特色社会主义思想三十讲》，学习出版社 2018 年版，第 104 页。

高校思想政治工作肩负培养堪当民族复兴重任时代新人的时代使命，其治理能力的发挥必须紧紧围绕立德树人根本任务，培养德智体美劳全面发展的社会主义建设者和接班人。对治理能力的效果进行效果评价，属于高校思想政治工作管理过程中的最后环节，不仅是对治理能力和效果呈现的终极评判，还是发现问题，改进治理的开端。科学、合理的效果评价将助力高校思想政治教育治理把住方向和源头，坚持以满足学生成长成才的期待和需求出发，学生关心什么、期盼什么,．治理就推进什么，想学生之所想，急学生之所急，将立德树人任务落细落小落实。

（二）系统性

高校思想政治教育治理是一项复杂的系统工程，因此，其效果评价也带有系统性的特点。治理能力的效果评价必须遵循规律，系统谋划评价的科学路径和方法。高校思想政治教育治理体系是一个多元的复杂系统，其治理能力的效果评价体系由若干个系统构成，涉及评价的基本标准、评价的实效指标、评价的重点指标等组成部分。从整个治理体系来看，效果评价不仅有助于提高思想政治教育治理能力，而且影响着思想政治工作的目标、方向、方法、策略和实效性。

首先，在建构评价标准和指标体系时，在进行评价过程中，总是对与其相关的各种工作领域、构成要素、影响因素做全方位多变量的综合考察。这是由于现实工作中，高校思想政治教育治理是覆盖多个部门、多个层级、多个领域、多个环节的综合性实践活动，在效果评价时需要逐层分解为可操作、具体化的指标体系，以保证评价的整体性与协同性。同时，由于"人"的思想道德的复杂性与变动性，思想政治教育治理能力的效果往往体现在"立体"综合的教育对象身上。因此，评价要从多角度多侧面对人的思想和行为、现象和问题进行系统分析。

其次，效果评价是运用多学科方法的应用性实践活动，需要综合运用思想政治教育学、管理学、教育学、社会学等方法进行综合衡量。高校思想政治教育治理能力的效果评价必须从整体出发，对治理的全过程及效果做系统考察与评价，例如，在分析方法方面，可以采用层次分析法、统计分析法、系统分析法、量化分析法等分析方法开展评价数据的分析。

最后,高校思想政治教育治理能力效果评价的系统性特征主要表现为整体性、层次性、结构性和相关性四个方面。整体性要求在评价实践中始终关照整体目标,对部分的评价要服从对整体的评价;层次性要求在评价实践中注意分清层次以及层次与整体、层次与层次之间的关系;结构性要求在评价实践中注意评价指标体系之间的结构方式以及结构对整体的影响和作用;相关性要求在评价实践中注意治理体系与各种环境以及影响因素之间的相互关联和互动。

(三)科学性

效果评价的基本要求是客观、全面、准确,体现科学性。在高校思想政治教育治理能力的效果评价过程中,科学性是第一准则。这里的科学性主要体现为评价方法的科学性和评价结果的客观性。尊重客观是坚持马克思主义实事求是根本方法的内在要求,在开展效果评价时,必须一切从实际出发,真实全面地反映成效。同时,治理能力的现代化内在要求对治理能力产生的效果进行科学的评价,避免主观臆断和机械单一。

开展高校思想政治教育治理能力的效果评价是对治理工作和治理能力的客观公正审视,具有较强的权威性和导向性,需要将马克思主义的科学方法、立场、观点贯穿其中。马克思主义所具备的科学的世界观和方法论是评价活动的基本方法,决定了评价活动的科学性。高校思想政治教育治理能力的效果评价以马克思主义为指导,在这一过程中充分展现马克思主义实事求是的根本方法和理论特质。《关于加强和改进新形势下高校思想政治工作的意见》中明确指出要健全思想政治工作的评价体系,研究制定内容全面、指标合理、方法科学的评价体系,推动思想政治工作制度化。这里对评价体系的内容、指标、方法均提出了科学性的明确要求,反映出评价活动的本质在于科学化和制度化。

科学性的特点反映在具体的评价活动实践中,就是坚持评价的客观公正。其一,要制定客观的评价标准。制定评价标准一定要坚持客观性原则,根据高校思想政治教育治理能力的现代化目标和内容制定相应的标准。需要根据具体的现实的社会条件和高校实际来制定标准,切忌"一刀切"。其二,要制定客观的评价内容。高校思想政治教育治理能力的内容体系涉及多个方面,需要归纳提炼为具体的主要方面,分层级设计相应的指标体系,保证评价内容既覆盖全面又重点突出、层次分明。其三,采用客观的评价方法。由于评价内容具有不同的特点,在选择评价方法时要依据具体内容采取不同的方式方法开展评价,比如,能力的提升情况,可以采用模糊评价的方式,治理的成效,可以采用精准评价的方式,在具体的评价实施过程中,有些内容可以采用定量评价法,有些内容则必须使用定性评价法。总之,客观、科学地评价高校思想政治教育治理能力的效果必须充分整合主观评价和客观评价,坚持评价标准、内容、方法的客观性。

(四)规范性

判断和衡量高校思想政治教育善治目标的实现程度、距离基本实现乃至全面实现治理体系和治理能力现代化还有多远的路要走,离不开评价这个有用的工具。这是由于治理能力的效果评价不仅可以发挥导向作用,还可以发挥纠偏和约束的作用,帮助高校及时发现治理能力存在的不足,进一步完善相应的规范和制度,促进治理体系和治理能力现代化的目标实现。

规范性的特点体现在高校思想政治教育治理能力的效果评价具有明确的标准体系。什么是高校思想政治教育治理能力的现代化?在实践中如何体现善治?这些问题需要在评价工作中保持一致性和明确性。效果评价所建构的评价基本标准和指标体系能够明确地反映善治的方向和核心。关于善治的要素,许多机构和学者提出不同的要素。经济合作和发展组织(OECD)提出善治的8个要素,即参与、透明、效益与效率、回应、问责、追求共识、平等与包容、法治。有学者认为善治包括6个要素,即合法性、透明性、责任性、法治、回应和有效。[1] 这些要素的分析融合了善治的价值理性和工具理性,为确定高校思想政治教育善治的要素提供参考。

规范性的特点还体现在高校思想政治教育治理能力的效果评价是工具理性和价值理性的有机统一,具有可测性和可操作性。效果评价体系中的

---

[1] 俞可平:《治理和善治:一种新的政治分析框架》,《南京社会科学》2001年第9期。

各个指标规定了评价的内容和范围，用简明的语言和数值告诉评价主体为什么评、评什么、怎么评。通过评价指标体系的权重或分值明确地传达了各个善治要素的重要程度和地位。引入效果评价，能够避免出现人们对治理能力现代化的认识出现众说纷纭或莫衷一是的混乱局面。现实的工作表明，效果评价是对思想政治教育规律的深刻把握，治理能力的现代化内在地要求评价体系的规范化。

此外，规范性的特点意味着高校思想政治教育治理能力的效果评价具有促进治理工作规范化的积极作用。在具体评价实践中，评价主体根据善治的目标和要素建构评价标准，并且结合高校思想政治工作的实际设计评价指标体系，编制科学、合理、简明、可操作的评价方案。这些由若干个标准和指标所构成的评价体系指导着评价工作的顺利实施，并无形中约束和规范高校思想政治工作者的思想和行为。由此，效果评价不仅仅只是一把"标尺"，从规范性来看，还作为一把"戒尺"产生规约作用。

三、高校思想政治教育治理能力效果评价的原则

原则是实践活动开展的重要遵循，由实践活动的特点所决定。高校思想政治教育治理能力效果评价原则是对治理能力效果评价的客观规律认识，是对治理能力效果评价提出的基本要求。深刻把握高校思想政治教育治理能力效果评价的原则遵循，是科学合理地开展评价活动的必然要求和前提保证。

（一）政治性与科学性相统一的原则

高校思想政治教育治理能力的效果评价要坚持政治性与科学性相统一的原则，这是其导向性与科学性的特点所决定的。高校思想政治教育治理工作事关为谁培养人、培养什么样的人、怎样培养人的根本问题，事关社会主义事业的建设者和接班人培养问题，决定了高校思想政治教育的本质属性是意识形态性，具有鲜明的政治立场和政治方向。习近平总书记在全国高校思想政治工作会议上强调："我国高等教育肩负着培养德智体美全面发展的社会主义事业建设者和接班人的重大任务，必须坚持正确政治方

向。"① 在我国，高校思想政治教育始终坚持马克思主义的指导地位，坚持中国共产党的领导，始终在政治上、思想上、行动上同党中央保持一致，坚持贯彻党中央精神。因此，开展高校思想政治教育治理能力的效果评价，必须坚持政治性的原则。同时，还要注重评价的科学性，保证评价的客观、公正、全面，即高校思想政治教育治理能力的效果评价要结合具体的工作来进行，对治理能力所产生的实际成效进行评定。在效果评价中，科学性是评价的基本要求，保证全面完成评价的各项具体任务。

新时代以来，习近平总书记在全国高校思想政治工作会议上的重要讲话、《关于加强和改进新形势下高校思想政治工作的意见》、《高校思想政治工作质量提升工程实施纲要》等重要论述和重要文件为开展高校思想政治教育治理能力的效果评价提供了根本方向和科学方法。治理能力的效果必须有助于落实立德树人的根本任务，同时，治理能力要充分发挥在课程、科研、实践、文化、网络、心理、管理、服务、组织等育人工作领域。在具体的治理现代化过程中，要完善制度机制，优化评价体系，强化保障系统。因此，开展效果评价时，正确把握评价的政治性与科学性有利于将工作落到实处，全面推动新时代高校思想政治教育创新发展，提升治理工作的有效性和针对性。

坚持政治性与科学性相统一的原则，就是既要坚持正确的政治方向，又要坚持评价的科学有效，将政治性与科学性有机结合起来。政治性关乎高校思想政治教育治理能力的性质和作用发挥，是效果评价的首要原则。科学性体现高校思想政治教育治理能力的科学内涵和主要效能，是效果评价的基础和关键。背离政治性原则，治理工作容易失去方向，无法保证高校思想政治教育治理的"红色"底色。背离科学性原则，效果评价就会失去意义和价值。在现实评价工作中，应当以新时代党和国家关于思想政治工作的指示和意见为依据，设计科学合理的评价体系，确保为党育人，始终坚持"四个自信"，做到"两个维护"，客观公正全面反映高校思想政治教育治理能力的实际效果。

---

① 《习近平在全国高校思想政治工作会议上强调 把思想政治工作贯穿教育教学全过程 开创我国高等教育事业发展新局面》，《人民日报》2016年12月9日。

（二）定性与定量相统一的原则

定性侧重于质的方面，定量侧重于量的方面，定性与定量相结合，即是要求评价的标准要兼顾"质"和"量"的统一。在评价过程中，定性与定量缺一不可，定量是定性的基础，定性是定量的前提和结果，两者的有机统一才会更加准确、科学地获取效果的全貌。在理论研究当中，学界普遍认为思想政治教育评价应该遵循定性与定量相结合的原则。

思想政治教育的效果评价具有特殊性。一般的教育活动都能通过提前设置的目标实现情况给予效果评价。特别是在组织管理活动中，工作往往都具有可量化的特点，能够清晰地判断活动的效果，并实施相应的评价反馈。然而，高校思想政治教育治理能力的效果往往不容易量化，也无法简单直观地呈现。这是由思想政治教育治理的目标和任务所决定的。思想政治教育的根本任务是立德树人，治理能力体现在立德树人工作的全过程全方位，对人的思想道德素质进行评测和量化成为一项复杂且庞大的工程。因而，高校思想政治教育治理能力的效果评价必须综合多方面的因素进行全面的考察，不能刻板地根据单一系统的数据来衡量和评估效果。

高校思想政治教育治理能力的效果评价要坚持定性与定量相统一，就是要做好以下工作：

第一，明确定性评价与定量评价的内涵与优缺。在评价活动中，定性评价主要采取归纳和演绎、分析与综合、抽象与概括、经验判断与观察体验的方法。侧重从性质方面对能力与效果进行评判。一般来说，在治理能力的效果评价中，就是评价主体对评价对象的平时表现、现实状态进行观察，借助文本资料和数据资料，对评价对象作出定性结论或者能力高低水平的判断。定量评价主要采取数量测评和统计分析的方法，侧重运用数值、数据的形式对效果进行量化。通常情况下，在治理能力的效果评价实施中，评价主体采用访谈、问卷、观察、评分表发放等方式收集评价对象的信息，通过数学和统计方法计算出定量结果。定性评价与定量评价各自有其特点，前者更突出整体性和质的规定性，后者更精准、更细致。只有充分结合两种不同类别的评价方法才能取二者之所长，实现优势互补。

第二，避免过度依赖定量评价，片面强调"数量"。虽然大量的数据和量化的方式可以提供最为直接和有力的效果呈现。但是思想政治教育具有意识形态性的本质属性，兼具思想性和理论性，在治理体系和治理能力的现代化进程中，一方面要提高科学性和规范性，另一方面也要注意保持政治性和导向性。而方向的把握，单靠定量评价所反馈的数值是无法实现的。

第三，构建定性评价和定量评价相统一的评价体系。高校思想政治教育治理既有鲜明的意识形态性，又有制度的规范性和治理的科学性。治理能力的效果呈现兼具价值性和科学性，价值性集中体现在定性评价所展示的结论，科学性则体现在定量评价所提供的数据论证。在构建治理能力效果评价的评价体系时，不能局限于定性或者定量的二选一，需要在设置评价目标、评价标准、评价指标、评价方法的过程中充分融合，保持高度的统一。

（三）静态与动态相统一的原则

提出开展效果评价要坚持静态与动态相统一的原则，就是强调评价要着眼于整体和全局，凸显系统性。静态与动态相结合就是保持静态评价与动态评价的统一。静态评价表明现状，动态评价表明发展趋势。静态评价是动态评价的前提和基础。高校思想政治教育治理能力的效果评价只有坚持静态与动态相结合，才能全面展现治理的能效，体现科学性。

在高校思想政治教育治理能力的效果评价中坚持静态与动态相结合的原则，主要受效果呈现的时效性与历时性两个方面的制约。一方面，高校思想政治教育治理能力的效果呈现不是立竿见影的，短时间内不一定显现出来，对其进行评价，就必须具备长远眼光，也就是要求短期评价与长远评价相统一。从这个层面来讲，这里的静态指的是短时间的，一定时间段里的效果。动态则指的是时间相对较长，追踪相当长的一段时间以后的效果。另一方面，高校思想政治教育治理能力的效果体现在过程和结果两个维度，不能忽视过程中的治理能力效果发挥。从这个角度来看，静态与动态相结合的原则，实际上就是要求坚持过程评价与结果评价相统一。

坚持静态与动态相统一的原则，关键是要做到以下两个方面：一是保持评价的动态性。治理能力改变带来的影响和效果往往是在实施治理之后的一段时间内才能得以显现。若是仅凭静止的观点看待评价，单靠一次评价活动就对治理的效果下结论会出现偏差。要遵循教育效果呈现的螺旋式上升规律，形成分阶段、分节点、有步骤的评价体系。此外，在具体的评价活动中要学会进行横向与纵向的比较分析。就是治理能力改变的效果可以通过对过去与现在的比较来衡量，还可以通过同类对象的比较来衡量。二是保持评价的前瞻性。所谓的"前瞻性"指的是评价实践中要侧重于治理能力的不断改进和提升，把握效果的形成规律，注重治理体系的不断完善以及治理能力发挥作用的过程。在效果评价中，除了对已完成的治理效果进行总体认识和把握，还需要考虑到未来的改进重点和提升策略。坚持用前瞻的眼光进行评价，这是由治理能力效果评价的导向性特点所决定的。方向是指导和制约效果评价的基本规则，高校思想政治教育治理能力的效果评估必须以马克思主义为指导，以推动思想政治教育守正创新为根据，确保评价的正确导向。在具体评价过程中，应当坚持实事求是、与时俱进的态度，通过动态与静态的评价，真实全面地反映效果。

第二节　高校思想政治教育治理能力效果评价的指标体系

效果评价要取得良好的工作效率和社会效应，就需要在评价中做到明确要求、坚持原则、标准科学、方法得当。一般来说，思想政治教育效果评价的基本参照是教育所设定的目标和任务。高校思想政治教育治理能力的效果评价则需要明确其指标体系，并根据治理能力现代化的要求和治理活动的成效来考察指标的实现程度。因此，高校思想政治教育治理能力效果评价的指标体系是进行科学评价的关键和基础，也是开展评价工作的重点和难点。只有构建科学完善的指标体系，才能使评价有章可循，同时促进高校思想政治教育治理工作的科学化、规范化、系统化。

一、高校思想政治教育治理能力效果评价指标体系的系统构建

思想政治教育治理能力效果评价的开展，内含了明确的指标体系、评价标准和评价方法。高校思想政治教育治理能力要体现现代化，就必须建立起与之相适应的质量标准和评价体系，制定内容全面、指标合理、方法科学的评价指标体系。

（一）高校思想政治教育治理能力效果评价指标体系的内涵

指标体系是按照一定的评价目标，设置一定的评价标准，按照评价标准设置若干个指标，这些指标按照一定的内在规则和内在逻辑建构起来的体系。在评价实践活动中，指标体系是评价各要素的集中体现，是理论研究应用于实践工作的关键。高校思想政治教育治理能力效果评价的指标体系是将效果评价的主要内容转化为可观测和可评价的指标项，反映治理能力的水平和效果的重要体系。

高校思想政治教育治理能力的效果评价要紧紧围绕思想政治教育目标设计相应的指标体系。而高校思想政治教育的目标是一个有机整体，按照不同的维度可分为不同的目标，这些目标相互联系，共同构成了思想政治教育的目标体系。例如，按照主渠道和主阵地划分，可以将高校思想政治教育工作目标划分为高校思想政治理论课建设目标、高校日常思想政治教育的建设目标；按照工作队伍划分，可以将高校思想政治教育工作目标划分为高校党组织建设目标、高校思想政治理论课教师队伍的建设目标、高校辅导员队伍建设目标等。新时代高校思想政治教育的根本目标是设置评价标准的依据，将根本目标分解为具体目标，与之相对应设置具体的效果评价标准。因此，高校思想政治教育治理能力效果评价的标准是根据目标、实际情况、具体目标等而综合确定的，具有一定的导向性、抽象性和概括性。按照评价目标和评价标准而建构的指标体系，是对思想政治教育治理现象的揭示和富有规律的把握，将其从不同维度进行描述和评价判断，反映了高校思想政治教育治理的本质，是对治理能力的质的规定和量的评价。

由于高校思想政治教育治理能力效果评价不仅仅是一个理论问题，更

重要的是实践，治理能力效果具有复杂性和系统性的特点。因此，在实际的评价过程中，需要将指标具体化、层次化，使各项指标具有可测性、可操作，并形成有机统一的体系。

（二）高校思想政治教育治理能力效果评价指标体系的重要作用

指标体系的建构是开展高校思想政治教育治理能力效果评价的基础和关键，对于促进评价的科学化、系统化和规范化具有重要的意义。

其一，促进高校思想政治教育治理目标的实现。高校思想政治教育治理能力效果评价指标体系的设置最直接的依据是评价标准，而评价标准最根本的依据是思想政治教育治理工作的目标。评价指标体系中的各个指标规定了评价的内容和范围，用评价的语言和数值告诉上级主管部门和评价主体评价什么、为什么评价、怎么评价，评价对象指标的权重或分值明确地显示各个指标的重要程度和地位。指标体系规定着治理的方向，将治理能力需要实现的效果目标细化为未来工作的改进内容。从这个角度而言，指标体系间接引导着高校政治教育治理工作的方向和内容，评价结果能使评价主体和评价对象明确地掌握治理工作的实际情况和成效，并且及时发现问题和不足。

其二，提升效果评价工作的科学性和规范性。指标体系的建构是评价工作的主要依据，是促进评价科学化和规范化的关键所在。高校思想政治教育治理能力效果评价的指标体系通过确立科学和统一的评价标准、评价尺度、规范的指标设置、指标权重等，引导和促进评价工作受约束、合目标。如果指标体系模糊、过于抽象，效果评价工作就无法顺利进行。评价实践表明，科学的指标体系是对评价对象本质属性的正确揭示，一定程度上反映了评价主体的价值观。高校思想政治教育治理能力效果评价的指标体系不仅制约着评价工作的目标达成，还体现了评价工作的方向、策略和成效。同时，由于"人"的思想的复杂性，并处在动态之中，指标体系将复杂的评价对象转化为一定的量化指标，为深刻认识和把握评价对象提供了现实的可靠路径。

其三，增强高校思想政治教育治理的针对性、实效性。高校思想政治教育工作是学校各项工作的生命线，把思想政治教育工作做好、做细、做实至关重要。习近平总书记强调："要坚持把立德树人作为中心环节，把思想政治教育贯穿教育教学全过程，实现全程育人、全方位育人，努力开创我国高等教育事业发展新局面。"[①] 为此，高校必须加强党的全面领导，坚持社会主义办学方向，把立德树人贯穿思想政治教育工作的各个环节、各个领域、各个体系之中。高校思想政治教育治理能力效果评价的指标体系通过科学、规范的评价，可以衡量思想政治教育工作是否遵循了规律，是否建立了完善的制度体系，是否坚持了全程全方位育人，是否满足了学生的成长成才需求和期待，是否提升了工作的治理能力、亲和力和针对性。评价结果对了解和把握治理现状、存在问题、改进方向提供了明确的指导意见。

其四，优化高校思想政治教育的制度环境。指标体系不仅是目标、原则、标准、方法的确立，更是一种价值观的反映，体现着制度环境的状况。在高校思想政治教育治理能力效果评价指标体系的规导下，评价组织者、教育管理者、思想政治教育工作者以及大学生都会朝着指标体系所涉及的目标、方向、内容等努力靠近，意识到自己观念和行为上存在的差距，按照指标体系中所蕴含的文化和价值塑造提升自己的思想道德素质。指标体系以较强的引领力和渗透力，凝聚评价主体的认同感，不断提升治理主体的治理能力，以及治理对象的文化素养，形成良好的制度环境。

二、高校思想政治教育治理能力效果评价指标体系的建构依据

建构高校思想政治教育治理能力效果评价的指标体系，既要坚持评价的基本原则，也要遵循客观的依据。评价指标体系的建构既要关注高校思想政治教育治理能力的水平，又要注重治理工作开展的成效，并将二者的评价指标统一于指标体系的设计中。因此，需要坚持实事求是，合理选取指标内容，确立评价基本标准，建构评价指标体系整体框架。

---

① 《习近平在全国高校思想政治工作会议上强调　把思想政治工作贯穿教育教学全过程　开创我国高等教育事业发展新局面》，《人民日报》2016年12月9日。

（一）内容依据：高校思想政治教育的根本目的

思想政治教育旨在引导人们坚定正确的政治方向，提升崇高的思想境界，培养高尚的道德品质，塑造健全的人格力量，形成良好的综合素质。高校思想政治教育工作始终为人民服务、为中国共产党治国理政服务、为巩固和发展中国特色社会主义制度服务、为改革开放和社会主义现代化建设服务。进入新时代，高校思想政治教育的根本目标是将大学生培养为担当民族复兴大任的时代新人，培养德智体美劳全面发展的社会主义建设者和接班人。[①] 这为高校思想政治教育治理能力的效果评价提供了重要遵循，为指标体系的构建提供了根本的方向。2016年，中共中央召开全国高校思想政治工作会议，下发了《关于加强和改进新形势下高校思想政治工作的意见》（以下简称《意见》），作为新时代高校思想政治教育的纲领性文件，《意见》提出教书育人、科研育人、实践育人、管理育人、服务育人、文化育人、组织育人长效机制，提供了治理能力效果评价指标体系的基本框架。该《意见》颁发后，教育部和各级主管部门围绕《意见》的具体要求，制定颁布了一系列规章制度。这些文件的制定，制度体系的出台，为建构现代化治理体系和治理能力提供了现实基础，并为评价指标体系提供内容依据。如2020年，教育部等八部门发布《关于加强构建高校思想政治工作体系的意见》，规定了健全立德树人体制机制，加快构建目标明确、内容完善、标准健全、运行科学、保障有力、成效显著的高校思想政治工作体系，具体包括理论武装体系、学科教学体系、日常教育体系、管理服务体系、安全稳定体系、队伍建设体系、评估督导体系、组织领导和实施保障体系等内容。文件的颁布进一步丰富和完善了高校思想政治工作的主要指标，是构建治理能力效果评价指标体系的重要文本参考。

（二）逻辑依据：评价指标体系的内在结构

思想政治教育治理能力评价对象的本质属性决定了评价标准和指标体系的内在结构。按照一定的逻辑建构指标体系，是保持科学性和合理性的

---

① 冯刚、彭庆红、佘双好、白显良等：《新时代高校思想政治教育学原理》，人民出版社2021年版，第150页。

前提。简单来看，指标体系中的各项指标应当是完整且互斥的。鉴于思想政治教育治理能力的内隐性和长期性，指标体系的制定需要强调关键要素的确定，找到关键量化指标。一般而言，高校思想政治教育治理能力的效果评价主要包括素质方面、能力方面、职责方面、绩效方面的内容，需要通过指标、标度、标号、权重等形式进行层次分析。素质方面主要是考察思想政治教育治理者的综合素质，在评价指标体系设计时要体现政治素质、思想素质、道德素质、心理素质、法律素养等方面。能力方面主要考察思想政治教育治理者的制度执行力，在评价指标体系设计时要体现制度认知、制度意识、制度履行、制度监督方面的内容。职责方面主要是衡量高校思想政治教育治理的相关部门的职责履行情况，职能的效果发挥情况等。根据上述关键要素的指引，将评价内容逐级分解为多级指标，一般不超过四级为宜。在具体设计指标体系时，指标内容需同质。只有在同质的前提下，评价结果才能有比较，综合处理数据后通过比较容易发现问题和找到差距。在设计好一项指标后，必须确定其相应的可测尺度。由于高校思想政治教育治理能力的效果涉及复杂的"人"，对人的思想政治教育治理能力评价，定量的可测尺度可以为具体的分值体现，定性的可测尺度通常是不同的等次，如优秀、良好、合格、不合格等。总之，指标体系是由若干个密切联系但又各自独立的指标构成的有机集合体。属于同一层次的指标必须是独立的、并列的关系，而不是相互包含、相互交叉、相互重叠的关系，不存在互为因果、互为条件的联系，即上文提到的互斥关系。如果不互斥，在评价过程中就会出现重复指标，导致评价结果的偏差，还会遗漏一些重要指标。因此，设计指标体系时，兼顾内容与逻辑，避免指标体系的内在结构混乱，这是高校思想政治教育治理能力效果评价科学性的必然要求。

（三）现实依据：大学生成长成才现实需求

高校思想政治教育治理能力的效果评价不是为了评价而评价，其价值旨归在于贯彻落实立德树人的教育根本任务，提高人才培养的质量，培养合格的社会主义建设者和接班人。在建构评价指标体系时，要将大学生的成长成才作为衡量指标，充分关照学生的现实需要，遵循学生的成长成才规律，既要考查学生成长成才的外部环境，又要研究其内部力量，明确高校思想政治教育治理能力作用发挥的出发点和落脚点都是满足大学生的成长成才需求。习近平总书记在庆祝中国共产主义青年团成立100周年大会上指出："共青团要增强引领力、组织力、服务力，团结带领广大团员青年成长为有理想、敢担当、能吃苦、肯奋斗的新时代好青年，用青春的能动力和创造力激荡起民族复兴的澎湃春潮，用青春的智慧和汗水打拼出一个更加美好的中国！""各级党委（党组）要倾注极大热忱研究青年成长规律和时代特点，拿出极大精力抓青年工作，做青年朋友的知心人、青年工作的热心人、青年群众的引路人。"[①] 高校思想政治教育治理要充分考虑国家、社会对于大学生的要求和期待，同时也要重视大学生的年龄特点，为青年成长成才提供良好的环境，满足多层次的发展需求。因而，高校思想政治教育治理能力效果评价的指标体系包含着鲜明的价值导向，在于创新提升思想政治教育工作的针对性和实效性，推动大学生在思想政治教育治理能力的效果评价中对标自身认知能力、分析能力、判断能力、选择能力、践行能力，在新时代的伟大征程中砥砺前行。

三、高校思想政治教育治理能力效果评价指标体系的主要内容

高校思想政治教育治理能力效果评价从范围来说，面向学校整体，既包括不同类型层次的学校，也包括同一个高校内丰富多样的层级、内容、主客体、渠道、方式方法、成果实效等要素。因而无法确定整齐划一的指标体系基本标准和主要内容。尤其是高校思想政治教育工作的整体构建历时还相对较短，统一的架构体系尚未在全部高校完全实现。在具体的评价实践中，需要针对各地各校的具体情境和现实条件进行指标体系的设计。

按照系统性和科学性的要求，对高校思想政治教育治理能力效果开展的评价活动主要包括对治理主体能力的评价和治理效果的评价。其中，高校思想政治教育治理主体的能力不仅是对治理主体提出了综合素质的具体

---

① 《在庆祝中国共产主义青年团成立100周年大会上的讲话》，《人民日报》2022年5月11日。

要求，还关乎在治理的领导、组织、执行各个具体环节中所展现出来的工作作风和工作效果。

（一）高校思想政治教育治理主体能力的评价指标体系

目前学界对于高校思想政治教育治理能力具体指标的认识正处在探索阶段。可以借鉴政治学关于衡量国家治理能力的基本指标分析，例如，有学者提出国家治理能力至少包含政治认知力、体制吸纳力、制度整合力和政策执行力四项指标。[①] 高校思想政治教育治理能力覆盖党的建设、理想信念教育，社会主义核心价值观教育的引领、教师队伍建设等核心内容，其基本指标涉及政策领悟力、基层组织力、多元协同力、执行创新力。如前面章节所述，在治理现代化的时代背景下，提升高校思想政治教育治理主体的治理水平和治理能力是新时代高校思想政治教育创新发展的势之所趋。一要强化治理主体的领悟力，坚持贯彻落实党中央精神，全面掌握治理现代化的各项政策；二要提升治理主体的组织力，充分发挥政治引领、价值实现、组织管理、资源配置、改革创新等基层组织的战斗堡垒作用；三要汇聚治理主体的协同力，形成立体协同的治理格局，促进"1+1＞2"治理效果呈现；四要提高治理主体的创新力，具体指标体系如下表所示（见表1）。需要注意的是，高校思想政治教育治理能力的整体构建尚未形成整齐划一的架构体系，下表仅提供一种分析的思路。具体评价实践中，还要依据不同类型不同层次的高校进行细分，并且各地各校可以依据自身的办学治校传统和经验选取合适的评价标准和评价方式。

表1　新时代高校思想政治教育治理能力评价指标体系分析一览表

治理能力（评估维度）重点领域或主要关注点
领悟力 治理主体对党和国家路线、方针、政策的理解程度；治理主体对高校思想政治教育治理制度和规范的掌握程度；治理主体对政策的认同；决策失误的概率；学生对政策的了解程度
组织力 政治引领和思想引导的能力；组织领导的机制；队伍建设的质量；资源配置情况；考核监督机制；学生对治理现状的满意度

---

① 杨光斌：《衡量国家治理能力的基本指标》，《前线》2019年第12期。

续表

治理能力（评估维度）重点领域或主要关注点
协同力治理系统结构；治理主体的各自分工；专兼队伍的协调程度；多元治理协同；校内外资源整合情况；治理主体的联动机制；治理一体化建设
创新力政策的执行情况；治理主体的快速反应和处事能力；治理主体的创新思维；治理主体的积极性、主动性；治理体系的更新状况

（二）高校思想政治教育治理效果的评价指标体系

把高校思想政治教育治理工作效果评价的主要内容转化为可观测可评价的指标项，是构建指标体系的关键环节。本文依据近年来关于高校思想政治教育工作建设的主要文件，包括《关于加强和改进新形势下高校思想政治工作的意见》《高校思想政治工作质量提升工程实施纲要》《高等学校课程思政建设指导纲要》《高等学校思想政治理论课建设标准（2021年本）》等，在2012年《全国大学生思想政治教育工作测评体系（试行）》高校版的基础上，构建了《高校思想政治教育治理效果评价的指标体系（参考）》（见表2）。

表2 高校思想政治教育治理效果评价指标体系（参考）

一级指标	二级指标	三级指标
1.组织领导与治理架构	1.1 工作定位与思路	1. 思想政治教育工作纳入学校事业发展规划 2. 立德树人在学校人才培养方案中有具体体现 3. 有全员、全过程、全方位育人的明确举措 4. 有健全的思想政治教育治理体系
	1.2 领导体制与工作机制	1. 建立由学校主要负责人担任组长的思想政治教育工作领导小组，每学期至少召开一次专门工作会议研究思想政治教育治理工作 2. 学校将思想政治教育与教学、科研、社会服务工作同时部署，同时检查，同时评估 3. 有贯彻落实全国高校思想政治工作会议及《关于加强和改进新形势下高校思想政治工作的意见》（中发2016〔31〕号文件）的实施办法 4. 学校相关部门有明确的思想政治教育工作职责并完成相应任务 5. 学校主要领导每年分别到堂听思想政治理论课不少于4学时，班子成员为学生讲党课或思想政治理论课，经常联系学生形成制度 6. 常态开展学生思想动态调研，由基层思想政治教育治理工作考核制度

续表

一级指标	二级指标	三级指标
2.队伍建设	2.1 党政干部及共青团干部队伍	1. 对学校党政干部及共青团干部组织、协调、实施思想政治教育工作有明确要求 2. 每年对学校党政干部及共青团干部履行思想政治教育工作有考核 3. 对党政干部及共青团干部从事思想政治理论课、大学生党课团课等教学有具体管理制度和措施 4. 选聘党政机关和企事业单位党员干部、专家学者以及老干部、老战士、老专家、老教师、老模范从事思想政治教育或党务工作
	2.2 思想政治理论课与课程思政课教师队伍	1. 建设一支政治强、情怀深、思维新、视野广、自律严、人格正的思想政治理论课教师队伍 2. 学校应建设专职为主、专兼结合、数量充足、素质优良的思想政治理论课教师队伍，严格按照师生比不低于1∶350的比例核定专职思政课教师岗位，在编制内配足，且不得挪作他用，新任专职教师原则上应是中共党员 3. 实行不合格思政课教师退出机制 4. 统一实行集体备课，集中研讨问题、集中培训提素质、集中备课提质量 5. 学校在专业技术职务（职称）评聘工作中，要单独设立马克思主义理论类别，按教师比例核定思政课教师专业技术职务（职称）各类岗位占比，高级专业技术职务（职称）岗位比例不低于学校平均水平，指标不得挪作他用 6. 每学年至少安排1/4专职教师开展学术交流、实践研修或学习考察活动；安排专职教师进行脱产或半脱产进修，每人每4年至少一次；鼓励支持专职教师攻读马克思主义理论相关学科学位 7 对思想政治理论课教师的表彰纳入学校各类教师表彰体系中，并为思想政治理论课教师确定一定比例，进行统一表彰
	2.3 辅导员、班主任队伍	1. 按师生比不低于1∶200的比例设置一线专职辅导员岗位，按照专兼结合，以专为主足额配备，辅导员选聘有章可循，选聘工作公平公开公正 2. 每个班级配有班主任，职责明确 3. 青年教师晋升高一级专业技术职称，须有至少一年担任辅导员或班主任工作经历并考核合格 4. 指定辅导员相关条例，落实"双线"晋升要求，对专职辅导员专业技术职务单列指标，单设标准，单独评审，注重考察工作业绩和育人实效 5. 落实辅导员相应职级和待遇，有辅导员、班主任工作考核办法和年度考核结果，定期评选表彰优秀辅导员、班主任，并纳入教师表彰体系 6. 辅导员的培养纳入学校师资和干部培训规划和人才培养计划，开展队伍轮训，每名专职辅导员每年参加不少于16个学时的校级培训，享受专任教师培养同等待遇，鼓励支持辅导员在做好工作的基础上攻读相关专业学位

续表

一级指标	二级指标	三级指标
3. 思想政治工作"育人"体系建设	3.1 课程育人	1. 学校党委直接领导,支持校行政负责实施.分管校领导具体负责,并成立相应的领导机构;坚持把从严管理和科学治理结合起来,增强"四个意识"、坚定"四个自信"、做到"两个维护" 2. 建立学校党委书记、校长带头抓思想政治理论课机制 3. 校党委(常委)会议、校长办公会每学期至少召开一次专题会议研究思想政治理论课建设 4. 把思想政治理论课建设列入学校事业发展规划,纳入学校党的建设工作考核、办学质量和学科建设评估标准体系,作为学校重点课程建设,纳入领导班子考核和政治巡视 5. 配齐二级机构领导班子,思想政治理论课教学科研机构负责人应当是中共党员,并有长期从事思想政治理论课教学或者马克思主义理论学科研究的经历,不得兼任其他二级院(系)的主要负责人 6. 学校在保障思想政治理论课教学科研机构正常运转的各项经费的同时,本科院校按在校本硕博全部在校生总数每生每年不低于40元,专科院校每生每年不低于30元的标准提取专项经费,用于教师学术交流、实践研修等,并随着学校经费的增长逐年增加 7. 教学管理制度健全,建立备课、听课制度以及教学内容和教学质量监控制度,认真执行各项管理规章制度,检查、评价制度等
	3.2 科研育人	1. 优化科研环节和程序,完善科研评价标准,改进学术评价方法,促进成果转化应用 2. 引导师生树立正确的政治方向、价值取向、学术导向,培养师生至诚报国的理想追求、敢为人先的科学精神、开拓创新的进取意识和严谨求实的科研作风
	3.3 实践育人	1. 将实践育人工作纳入学校教学计划,落实规定学时学分,原则上哲学社会科学类专业实践教学不少于总学分(学时)的15%,理工农医类专业不少于25% 2. 建立相对稳定的实践育人基地 3. 有学生参加社会实践活动的年度计划,定期组织开展社会实践活动 4. 支持、组织学生开展志愿服务和公益活动,深入开展学雷锋活动,志愿服务纳入学分 5. 指导学生开展课外实践活动形成常态,形成品牌 6. 及时表彰宣传实践育人先进典型,定期召开实践育人经验交流会、座谈研讨会 7. 开展国防宣传教育,组织开展学生军事训练,纳入必修课,完成征兵任务
	3.4. 文化育人	1. 有校园文化建设总体规划,有明确牵头部门负责,有校园统一标识 2. 有校训、校徽、校史陈列馆(室) 3. 结合传统节庆日重大事件和开学典礼、毕业典礼等开展主题教育活动

续表

一级指标	二级指标	三级指标
3.思想政治工作"育人"体系建设	3.4 文化育人	4. 定期开展学生宿舍及生活园区文化活动 5. 努力开展文化创新，有文化育人活动品牌 6. 学校定期举办中华优秀传统文化、革命文化和社会主义先进文化活动 7. 践行和弘扬社会主义核心价值观，优化校风学风，繁荣校园文化，培育大学精神，建设优美环境，滋养师生心灵、涵育师生品行、引领社会风尚
	3.5 网络育人	1. 建有网络思想政治教育体系 2. 积极推进大学生网络社区建设，开展网络思想政治教育活动，有网络文化典型作品 3. 有专门的网络用户归口管理部门，有完善的校园网络舆情监控工作机制 4. 有校园网站登记、备案制度，校内实行用户上网实名注册 5. 推动思想政治工作传统优势同信息技术高度融合，引导师生强化网络意识，树立网络思维，提升网络文明素养，创作网络文化产品
	3.6 心理育人	1. 有校级心理监控教育和心理咨询机构，有专门的心理咨询场所 2. 按师生比不低于1∶4000的比例配备专职从事心理健康教育的教师，且不少于2名 3. 有用于心理健康教育和心理咨询的专项经费 4. 对新生开设心理健康公共必修课，面向全体学生开设心理健康教育选修和辅修课程，实现大学生心理健康教育全覆盖 5. 建立有校、院（系）、学生班级、宿舍四级心理健康教育工作网络，有学生心理危机预防与干预体系 6. 每年开展欣赏心理健康普查，在校学生建有心理健康档案 7. 定期开展心理健康宣传教育活动 8. 构建教育教学、实践活动、咨询服务、预防干预、平台保障"五位一体"的心理健康教育工作格局
	3.7 管理育人	1. 学校有学生管理办法，明确学生权利和义务，有学生奖励、处分、申诉相关制度机构 2. 开展入学教育、毕业生教育及相关管理和服务工作，建设学生日常一站式服务机构或平台 3. 学风建设和科学道德教育有计划、有措施、有经常性教育活动，做到全员、全过程、全方位 4. 有学业辅导、学业预警相关机制 5. 制定和实施体育、美育和劳育常态化工作机制 6. 加强教育立法，遵守大学章程，完善校规校纪，健全自律公约，加强法治教育，全面推进依法治教，促进教育治理能力和治理体系现代化

续表

一级指标	二级指标	三级指标
3. 思想政治工作"育人"体系建设	3.8 服务育人	1. 研究梳理各类服务岗位所承载的育人功能,并作为工作的职责要求,体现在聘用、培训、考核等各环节 2. 在后勤保障服务中,持续开展"节粮节水节电""节能宣传周"等主题教育活动,推动高校节约型校园建设建档,大力建设绿色校园,实施后勤员工素质提升计划,切实提高后勤保障水平和服务育人能力 3. 在图书资料服务中,建设文献信息资源体系和服务体系,优化服务空间,注重用户体验,提高馆藏利用率和服务效率,开展信息素质教育 4. 在医疗卫生服务中,制订健康教育教学计划,开展传染病预防、安全应急与急救等专题健康教育活动 5. 在安全保卫服务中,加强人防物防技防建设,全面开展安全教育,提高安保效能,培养师生安全意识和法制观念 6. 把服务质量和育人效果作为评价服务岗位效能的依据和标准
	3.9 资助育人	1. 有学生资助工作机构和专职工作人员,家庭经济困难学生资助经费达到学校事业收入一定比例,经费专款专用 2. 组织评选各类奖学金、助学金,合理认定家庭经济困难学生,指导学生办理助学贷款;组织学生开展勤工俭学活动,做好学生困难帮扶;为学生提供生活指导,开展资助育人工作取得实效 3. 建立国家资助、学校奖助、社会捐助、学生自助"四位一体"的发展型资助体系,构建物质帮助、道德浸润、能力拓展、精神激励有效融合的资助育人长效机制
	3.10 组织育人	1. 建立校、院(系)两集领导班子成员、职能部分主要负责人联系指导学生党支部工作制度 2. 将党支部、团支部和班集体建制统筹设计,建立党校、团校,定期按量完成教育培训工作 3. 校级团组织独立设置,院(系)、班级团学组织健全;充分发挥各级党团组织在团员教育、管理、服务、推优等工作中的作用 4. 按规定发展学生党员,开展党团组织生活 5. 有学生社团管理办法,实行社团登记和年检制度,配备社团指导老师,有明确责任制
4. 协同育人机制	4.1 课程思政的建设	1. 开展高校课程思政建设理论和教学实践研究,制定课程思政建设政策 2. 组织开展高校教师课程思政建设能力培训、学习交流和观摩研讨 3. 推动校内课程思政优质资源建设和共享,加强高校课程思政示范项目建设,推广课程思政建设优秀经验做法
	4.2 家庭与社会参与	1. 学校建立并落实家校对接制度 2. 学校与办学所在地有合作育人工作方案,每年组织开展合作育人活动

续表

一级指标	二级指标	三级指标
5.条件保障机制	5.1 学生教育活动设施建设	1. 建有专门的学生活动用房，学生活动设施齐全，并得到充分利用 2. 学生宿舍楼或生活园区设有学生活动室 3. 学生思想政治教育活动有空间、场馆、平台等基础设施保障
	5.2 经费保障	1. 思想政治教育工作经费设立专门预算科目，经费做到专款专用 2. 思想政治教育工作经费占学校上一年度拨给的事业经费和收缴的学生培养费或学杂费总收入比例应逐年增长 3. 学校其他经费中有用于"三全"育人的预算
	5.3 科学研究支撑	1. 设立思想政治教育专项研究课题和教改、课改项目 2. 设立辅导员工作室、名师工作室、学术团队等

第三节 高校思想政治教育治理能力效果评价的实施

思想政治教育是面向人的灵魂工程，要有效实施治理能力的效果评价，就要根据不同的思想政治教育治理形态确定不同的评价主体，准确把握评价对象的差异性，正确认识不同评价方法的特点，科学考量评价各环节的衔接，综合运用评价的结果。推进新时代高校思想政治教育治理能力的现代化就是为着更好地发挥治理的效能，回应国家治理现代化对高校思想政治教育的时代要求。与此同时，加强完善高校思想政治教育治理能力效果评价体系，能够最大化利用思想政治教育资源，做到"因事而化、因时而进、因势而新"，推动治理能力现代化。

一、高校思想政治教育治理能力效果评价的主体

评价主体回答的是"谁来评价"的问题，这里的评价主体指的是评价者，可以是某个人（专家）或某团体（专家小组）。高校思想政治教育治理能力效果评价的主体是评价活动的发动者、组织者和实施者。评价目标的确定、评价对象的确定、评价指标的建立、权重系数的确定、评价方法的选择等

都与评价主体有关。评价主体的知识、能力、偏好等均影响着评价的结果。高校思想政治教育治理能力效果评价活动，包括各级党委政府和高校党委的管理者、思想政治教育队伍和大学生群体。由于评价过程是一种相互作用的过程，因而，这些参与者既是主体，也是客体。就主体而言，评价主体是评价活动的发动者、组织者和实施者；而客体主要指的是评价活动的评价对象。

整体而言，高校思想政治教育治理能力效果评价的主体涉及评价活动的领导决策者、评价管理者、评价工作的相关人员。按照上文关于评价主体的界定，主要是由政府、高校里一定层次的领导决策者及其委托评价的部门和第三方机构、思想政治教育工作管理部门、思想政治教育工作队伍、大学生群体组成。他们分别承担着管理主体、教育主体和学习主体的角色。这里的评价主体，大多受过专业训练或经过长期实践，掌握了一定的评价理论和知识，具有一定的经验和能力，在评价活动中发挥重要作用。例如，管理主体作为评价活动的组织者、领导者和实施者，肩负着把方向、聚资源、设计组织的职能。教育主体作为评价活动的执行者和观察者，承担具体的评价工作，具有直接性和自评性的特点。学习主体作为治理效果的直观体验者和经历者，其看法、态度和感受在评价过程中作为检验成效的现实标准。评价主体的重要地位和功能作用决定其有以下两个方面的特点。

一是在评价活动中处于主导地位。评价主体在评价过程中始终起支配和主导作用，负有科学合理进行效果评价的责任和使命。高校思想政治教育治理能力效果评价的主体是评价目标的制定者，也是评价活动的执行者，在效果评价活动中起主导作用。评价者确定的目标与对象，选择的评价指标，运用的评价方法，都会对评价结果产生直接而重要的影响。只有坚持主导性，评价者才能成为现实的、合格的评价主体，才能有效履行其职能。高校思想政治教育治理能力效果评价主体的主导性还体现在与评价对象互动的过程中所展现的主观能动性与创造性。高校思想政治教育治理能力效果评价主体能依据社会发展的需要，积极、主动地对治理对象的发展需要进行引导。在高校思想政治教育治理能力效果评价活动中，主体的主导作用还表现为具体目的的设定，对评价内容按照评价对象的身心特点与现实需要进行编制，与评价对象建立良好的互动关系，选取恰当的方法对评价对象在活动中所表达的种种反馈信息进行分析并由此调整自己的评价实施方案等。

二是在特定情境中与客体相互转化。高校思想政治教育治理能力效果评价主体在一定条件下是作为客体存在的。思想政治教育治理的主体性活动不是任意的、无条件的，而是受治理对象及社会关系等诸多因素制约的。首先，在治理过程中，从治理对象"主体性"的角度来看，治理者是治理对象审视和认识的客体。思想政治教育评价工作不是评价者单向认识和判断评价对象的活动，而是评价者与对象双向互动的过程。评价对象包含有思想、有情感、有意识的人，在接受评价时也在对评价内容进行筛选、吸收，并且对评价主体的思想和言行进行审视和评价，因而思想政治教育治理能力效果的评价主体在某种意义上就成为了评价对象认识和作用的客体。其次，思想政治教育治理能力效果评价主体在进行自我评价时，是自我评价的客体。当思想政治教育治理能力效果评价主体把自我作为自我认识、评价和完善的对象时，就将自我作为客体进行能动的评价。这个自我也可以称之为"客体性的我"，思想政治教育治理能力效果评价主体通过对"客体性的我"的评价，促进其自身思想道德素质的提高，有助于治理能力的提升。

二、高校思想政治教育治理能力效果评价的方法

高校思想政治教育治理能力的效果评价具有系统性和科学性的特征，决定了其评价方法不是单一指标评价，而是综合评价。由于影响评价的因素往往是众多而复杂的，如果仅从单一指标进行评价不尽合理，往往需要将反映评价结果的多项指标的信息加以汇集，得到综合的评价，以此从整体上把握效果。所谓的综合评价是依据评价对象过去或当前的相关信息，对其进行客观、公正、合理的全面评价。通常高校思想政治教育治理能力的效果评价都包含多个评价要素、多元的评价主体，其评价方法的选择呈现出综合性和复杂性的特征。在具体的实践中，要根据评价主体、评价环节和评价模式选择相应的方法。例如，在建构质量评价指标体系过程中，主要有数学方法、经验方法、对象分析方法、目标分解方法等；在评价实

施过程中，主要有专家评价法、访谈法、观察法、层次分析法、模糊综合评价法等；在评价结果的分析和运用过程中，主要有统计方法、数学方法等。以下选择最适合高校思想政治教育治理能力效果评价现实情形的几种基本的评价方法做简要介绍。

（一）专家评分法

在现代综合评价方法体系中，专家评分法是出现较早且应用较广的一种评价方法。这种方法在教育评价和思想政治工作质量评价领域被广泛使用并且运用成熟。该方法是在定量和定性分析的基础上，以打分等方式作出定量评价，其结果具有数理统计特性。专家评分法最大的优点是在缺乏足够统计数据和原始资料的情况下，依然可以做出定量评价。具体而言，首先要根据评价客体的具体情况选定评价指标，对每个指标定出评价等级，每个等级的标准用数值表示；然后以此为基准，由专家对评价客体进行分析和评价，确定各个指标的分值；最后采用加法评分法、连乘评分法或加乘评分法求出各评价客体的总分值，从而得到评价结果。考虑到各指标重要程度的不同，还可以在专家评分中进行加权法。采用加权法的关键在于确定指标体系并设定各最低层指标的权系数，便于具体的计算和排序。运用到高校思想政治教育治理能力的效果评价实践活动中，可以按照以下步骤开展。第一步，确定评价专家。专家应该是思想政治教育领域具有一定的理论造诣，或富有丰富的管理经验、教学经验，并且熟悉思想政治教育评价的专业人士。专家人数根据具体的评价活动范围和工作量进行确定。第二步，开展专家座谈会或逐一在线发送咨询邮件，设计和确定评价指标。征求专家对指标的意见建议，回收并对其进行整理统计，形成评价指标体系。第三步，开展专家评分，专家根据观察、调查等方式各自以书面形式对指标进行逐一评分。第四步，形成专家评分报告，根据回收的专家打分情况，撰写评分报告。专家评价的准确度主要取决于专家的知识、经验和投入评价的时间、精力。这就要求参加评价的专家对评价系统具有较高的学术水平和丰富的实践经验以及敬业精神。总的来看，专家评分法具有操作简单、直观性强、权威性高的特点。

（二）层次分析法

高校思想政治教育治理能力的效果评价往往面临两种现实困难：一是不同的评价模型各有所长，指标体系纷繁复杂；二是有的治理能力的效果没有办法用明确的数量表示，甚至只与评价人和治理对象的经验和主观感受有关。因此，有必要使用层次分析法开展评价。层次分析法（analytic hierarchy process，AHP）是美国运筹学家 T.L.Satty 等人在 20 世纪 70 年代提出的一种定性与定量分析相结合的多准则决策方法。这一方法的特点是在对复杂决策问题的本质、影响因素以及内在关系等进行深入分析后，构建一个层次结构模型，然后利用较少的定量信息，将决策的思维过程数学化，从而为求解多目标、多准则或无结构特性的复杂决策问题提供一种简便的决策方法。[①] 虽然这一方法最初运用于系统分析和科学决策，但是在综合评价中，层次分析法依然被普遍使用。具体来说，评价主体可以将评价的目的分解成更加细致的目标、指标和准则等层次，用一定的标度对评价主体的主观判断进行客观量化，并用数学为分析、评价提供定量的依据。尤其适用于人的定性判断起重要作用，对评价结果难以直接准确计量的高校思想政治教育治理能力的效果评价。应用层次分析法进行评价时，首先要把评价客体层次化。根据评价客体的性质和评价的总目标，将评价客体分解为不同组成因素，并按照因素间的相互关联影响以及隶属关系将因素按不同层次聚集组合，形成多层次的分析结构模型。其次，进行排序，计算每一层次的因素相对上一层次某一因素的单排序问题还可以简化为一系列成对因素的判断比较。最后，可以将比较判断定量化，比如引入 1 ~ 9 标度，并写成判断矩阵。这样即可通过计算判断矩阵的最大特征及其对应的特征向量得出某一层次对于上一层次某一元素的相对重要性权值，进而加权综合后得出层次总排序权值。总之，层次分析法十分适用于具有定性的，或定性与定量相结合的高校思想政治教育治理能力的效果评价实践。

[①] 杜栋、庞庆华、吴炎：《现代综合评价方法与案例精选（第三版）》，清华大学出版社 2015 年版，第 14 页。

（三）问卷调查法

问卷是指为调查和统计所用的，以提问的方式表述问题的表格，又称调查表。问卷调查法就是通过制定详细周密的问卷，要求被调查者据此进行回答以收集资料的方法。在评价实践活动中，通常将评价指标编制成问卷，通过发放问卷进行调查，从而获取所需要的调查资料，并应用社会学统计方法进行量的描述和分析。问卷调查法作为广泛应用的效果评价方法，其优点主要有：一是问卷调查不受人数限制，样本可大可小，具有广泛的适用性；二是调查对象能细心独立思考要回答的问题，便于自由表达意见；三是问卷调查可采用邮寄、个别分送或集体分发等方式，灵活多样；四是问卷容易量化，适用于电子计算机处理，节省时间、人力和物力，效率高。不过，问卷调查也有其缺点与局限，纯问卷调查的评价往往不够，问卷的可信度有时比较低，调查质量很难保证。在高校思想政治教育治理能力的效果评价中，问卷调查法的使用步骤大致经过编制问卷、发放问卷、回收问卷、统计结果。一般情况下，问卷的设计以封闭式问题为主，以开放式问题为辅。在问卷设计时，首先问卷的语言要求通俗准确简洁，问题一定要具体明确，不提笼统问题，问题要客观，不能带有诱导性和倾向性，避免带有双重和多重含义。其次，问题的结构要先易后难，先事实行为问题后观念态度问题，先封闭性问题后开放式问题。最后，选项的设计注意穷尽性、互斥性、标准统一性。

三、高校思想政治教育治理能力效果评价的过程

准确把握高校思想政治教育治理能力效果评价的过程，对于正确认识评价的功能与价值，合理选择评价的方法，提高评价的科学性具有十分重要的意义。高校思想政治教育治理能力效果评价的过程是评价活动展开的具体步骤和环节，主要包括组织环节、执行环节和总结环节。

（一）高校思想政治教育治理能力效果评价的组织环节

组织环节是开展评价的基础和起点，是顺利推进效果评价的前提。只

有组织有序、准备充分，才能减少评价的盲目性、随意性。

首先，制定实施计划和方案。根据评价的目的和任务，制定高校思想政治教育治理能力效果评价的实施计划和事实方案。首先，明确评价者。在专职人员或兼职专家队伍中遴选人员，组成实施评价的专家团队，或者挑选第三方评价机构组织评价人员，着手实施评价计划的制定工作。其次，明确评价对象。根据评价目的确定评价对象，是对制度体系的现代化程度进行评价还是对高校思想政治教育工作队伍进行评价，是对高校思想政治教育治理能力进行综合评价还是对其中某一治理能力进行专项评价，是上级部门组织评价还是高校开展自评。这些问题都需要在制定实施计划和方案时得到确定。再次，明确具体要求。高校思想政治教育治理能力的效果评价是一项系统工程，在制定实施计划和方案时要多思考、多论证，对每项工作及执行人员安排具体，时间要求和方法选择也要合乎实际，并且要确定便于实际操作的联络与协调机制。评价工作涉及列入评价范围与对象的思想政治工作主管部门和具体人员，需要得到他们的支持和配合，因而在制定实施计划和方案时必须对相关部门和人员以及条件保障等方面提出具体要求。此外，在实施方案的制定中还必须明确评价标准和评价指标，编写评价调查表。评价标准及指标是开展评价工作的关键，决定了评价的类型与具体评价方法的选择。最后，细化评价实施方案。按照评价者的要求成立评价领导小组和工作小组，详细规定其职权范围和职责，并进一步明确评价的时间、地点、流程、进度安排、保障机制等。并且，要制作详细的评价实施细则和手册，帮助评价者和评价对象明确具体分工、评价内容和操作步骤。

其次，组织人员培训。计划和方案制定完成，待批准、下发后，应召集专门会议，对全部参加评价的专家、工作人员以及列入评价范围的有关人员进行动员和培训。培训工作旨在使参与人员明确各自的任务与责任，确定上下联系与协调的办法。高校思想政治教育治理能力的效果评价要站在"培养堪当民族复兴重任的时代新人"这一战略定位，紧紧围绕立德树人根本任务的贯彻落实，深化对治理能力现代化的科学把握。在评价组织环节需要对全体人员进行思想动员，进一步强调效果评价的重要意义，使之以积极的态度投入评价工作中。此外,培训会还需要传达公平、公正、实事求是的作风,使其掌握评价实施方案,熟悉具体计划和细则要求。通过动员和培训,推动评价计划和实施方案逐步展开,并确保评价工作有序进行。

(二)高校思想政治教育治理能力效果评价的执行环节

执行环节是效果评价过程的核心和关键。高校思想政治教育治理能力效果评价的实施集中于这一中心环节,是具体评价方法和评价指标的应用。在这一过程,高校思想政治教育治理能力效果的评价者对治理能力的成效进行全面的审视和跟踪,通过科学的评价方法收集、分析、处理评价资料和真实信息,建立事实和价值判断。

首先,收集评价相关资料和信息。为了顺利开展评价,必须在评价范围内收集和掌握一定的相关评价资料和信息。大部分数据收集通过互联网进行,涉及评价对象的组织、评价工作的准备和网络技术支持等方面。通常采用观察法、访谈调查法、问卷调查法、文献档案法等方法获取第一手资料。具体而言,就是评价主体依据目标、任务,按照评价指标体系,运用现代方法和技术,获取真实信息。

其次,分析评价相关资料和信息。获取评价相关的资料和信息后,还需对其进行统计分析,将零散的文字、数据加工整理成评价标准、评价指标体系所需的信息。这里的信息包括文字信息和数据信息两种类型,在分析和处理过程中需采取不同方式方法。对于文字类信息的处理和分析,应遵循客观性、真实性、准确性、完整性原则。要注意审核资料信息的真实性,对文字信息加以甄别、讨论、分析和审核。并且依据资料的内在逻辑、来源渠道、实践经验等综合判断其是否符合评价目的和评价指标。另外,还需要将文字信息进行分类处理,按照不同的分类标准和方法进行归类整理。对于数据信息的统计分析主要分为集中趋势分析与离中趋势分析。集中趋势分析主要是分析平均数、中位数和众数,用于基本情况的数据掌握。离中趋势分析主要是分析全距、方差、标准差等,反映各个指标之间的关联与对比情况。对评价信息和相关资料按照评价指标体系进行分析、处理后,填入相应的统计表格,以备下一阶段的评价活动使用。

再次，汇总评价相关资料和信息。经过处理分析评价信息后，高校思想政治教育治理主体对照评价标准逐项做出定量与定性评价，在此基础上根据评价目的和评价要求，形成评价结论。基本方法有计算平均数、等级综合评价、直接简单求和、模糊等价计数、模糊综合评判等。汇总评价相关信息，一方面需要审核评价结论的信度和效度，另一方面要将这些汇总信息编写成评价报告，主要包括评价对象的各种结论性意见和评价方案事实情况的汇总。高校思想政治教育治理是一项复杂的系统性工作，涉及众多因素，对其进行科学的、全面的评价之后，要进行及时的文件归档，在汇总环节就必须运用思想政治教育工作评价的理论与方法，按照科学、规范的程序和步骤，定量与定性相结合，真实反映治理能力的成效。

（三）高校思想政治教育治理能力效果评价的总结环节

评价结果必须体现系统性、科学性和规范性，因此必须对高校思想政治教育治理能力效果评价活动进行总结。对评价体方案、评价标准、指标体系、评价方法和评价结论进行再次评价，目的在于检视评价工作是否科学、合理，检查评价是否有遗漏和失误，并进行纠偏和完善。

总结高校思想政治教育治理能力效果评价的理论与方法是否正确、科学，评价体系是否科学、完备，评价方法是否正确、合理。对评价的原则进行审视，是否遵循了思想政治教育规律、教书育人规律和学生成长成才规律；是否坚持了马克思主义的指导地位；是否坚持了治理体系与治理能力相结合，坚持了立德树人的根本任务和育人目标。同时，对评价标准和评价指标体系进行再次评价，重新审视评价标准是否符合新时代的要求，符合治理体系和治理能力现代化的要求，符合高校思想政治教育治理的现实。再次检视评价指标体系是否完备；各层级的指标是否逻辑一致，各项指标之间是否具有互斥性；各项指标的权重是否科学、准确；核心指标的权重是否体现了"核心"的地位和作用，体现了定性与定量相统一的原则。此外，对高校思想政治教育治理能力效果评价的过程进行再次评价，审视评价过程是否全面、准确、真实，是否坚持了实事求是的原则，各个环节和步骤是否合理、科学等。

四、高校思想政治教育治理能力效果评价的应用

为了充分发挥高校思想政治教育治理能力效果评价的反馈与调节作用,在评价工作结束后,还须采取一定的方式向高校思想政治教育治理能力效果评价对象所在的上级主管部门、本单位、相关人员反馈效果评价结论。反馈评价结果旨在为守正创新思想政治教育治理,提升治理能力提供决策依据。并且,评价结果的公布与反馈有助于将好的做法和经验进行推广,亦有助于在比较中找到不足与问题。在反馈结论的过程中,向相关部门和人员提出今后进一步努力的方向、改进的意见或建议,督促、激励、引导其加强和改进治理能力,促进高校思想政治教育治理水平和效能得到切实提升。

效果评价的结果往往体现为以书面形式正式撰写的高校思想政治教育治理能力的效果评价报告。按照评价主体的不同,可以分为自评报告和他评报告;按照评价内容的不同,还可以分为综合评价报告、专项评价报告。评价报告的主要内容包括高校思想政治教育治理能力效果评价的人员、目的、原则、指标、过程、方法、结果、结论等。撰写报告不仅可以促进评价活动的科学化和规范化,还对建立评价档案具有重要价值。评价活动所获得的各项文件、数据、工作计划、实施方案、工作总结、典型事迹等建档立卷,并建立高校思想政治教育治理能力的评价信息系统,进而促进评价的科学化和制度化。

第一,效果评价结果应用于高校思想政治教育治理活动的创新发展。理论为人们的实践活动提供科学的思维方式和方法。马克思主义认为,认识是为了改造世界,理论本身不能直接改造世界,但是它通过实践发挥作用,达到认识和改造世界的目的。首先,高校思想政治教育治理能力效果评价的结果是对思想政治教育治理者的能力和所采取的治理措施进行的客观评价。对不适合治理现代化要求的活动进行改革和调控的理论支持,是对思想政治教育治理实现既定目标、选择合适的治理方式的导向保证。只有运用高校思想政治教育治理效果评价的结论,才能及时发现治理能力的薄弱环节和存在问题,才能及时结合新情况调整治理方式方法,改革治理体系,使高校思想政治教育治理能力更加体现现代化。其次,效果评价是

加强、改进和优化高校思想政治教育工作的支撑力。评价的诊断反馈功能为高校思想政治教育的守正创新提供了依据；评价的调控功能可以产生激励与抑制、鼓励与监督的作用，从而使高校思想政治工作者反思、检视和调整、改进工作。

第二，效果评价结果应用于高校思想政治教育治理工作者的素质提升。辩证唯物主义认为，认识对实践具有能动的反作用，正确的认识对实践产生积极的促进作用。相反，错误的认识对实践起着消极的阻碍作用，妨碍人们积极地认识和改造世界。因此，获得科学、合理的效果评价对思想政治教育工作者的素质有较高要求。简言之，高校思想政治教育治理工作者具有较高的素质是取得良好的效果评价的关键因素。同时，效果评价是检验高校思想政治教育治理工作者素质高低，发现能力缺陷的重要手段。具有较高素质和能力的高校思想政治教育治理工作者，应该拥有扎实的思想政治教育理论功底，涉猎广泛的人文社会科学知识领域，对于有关人类和社会发展的重大问题能够透过复杂的现象把握其内在本质，因而在开展思想政治教育治理活动中，能够科学运用合理的方式方法，设计和选择最佳方案。而这些素质和能力的培养正是在效果评价的理论支持下，在评价活动的导向、鉴定、激励功能的作用下，不断循环上升的。

第三，效果评价结果应用于高校思想政治教育治理能力转化为治理效能。思想政治教育作为一种特殊的实践活动，是为了满足社会发展和个体发展的需要，而在满足需要时所表现出来的积极特性就是思想政治教育的有效性。提升高校思想政治教育治理能力就是要使思想政治教育的有效性、针对性得到充分发挥，达到满意的教育效果，并且在过程中体现科学化、规范化和制度化。在高校思想政治教育治理活动中，教育者制定制度体系、组织教育活动、传授思想政治理论知识、引导教育对象等一系列活动的目标指向都是增强思想政治教育的实效性。而效果评价则是判断实效性的有效途径。治理能力有什么效果，效果的程度，有什么样的经验与问题只能通过评价来判定。由此可见，效果评价的结论是保证高校思想政治教育治理能力的改革方向，确保治理实效必不可少的环节。

第十章
高校思想政治教育治理能力的运行保障

高校思想政治教育治理能力的高质量提升,离不开治理主体的能动建构、治理方式的有效利用、治理环境的动态性平衡等。从内涵建设来看,"既要在高校思想政治教育治理的顶层设计与谋篇布局上突出治理的整体性和系统性,也要在高校思想政治教育治理的手段选择、主体建构与方式运用上,突出治理的综合性与协同性。"① 从外部环境保障来看,科学的运行保障理念、完善的运行保障制度、先进的运行保障模式、严格的运行保障监督体系,是高校思想政治教育治理能力高质量提升的关键。

第一节 提升高校思想政治教育治理能力的运行保障理念

党的十九届四中全会强调,要加强系统治理、依法治理、综合治理、源头治理。对于高校思想政治教育而言,要更加注重治理的系统性和综合性;对于高校思想政治教育治理能力而言,治理主体要更加注重形成治理能力现代化理念、系统化理念和精准化理念。

一、形成高校思想政治教育治理能力现代化理念

"现代化的理念可以成为工作的东西,陈旧的观念往往变成束缚开放的

---

① 冯刚:《构建新时代高校思想政治教育治理体系》,《中国教育报》2021 年 9 月 13 日。

'罗网'。"[①]高校思想政治教育治理能力现代化理念,是高校思想政治教育高水平治理的发展状态,是对高校传统思想政治教育治理理念的超越,是高校思想政治教育发展方式、体系制度建设等全方位的理念转变。提升高校思想政治教育治理能力的运行保障,需要率先形成高校思想政治教育治理能力现代化理念。

《中国教育现代化 2035》提出了推进教育现代化的十大战略任务。其中,第十条战略任务是"推进教育治理体系和治理能力现代化。提高教育法治化水平,构建完备的教育法律法规体系,健全学校办学法律支持体系。健全教育法律实施和监管机制。提升政府管理服务水平,提升政府综合运用法律、标准、信息服务等现代治理手段的能力和水平。健全教育督导体制机制,提高教育督导的权威性和实效性。提高学校自主管理能力,完善学校治理结构,继续加强高等学校章程建设。鼓励民办学校按照非营利性和营利性两种组织属性开展现代学校制度改革创新。推动社会参与教育治理常态化,建立健全社会参与学校管理和教育评价监管机制"[②]。这条战略任务,既立足当前,聚焦教育发展的突出问题和薄弱环节,突出补齐短板、夯实基础,又着眼长远,反映了时代要求,顺应了未来发展趋势。可以说,教育治理能力现代化和教师队伍专业化、信息化、国际化一道,已成为教育现代化的有力支撑和重要保障。

高校思想政治教育治理能力现代化是国家治理体系和治理能力现代化的组成部分,是高校思想政治教育内涵式发展的应有之义。国家治理体系和治理能力现代化的发展历程与高校思想政治教育治理能力现代化相辅相成、共同推进。从管理到治理、一元到多元、相对独立到协同推进,是高校思想政治教育治理能力现代化理念与实践的必然走向。中国特色社会主义进入新时代,这是我国新的历史方位。国家、时代、高校、青年构成历史向前发展的"平行四边形",成为马克思主义"历史合力论"在中国的时代彰显。高校思想政治教育治理能力现代化理念就是要凸显历史合力,在各种因素的综合运用、协调推进、共生互动中实现治理能力的提升。

---

① 干晖:《基于大学治理能力现代化的大学治理体系构建》,《高等教育研究》2015 年第 36 期。
② 《中共中央国务院印发〈中国教育现代化 2035〉》,《人民日报》2019 年 2 月 24 日。

如何形成高校思想政治教育治理能力现代化理念？

一是高校要充分认识思想政治教育现代化的目标指向。高校思想政治教育治理的目标指向是培养能够堪当民族复兴重任的时代新人，要在强调学生的思想政治素养的同时，培养学生的创造精神、创新精神、开拓精神、科学精神，使他们能够在实现中华民族伟大复兴的征程上敢于探索，勇于实践，大胆创新。培养这样的人才，高校的思想政治教育应注重培养学生运用马克思主义理论分析和解决问题的能力，变外在"灌输"式为主的教育模式为引导性"自我教育"为主的教育模式。

二是高校要深刻把握思想政治教育现代化的价值意蕴。人的思想观念的现代化是推动整个社会现代化的前提，思想政治教育作为一种有目的、有组织、有计划的社会实践，深受思想观念的影响，有什么样的思想观念就有什么样的思想政治教育活动。我们要建设富强、民主、文明、和谐、美丽的社会主义现代化强国，离不开堪当民族复兴重任的时代新人。满足时代新人有个重要的标准，就是人的现代化，需要具备现代化的优秀人格和良好品行。高校思想政治教育现代化包含教育内容的现代化、教育手段的现代化、教育路径的现代化等，随着当今世界处于百年未有之大变局，人的现代化也面临着诸多挑战和机遇。而我们的高校思想政治教育治理现代化要结合自身的国情和实际，坚持"四个自信"，坚守中国式现代化价值标准、意识形态和社会文化。

三是高校要准确理解思想政治教育治理体系和治理能力现代化的基本特征。思想政治教育现代化的基本特征，是明确思想政治教育治理体系现代化内涵的初始命题。"现代国家治理体系相对于传统的统治和管理所具有的特殊属性，更集中于关注国家功能实现方式的问题，强调以共识愿景、认同信任、公私合作、伙伴关系、平等协商、多元共治的方式来制定和执行政策。"[①] 相较于传统的一元化管理，思想政治教育现代化更加强调全员育人、全程育人、全方位育人，以此打造育人合力，建构进阶式的育人时序，满足人全面发展的需要。这样的目标，要求思想政治工作者要根据客观实

---

① 唐皇凤：《中国国家治理体系现代化的路径选择》，《福建论坛（人文社会科学版）》2014年第2期。

践的变化,做到继承性与创新性相结合、本土化与国际化相结合、整体性与局部性相结合。

在继承性与创新性相结合上,高校要在实践中既继承前人又突破陈规,不断深化认识。根据马克思主义的观点,社会存在决定社会意识,经济基础决定上层建筑;同时社会意识和上层建筑又具有反作用,教育在社会发展和人的发展中具有重要的作用。回望历史,思想政治教育工作在实现中华民族伟大复兴事业征程上始终发挥着重要作用,始终是党的重要"生命线"和"传家宝",教育与生产劳动相结合的价值目标和实际意义,在社会主义制度下得以最大化实现,已成为治党治国的重要方式。思想政治工作与时代同行的过程中,必须将解决思想问题同解决实际问题结合起来,必须在继承优良传统的前提下解放思想,做到因时而进、因事而化、因势而新。只有这样才更加有利于帮助思想政治工作者立足于过于和现在思想政治工作情况,认真调查研究,总结经验,寻找出发展的新规律,从而更好地预见未来思想政治工作的发展趋势。

在本土化与国际化相结合上,高校要加强主流意识形态教育,巩固马克思主义在意识形态领域的指导地位。《国家中长期教育改革发展规划纲要(2010—2020年)》提出:"适应国家经济社会对外开放的要求,培养大批具有国际视野、通晓国际规则、能够参与国际事务和国际竞争的国际化人才。"[①]随着全球范围内经济、政治、教育、文化互相联系日益紧密,培养高素质的国际化人才,是我国积极参与国际合作与竞争,扩大国际影响力的迫切需求。新时代的人才培养体系涉及学科体系、教学体系、教材体系、管理体系等,而贯通其中的是思想政治工作体系。国际化人才培养为高校思想政治教育工作带来了新的问题,也对高校管理体系提出了更高的要求。新的问题突出体现在当代大学生在日常学习生活中,通过多种媒体终端,会感受到中西方政治、经济、文化差异带来的多元价值观冲击。这种冲击容易让大学生在思想文化上产生迷茫,弱化"四个自信",甚至产生理想信念危机。高校思想政治教育工作者要坚持国际化和本土化相结合,加强主流

---

① 《国家中长期教育改革和发展规划纲要(2010—2020年)》,中华人民共和国教育部:http://www.moe.gov.cn/srcsite/A01/s7048/201007/t20100729_171904.html。

意识形态教育，巩固马克思主义在意识形态领域的指导地位，以学生喜闻乐见的思想政治教育为切入点，充分调动青年担当，在国际视野中培育中国情怀，增强他们对中华优秀传统文化的历史自信。

在整体性与局部性相结合上，高校要努力在思想政治教育工作的整体顶层设计上多下功夫，实现整体顶层设计与局部实践教育的有效双向联动。顶层设计从内涵上体现出整体性布局、渐进式设计理念、先整体后局部的思想，具有整体关联性、整体可操作性等特征。高校思想政治工作顶层设计不同于高校发展规划，更加强调对思想政治工作规划的系统性和整体与局部双向联动的有效性。同时，高校各部门间依然存在一定的"壁垒"，面对同一思想政治教育问题，存在仅从自身角度出发、忽略整体大局的系统化理念和实践，在形成聚合力方面差异化较大。但实际上，各个部门看似相互独立，但是各个系统间存在着一定的联系。因此，高校要在顶层设计的过程中加强调研和反馈，重视信息的透明度，不断提高信息的可靠性，做好信息反馈和调节工作。

二、树立高校思想政治教育治理能力系统化理念

物质世界是普遍联系和变化发展的，矛盾是推动事物发展的动力。正如恩格斯所说："一个伟大的基本思想，即认为世界不是一成不变的事物集合体，而是过程的集合体。"[①] 而系统化理念、理论和方法正是符合了唯物辩证法的基本原则，是唯物辩证法普遍联系原理的具体化。贝塔朗菲在《一般系统论》中对系统的描述是："系统是处于一定相互联系中的与环境发生关系的各组成成分的总体。"[②]

思想政治教育是一项多方位、多因素、复杂多变的系统工程，不仅具有一般系统的共性，而且具有思想政治教育系统的自身特点。这就需要更加科学、合理有序的治理系统实现治理效能的最大化。在建党百年之际，中共中央、国务院印发了《关于新时代加强和改进思想政治工作的意见》

---

① 《马克思恩格斯选集（第一卷）》，人民出版社2012年版，第239-240页。
② ［匈］贝塔朗菲·欧文·拉兹洛：《系统哲学引论——一种当代思想的新范式》，商务印书馆1998年版。

第十章 高校思想政治教育治理能力的运行保障

明确指出："要把思想政治工作作为治党治国的重要方式。"① 这是党中央在新时代首次将思想政治教育工作提升至新的高度，一方面充分肯定了思想政治教育工作的优良传统、鲜明特色和突出政治优势；另一方面则是站在新的时代征程上，使思想政治教育工作运用自身发展规律，更好体现时代要求。这也进一步说明思想政治教育作为整个治党治国大系统中一个非常重要的子系统，服务于这个社会生活发展的方方面面，贯穿于治党治国大系统中。

树立高校思想政治教育治理能力系统化理念，有利于高校思想政治教育工作者提高政治站位，把高校思想政治教育放在整个社会主义德育的战略全局中去进行，放到整个社会主义现代化建设的事业中去动态考察。高校是思想政治教育的主阵地，肩负着立德树人的根本任务，而思想政治工作作为治党治国的重要方式，理应也是治校治学的重要方式。

树立高校思想政治教育治理能力系统理念，有利于高校思想政治工作者充分把握高校思想政治教育工作的规律和特点，对思想政治教育的组成要素、层次结构及与外部系统的联系做出科学、系统的分析，然后根据分析结果，提出治理的决策和措施，制定一个思想政治教育工作规划和实施贯彻的系统设计，通过系统模拟加以实现并全面实施。

树立高校思想政治教育治理能力系统化理念，有利于高校充分彰显思想政治教育的动态开放属性。如今的世界交融互通，大量互联网新业态如雨后春笋般出现，特别是数字经济时代的到来，国内外科技巨头纷纷加码押注虚拟数字人赛道。众多新媒体手段的应用，平等化、生活化的特征越来越明显，信息的发布可以随时随地发生，思想政治教育的动态属性在整个过程中极大显现。思想政治教育工作以人为主体，以人为前提，以人为目的，人在哪里，思想政治教育工作就开展在哪里。这里面需要治理主体发挥重要的能动建构作用，在治理能力方面树立高校思想政治教育系统化理念，坚持动态开放属性，善于顶层设计，调动一切可以调动的因素，实

---

① 《中共中央国务院印发〈关于新时代加强和改进思想政治工作的意见〉》，《人民日报》2021年7月13日。

现各方面力量的协同。

树立高校思想政治教育治理能力系统化理念,有利于高校充分体现思想政治教育工作的部门协同优势,建立"思想政治教育共同体"。"协同育人"是我国高等教育改革的优势和亮点所在。协同育人理念本身所蕴含的协作、互动、协调和资源整合意蕴,对于解决高校思想政治教育教学研究中出现的单一内部资源难实现突破创新,以及"课程思政"建设中如何协同发力、协同推进等问题起到了重要的引导和助推作用。高校思想政治教育工作协同育人机制的完善,离不开治理主体系统化理念的全程指引和全方位渗透。这里面涉及思想政治理论课教师、各学院辅导员、各专业班主任、心理健康中心等相关高校思想政治工作者,同时涵盖学校学工部、宣传部、校团委等德育工作部门,在系统化理念的引导下做好协同育人实践,就会避免出现"各自为战""单打独斗"的局面,实现教育资源的有机整合和良性互动。

三、坚持高校思想政治教育治理精准化理念

高校思想政治教育精准化是在落实党的人才培养目标、解决教育供需不匹配、适应新时代的快速发展的条件下产生的,其目的在于实现精准育人。实现"精准化"既是高校思想政治教育发展的内在要求,也是回应新时代思想政治教育面临挑战的必然选择。"当代大学生与以往大学生相比,无论是其成长语境还是群体特征方面均表现出明显差异。这种差异源自经济文化语境、国际交流语境和媒介技术语境的巨大变革。"[①]复杂多元的时代语境形塑了当代大学生鲜明的群像特征,如"二次元""手机控""佛系青年""斜杠青年"等。过于标签化的评价虽未必准确,但也折射出当代大学生精神需求的立体性和丰富性。不能否认,高校思想政治教育在改革开放的过程中也在不断转型,通过创新教育模式和教育方法以满足大学生的发展需要。但如何增强大学生在思想政治教育中的获得感,仍是当前高校思想政治教育亟待解决的难题。满足大学生的精神需要、增强其获得感,要以其需求

---

① 宋德孝:《供给侧视角下高校思想政治理论课教学与大学生精神需求的精准化对接》,《思想教育研究》2020年第2期。

得到有效满足为前提。传统灌输式的教育模式有其必要性,但不加以区分的教育内容和"大水漫灌"式的教育方法只能进一步加剧"供需错配"的矛盾,这就需要通过精准化的方式识别并满足大学生的精神需要,有效解决供需之间的矛盾,实现以需给供、供需匹配的良性循环。

坚持高校思想政治教育治理精准化理念,有助于实现高校思想政治教育工作的方法创新,有助于"精准滴灌"的实效形成,有助于实现新时代人才培养目标,有助于实现中华民族伟大复兴的历史使命。当代青年学子不仅是中华民族伟大复兴的全程见证者,更是全程参与者,扮演着生力军的角色,通过治理主体对他们进行"精准思政",坚持共性与个性相结合的分类育人模式,有针对性的价值引领,使其更加坚定共产主义远大理想和中国特色社会主义共同理想,确保每个青年学子不懈怠、不落队、不做旁观者,立志肩负着党和国家赋予的民族复兴重任。

高校思想政治教育治理主体要树立精准化理念,培育精准化思维,善于运用大数据等现代媒体手段来分析和处理问题。因为精准化的教育供给更加强调以教育对象的真实需求为导向,这离不开高校治理主体的精准把脉和教育对象的积极参与和真实反馈。在思想教育实践交往中,目前也存在一种情况较为常见,就是教育对象自身的认知局限,使得他们没有意识到自身可以表达教育需求,可以参与教育供给的评价和反馈,甚至在某种程度上可以参与到高校思想政治教育体系的建设中来。这无形给高校思想政治教育治理主体开展精准化思政提出了挑战,面对现状,治理主体要积极树立精准化思政理念,在日常生活化的常态化治理中既要鼓励和引导教育对象对教育供给进行积极主动的反馈,也要对相关数据的使用过程进行监督,强化数据使用者的责任意识。

第二节 完善高校思想政治教育治理能力的运行保障制度

党的十九届四中全会提出,坚持马克思主义在意识形态领域指导地位的根本制度,将"加强和改进学校思想政治教育,建立全员、全程、全方位育人机制"①纳入中国特色社会主义制度建设当中,并提出一系列新要求,为高校思想政治教育治理现代化指明了方向。对于高校思想政治教育治理能力而言,制度事关高校思想政治教育治理的根本性、全局性、稳定性和长期性。

一、以全过程民主推进高校制定规章制度的权威性

民主是全人类的共同价值,是中国共产党和中国人民始终不渝坚持的重要理念。习近平总书记指出:"党的十八大以来,我们深化对民主政治发展规律的认识,提出全过程人民民主的重大理念。我国全过程人民民主不仅有完整的制度程序,而且有完整的参与实践。"②

"民主是一种社会管理体制"③,民主治理是现代大学制度的根基。完善高校思想政治教育治理能力的运行保障制度,离不开全过程人民民主的运行保障。我国全过程人民民主实现了过程民主和成果民主、程序民主和实质民主、直接民主和间接民主、人民民主和国家意志相统一,是全链条、全方位、全覆盖的民主,是最广泛、最真实、最管用的社会主义民主。我们要把全过程民主具体地、现实地体现到高校思想政治教育各个层次工作上来,具体地、现实地体现到高校制定规章制度的权威性上来。

以全过程民主推进高校思想政治教育工作的过程,就是高校运行体系中各个主体自由而有序参与学校思想政治教育、推进并实现高校民主治理体系和治理能力现代化的过程。而高校规章制度的制定,理应凸显权威性、人民性、科学性和实践性,只有这样才能从制度的运行保障视角来推进治理主体治理能力的有效提升。由此,健全高校民主运行机制,要在制定规章制度时体现出民主与集中的辩证关系。从某种意义上讲,也就是要在制定规章制度时体现出民主与权威的统一。

高校全过程民主治理是把全过程民主思想和人本思想有机结合,体现

---

① 《中共中央关于坚持和完善中国特色社会主义制度 推进国家治理体系和治理能力现代化若干重大问题的决定》,《人民日报》2019年11月6日。
② 《习近平总书记谈全过程人民民主》,《求是》2022年第5期。
③ [美]科恩:《论民主》,商务印书馆2004年版,第10页。

着对个体的尊重与包容，强化激发和唤醒，同时也更加体现公平与透明，注重全过程、全方位参与。

高校思想政治教育治理能力的运行保障，制度建设是根本。以全过程民主推进各项规章制度的研讨、制定、生成、实践、反馈，改变传统意义上的被动接受状态，转变为共同设计、共同推动、共同参与，实现在个体参与治理过程中实现整体治理效能提升，这样能够激发出更多人的积极性和主动性，让高校思想政治教育工作成为大家共同思考和参与的过程，推进决策与治理的科学化。当制度和规则的产生来自大多数人的智慧和参与时，也就容易达成共识，促进大家对制度的自觉遵守，形成制度权威，使治理变得高效。

二、以强化顶层设计完善高校制定规章制度的科学性

"'顶层设计'（TOP-DOWN）源于自然科学或大型工程技术领域的一种设计理念。它是针对某一具体的设计对象，运用系统论的方式，自高端开始的总体构想和战略设计，注重规划设计与实际需求的紧密结合，强调设计对象定位上的准确，结构上的优化，功能上的协调，资源上的整合，是一种将复杂对象简单化、具体化、程式化的设计方法。"[①] 它不仅需要从系统和全局的高度，对设计对象的结构、功能、层次、标准进行统筹考虑和明确界定，而且十分强调从理想到现实的技术化、精确化建构，是铺展在意图与实践之间的"蓝图"。古语有云：不谋万世者，不足谋一时；不谋全局者，不足谋一域。概括起来，顶层设计具有全局性、决定性、系统性、关联性等特性，广泛运用于社会各个领域，已成为高校内涵式发展的关键因素。

高校思想政治工作关系高校培养什么样的人、如何培养人以及为谁培养人的根本问题。"高校思想政治工作的顶层设计主要是指根据时代背景、社会发展需求、高等教育发展趋势以及大学生身心发展规律等，确定思想政治教育的指导思想、战略目标、主要任务，运用系统性思维，从全局角

---

① 徐敦楷：《顶层设计理念与高校的科学发展》，《中国高等教育》2008 年第 22 期。

度对思想政治工作的各方面、各层次、各要素统筹规划,构建由相互联系、相互作用的多个子系统组成的工作体系,集中有效资源,有计划、有步骤地实现思想政治教育的目标任务。"① 谁是思想政治教育治理顶层设计的主体? 毫无疑问,党中央国务院是思想政治教育治理顶层设计的主体,在落实党中央国务院决策部署的过程中,高校党委既是运行保障主体,也是执行主体。习近平总书记在全国高校思想政治工作会议上指出:"党委要保证高校正确办学方向,掌握高校思想政治工作主导权,保证高校始终成为培养社会主义事业建设者和接班人的坚强阵地。"② "高校党委对学校工作实行全面领导,承担管党治党、办学治校主体责任,把方向、管大局、作决策、保落实。"③ 实践证明,高校党委越是重视思想政治教育治理,学校事业发展的道路就越宽广,反之,则越走越窄。

高校思想政治治理顶层设计的重点是制度建设。党委是高校制定各项规章制度的责任主体,在制度设计方面,要体现出制度体系上的科学性、全局性、系统性、清晰性、可操控性原则,破除"无顶层的设计"或"有顶层无设计"的发展误区,避免出现"千篇一律,千人一面"趋于"同质化",毫无针对性和时效性的制度设计。好的制度是切实有效的运行保障,是推动思想政治工作的杠杆,涉及组织结构的系统配置、工作职能的互通联动、各项具体工作的实际融合等。要实现思想政治教育治理能力的有效提升,在制度的顶层设计上,就要强化战略性布局,建立党委统一领导、党政齐抓共管、党委宣传部组织协调、有关部门分工负责的大格局,不断通过体制建设加强高校党委的领导只能;在制度的具体执行过程中,要强化系统建构思维和一体化运行节奏,把思想政治工作的政治责任和主体责任分解落实到具体的职能部门,形成各个部门的协同联动效应,打通制度执行的"最后一公里"。

如何在制度层面体现出高质量的顶层设计? 高校党委应紧紧扣合学校核心理念和顶层目标尤其是人才培养理念和人才培养目标展开,"遵循高校

---

① 杨晓慧:《加强高校党委在思想政治工作中的顶层设计》,《思想理论教育》2017 第 3 期。
② 《习近平在全国高校思想政治工作会议上强调 把思想政治工作贯穿教育教学全过程 开创我国高等教育事业发展新局面》,《人民日报》2016 年 12 月 9 日。
③ 《习近平在全国高校思想政治工作会议上强调 把思想政治工作贯穿教育教学全过程 开创我国高等教育事业发展新局面》,《人民日报》2016 年 12 月 9 日。

思想政治教育工作规律、学生成长发展规律和教书育人三大规律，贯彻国家治理现代化的价值理念和科学方式，对高校思想政治教育过程中各个要素和环节进行规范指导，诠释高校思想政治教育治理的科学性与系统性。"① 其中，完善高校党的领导体制，加强和改善党对高校思想政治工作的领导是良好制度得以有效运行的前提条件。党的十八大以来，不少高校一方面积极发挥校长在高校思想政治工作的作用，明晰校长在高校思想政治工作中的责任，明确党务职责分工。另一方面推进党委组织部部长、宣传部部长、统战部部长担任高校党委常委，并在各个具体院系设立组织员制度。上至校党委下至基层党组织，一体化布局、系统化构建思想政治工作的组织力量，切实提高思想政治工作的地位。同时，不少高校加强党委领导下的部门联动，建立由高校党委书记和校长任组长的思想政治工作领导小组，完善组织、宣传、学工、教务等部门以及院系党组织的思想政治工作联动机制，实现制度层面的整体性、科学性和系统性建构。

三、以动态化跟进保障高校运行规章制度的可持续性

古人说："凡将立国，制度不可不察也。"制度稳则国家稳，高校制度稳，则高校稳。一所高校制定和选择什么样的规章制度，是由这所高校的办学方向、学科特色、文化传承、育人属性所决定的。看一所高校规章制度好不好、科学不科学，一方面要从办学立校、立德树人大的方面去把握；另一方面要从管不管用、有没有效来评判。

行是知之始，知是行之成。亲知是一切知识之根，实践是检验真理的唯一标准，实践是最好的试金石。规章制度的优劣只有通过执行才能得以验证，规章制度的问题完善也只有通过执行才能折射出问题。2019年10月《中共中央关于坚持和完善中国特色社会主义制度　推进国家治理体系和治理能力现代化若干重大问题的决定》的说明中有这样一段阐释："相比过去，新时代改革开放具有许多新的内涵和特点，其中很重要的一点就是制度建设分量更重，改革更多面对的是深层次体制机制问题，对改革顶层设计的

---

① 冯刚、高山等：《新时代高校思想政治教育治理论》，中国社会科学出版社2021年版，第5页。

要求更高，对改革的系统性、整体性、协同性要求更强，相应地建章立制、构建体系的任务更重。新时代谋划全面深化改革，必须以坚持和完善中国特色社会主义制度、推进国家治理体系和治理能力现代化为主轴，深刻把握我国发展要求和时代潮流，把制度建设和治理能力建设摆到更加突出的位置，继续深化各领域各方面体制机制改革，推动各方面制度更加成熟更加定型，推进国家治理体系和治理能力现代化。"①

对于高校思想政治教育工作来说，规章制度更加成熟更加定型是一个动态过程，治理能力现代化也是一个动态过程，不可能一蹴而就，也不可能一劳永逸，必须随着实践发展而与时俱进。因此，以动态化跟进保障高校运行规章制度的可持续性，是坚持制度意识、维护制度权威、强化制度执行力、加强对制度执行监督的重要抓手。动态化跟进的特征是全覆盖、全过程、全方位、全时空。对于高校思想政治工作运行规章制度来说，就是要把制度执行和监督贯穿到部门治理、学院治理、基层治理的全过程，避免制度执行上出现做选择、搞变通、打折扣的现象。就是要把提高治理能力作为高校思想政治工作队伍建设的重大任务，引导广大思想政治工作者提高运用制度干事创业能力，严格按照制度履行职责、行使权力、开展工作。对于在动态化跟进保障制度运行的过程中出现的问题，要积极反馈并再做调整部署。

实际上，以动态化跟进保障高校运行规章制度的可持续性，正是遵循做好高校思想政治工作"因事而化、因时而进、因势而新"的新要求。习近平总书记指出："思想政治工作从根本上说是做人的工作，必须围绕学生、关照学生、服务学生，不断提高学生思想水平、政治觉悟、道德品质、文化素养，让学生成为德才兼备、全面发展的人才。"② 因此，在制度保障上，更应围绕学生所需、契合人才培养目标，因事而化、因时而进、因势而新，使高校规章制度释放出更多的"制度红利"，助力学生成长成才。高校要紧跟时代的发展进路，牢牢抓住学生思想政治教育的时代主题，适应情势的

---

① 《习近平谈治国理政（第三卷）》，人民出版社 2020 年版，第 112 页。
② 《习近平在全国高校思想政治工作会议上强调　把思想政治工作贯穿教育教学全过程开创我国高等教育事业发展新局面》，《人民日报》2016 年 12 月 9 日。

演进常态，结合世界新变局，社会新变革，适应广大学生学习生活的新常态，以动态化跟进保障高校运行规章制度的可持续性。

第三节 创新高校思想政治教育治理能力的运行保障模式

保障就是提供运行条件，维护正常运转。在整体推进思想政治工作战略性布局中，提升高校思想政治教育治理能力离不开功能、平台、载体、资源等模式的有力支撑。"要想充分发挥其治理作用，实现其治理的功效与能力，客观上要求综合运用活动、管理、传媒、文化等多种载体，不断推进新时代高校思想政治教育的专业化、法治化、智能化、系统化。"[①] 为此，高校要创新思想政治教育治理能力的运行保障模式，发挥思想政治教育整体功能构建"大思政"工作格局；利用思想政治教育时空优势打造"动态闭环"工作样态；整合思想政治教育优质资源形成"共建共享"工作合力。

一、发挥思想政治教育整体功能构建"大思政"工作格局

思想政治工作是在全党全社会共同开展的实践活动，需要各方面的力量共同参与。构建"大思政"工作格局是习近平总书记在全国高校思想政治工作会议上着重阐述的重要思想，是实现高校思想政治工作科学化的必要环节。就高校而言，"大思政"格局主要是指"运用社会、高校中一切可能的力量做好大学生思想政治工作。加强高校思想政治工作，要把遵循思想政治规律、教书育人规律、学生成长规律统筹起来，把领导格局、工作格局、反馈格局统筹起来，共同推动形成高校大思政体系"[②]。无论是领导格局、工作格局还是反馈格局，这里面都要充分发挥思想政治教育的整体功能。2017年，教育部下发《高校思想政治工作质量提升工程实施纲要》，要求积极探索和构建大学生思想政治工作"一体化育人格局"，提出建构"十大育

---

① 冯刚、高山等：《新时代高校思想政治教育治理论》，中国社会科学出版社2021年版，第143页。
② 孙其昂：《推进高校构建"大思政"格局》，《群众》2018年第5期。

人体系"。要高度认识建构高校思想政治工作"大思政"格局的意义,通过多方参与,实现协同推进,切实提升高校大学生思想思想政治教育工作的水平和质量。可以说,"大思政"格局与思想政治教育整体功能好比"一体两翼",相辅相成。

人的解放、人的自由而全面发展,是马克思主义的最终旨趣和终极目标。我国是社会主义国家,高校是社会主义高校,根本任务是立德树人,育人目标是培养社会主义事业的合格建设者和可靠接班人。高校大学生的思想政治素质是具有全面性、整体性的有机存在,必然要求高校思想政治教育实践体系是全面且整体的,凸显思想政治教育整体功能。回顾我国高校思想政治教育史,曾经存在高校思想政治工作整体性不强的现象,"思想政治教育教学和日常工作两支队伍'两张皮',思想政治理论课与社会实践活动'两个课堂相脱离,思想政治教育的各个环节缺乏衔接,各种教育资源缺乏整合,思想政治教育实际运行存在功利化、游离化、智育化、强制化、形式化等倾向。"[1] 这样的思想政治教育,其运行机制缺乏整体性建构,活动缺乏整体性安排,功能缺乏整体性发挥。因此,需要发挥思想政治教育整体功能建构高校思想政治教育整体有效性实践体系,这是新时代高校思想政治教育实践发展的客观要求。

发挥高校思想政治教育整体功能,必须在思想政治教育有效性一般理论和整体性理论的指导下,遵循人类认识的规律,从目标体系、内容体系、方法系统、途径体系、担当体系、环境体系、评价体系等方面统筹考虑,实现各部分之间本然的有机联系,以发挥整体功能。这一模式涵盖思想政治教育诸要素和相互作用过程,它们既是思想政治教育有效性构成要素的整体建构,又是诸要素协同发挥作用形成合力机制的整体建构,构成思想政治教育"大思政"格局。

高校"大思政"格局是一个复杂的系统工程,它基于系统性和整体性思维,牵一发而动全身。因此,"大思政"格局的构建更加考验高校思想政治教育的治理能力,治理层面需要基于系统思维、整体思维,进行科学的

---

[1] 闵永新:《论整体性视野中加强思想政治教育有效性研究的价值维度》,《思想理论教育导刊》2011年第1期。

顶层设计和战略布局，以保证思想政治教育各子系统真正形成"大思政"格局。高校思想政治理论课是主渠道，日常思想政治教育是主阵地，"大思政"格局需要主渠道和主阵地进行深度融合。思想政治理论教育为主阵地提供理论来源和支撑，日常思想政治教育是对主渠道的拓展和补充。主渠道重在说理，把道理讲清、讲深、讲透；主阵地重在体验，通过日常思想政治教育的活动和载体，把理论具体化、形象化、生活化。主渠道和主阵地的协同联动，一方面可以带动日常思想政治教育不断转型升级，逐步向创造性、研究型、专业化方向发展；另一方面，可以确保主渠道建设更加有的放矢，从而为大力度、高势位地推进思想政治治理能力现代化建设提供强有力支撑。要始终围绕立德树人这一根本任务，以提高高校思想政治工作的针对性和实效性为核心目标，注重主渠道主阵地的衔接与整合。高校党委应统筹思想政治工作全局，从理念和机制上汇聚主渠道与主阵地，形成合力。探索实施"顶层设计、统筹推进、协同联动、合力运行"的工作机制，创新"因势而新、因时而进、因事而化"的教育方式，推进主渠道和主阵地之间思想政治理论课教师、学生工作队伍、党务工作队伍在人员上的聚合，工作上的契合，管理考核体制上的融合，教育内容、方法与资源上的整合。

二、利用思想政治教育时空优势打造"动态闭环"工作样态

时空观是关于时间和空间的根本观点。思想政治教育是人类社会实践的一种方式，"思想政治教育时空是社会时空在意识形态领域的具体表现形式"[①]。思想政治教育时空具有实践性、社会性、主体性特征。从实践性上来看，思想政治教育的对象是"现实的人"，是通过马克思主义理论帮助人们提高思想道德素质和文化素养，指导人的实践活动，最终实现人自由而全面发展。人的自由而全面发展，归根到底来源于社会发展的需要和社会实践的成全。离开实践的思想政治教育，只能停留在坐而论道的空洞说理上。从社会性上来看，个人和社会都是一定时空关系中的基本存在。只有确定了人和社会在时空中的坐标，才能更有针对性地发挥思想政治教育的作用。中国特

---

① 蒋红、李驰宇：《思想政治教育时空问题思考》，《思想理论教育导刊》2019年第8期。

色社会主义进入新时代,就是个人和社会所处的新的时空坐标。从主体上看,思想政治教育以人为本,强调人的主观能动性和主体发挥,培养目标聚焦人的全面发展。

思想政治教育的时空特征彰显其时空优势。从学科属性和学科特色来看,思想政治教育"能够引导教育对象形成坚定的马克思主义信仰和中国特色社会主义信念自觉地运用马克思主义立场、观点、方法分析问题和解决问题,提高认识世界和改造世界的能力,在实践中实现其自由全面的发展。"所以说,思想政治教育就其本身而言,是一定时空中的存在。这个"一定时空"就是实践性、社会性和主体性时空优势的呈现。

高校思想政治教育要充分发挥时空优势,同样需要在实践性、社会性、主体性上下功夫。

一是在实践性上,当今世界处于科学技术迅速发展的时空境遇中,既跨越物理地域,又蕴含不同社会群体的融合。互联网、元宇宙、虚拟世界成为新的思想政治教育实践场域。高校大学生是接受新鲜事物最为迅速的时代先锋,他们能够与新的实践场域深度融合,同时借助网络的快捷性,能够加快思想政治教育内容的更新速度和容量,使教育内容输出和接受的时空距离和差距缩小。这就要求高校思想政治教育工作者与各种新的实践场域融合,与大学生所思所想紧密结合在一起,拓展社会实践内容,实现全时空育人,打造全场域"动态闭环"的思想政治工作样态。

二是在社会性上,高校思想政治教育工作者要时刻把握当前大学生所处的时代坐标,顺应时代潮流,把握时代特点,回答时代课题,不断赋予高校思想政治教育鲜明的社会时空性,才能更加准备把握当代大学生的将思想脉搏,唤醒他们的主体意识,自我价值意识,切实引导和解决大学生头脑中的困惑。

三是在主体性上,高校思想政治工作者作为教育者,要先受教育,在治理能力上充分体现出思维新、视野广的素养和品格。因为在这样一个全球化时空下,需要具有知识视野、国际视野、历史视野的教育者,对多元文化具有包容性和理解性。同时,受教育者身份的当代大学生,在思想政治教育的时空优势下,逐渐从他教走向自教,成为自由自觉提升主体价值的可塑对象。

三、整合思想政治教育优质资源形成"共建共享"工作合力

高校思想政治教育优质资源是指高校对大学生开展思想政治教育工作过程中所选择利用的、能承载和传递思想政治教育内容和信息的、有利于实现思想政治教育目的的各种资源要素的总和。整合思想政治教育优质资源是构建"大思政"格局和践行"共建共享"教育理念的生动体现，是主渠道与主阵地资源的有效衔接，是课内与课外、理论与实践、网上与网下、思政课程与课程思政的深度融合。作为"大思政"系统工程中的两个重要方面，大学生思想政治工作包括思想政治理论课教育和日常思想政治教育。党的十八大以来，高校思想政治理论课和高校日常思想政治教育都更加注重同向同行、协调发展，但还未形成高质量合力，达到协同育人的良好效果。高校党委应统筹思想政治工作全局，系统谋划高校思想政治教育优质资源的开发与利用。

在整合思想政治教育优质资源的原则上，一是要坚持优质资源以学生为本。学生是教育的中心也是目的，是教育的出发点也是归宿，是教育的基础也是根本。新时代新时期高校思想政治教育资源的开发应满足和服务于这一教育理念的具体实践，在资源开发中始终尊重作为受教者大学生的思想特征。随着改革开放的深入发展，我国社会经济成分、组织形式、就业方式、利益关系和分配方式日益多样化，大学生的思想活动的独立性、选择性、多变性和差异性日益显著，民主意识、公平意识、竞争意识、效率意识、创新意识日益增强。因此，思想政治教育资源开发要关注大学生思想的变化，主动适应大学生思想的特点，在注重理想信念教育资源、爱国主义教育资源、基本道德教育资源开发的同时，增加与市场经济、对外开放、科技进步、网络发展及大众文化建设相适应的教育资源，积极开发有助于大学生实现自我价值、促进自我全面发展的资源，使思想政治教育资源满足大学生发展的需要。二是要坚持优质资源共建共享原则。高校思想政治教育工作不是主渠道和主阵地某一方面的一头热，也不是高校内部

闭门造车，而是要充分发挥校内主渠道和主阵地的资源协同、校内与校外资源的协同联动，形成集群效应和共建合力，在优质资源共建共享的原则下实现思想政治教育资源的成效最大化，让建设成果更多更公平惠及各方，实现思想政治教育共赢，构建起"大思政"生态圈和思想政治教育实践育人"共同体"。

　　具体来说，对于高校思想政治理论课课程资源，高校党委需要围绕立德树人这一根本任务，以提高高校思想政治工作的针对性和实效性为核心目标，进一步推进思政课教学改革创新，以学生为本、以实践为导向，提高学生实践育人参与度；对于高校日常思想政治教育，高校党委应以时代为背景、以问题为导向，统筹思想政治工作全局，从理念和机制上推进学生工作带队伍、党务工作队伍"在人员上的聚合、工作上的契合，管理考核体制上的融合，教育内容、方法与资源上的整合"[1]；对于校内外红色资源的实践运用，要以爱国主义教育基地、红色文化遗址，传统文化遗迹以及军事博物馆基地等为抓手，开展体验式情感熏陶，在大学生群体中树立爱国主义精神，热爱祖国传统文化的良好氛围。"红色资源是党史教育中最重要的物质资源，是党史教育中最真实的历史印记，是红色基因得以传承和赓续的基础之一。"[2]讲好党的故事，就像打开一扇窗户，让青年学生了解那段红色历史，做到知史爱党、知史爱国；也像种下一粒种子，让青年学生在内心激发情感认同，赓续红色基因、传承优良传统。因此，我们要积极扩充党史场域，用好红色资源。除此以外，对于整合优质资源的经费保障，也是高校思想政治工作的关键一环。高校应按照上级规定，足额核拨高校思想政治教育工作专项经费，并积极拓展筹款渠道，争取政府、企业和社会的政策、资金和资源支持，严格遵守学校的财务管理制度，自觉接受审计部门的监督检查，做到专款专用，切实保证高校思想政治教育教学工作顺利开展。

---

[1] 杨晓慧：《加强高校党委在思想政治工作中的顶层设计》，《思想理论教育》2017年第3期。
[2] 张青：《党史教育有效融入"概论"课教学研究》，《学校党建与思想教育》2021年第10期。

第四节　加强高校思想政治教育治理能力的运行保障监督

治国必先治党，治党务必从严。全国高校思想政治工作会议提出了把党要管党、从严治党要求切实落实到高校党建工作的方方面面，将高校思想政治工作纳入全面从严治党的大格局中。加强高校思想政治教育治理能力的运行保障，必然要求"强化纪律监督，加强监督检查"①。

一、突出政治监督，落实立德树人根本任务

办好中国的高等教育，关键在党，关键在党的全面领导。政治监督在推进高校思想政治教育治理过程中起着重要作用，是对我国高等教育坚持人民性的重要保障。立德树人根本目标的实现，需要我们始终坚持党对高校工作的全面领导，通过坚持并完善党委领导下的校长负责制，把党的教育方针全面贯彻到学校工作各个方面。如果缺乏强有力的政治监督，党对高校工作的领导就无法落细落小落实，党的全面领导地位就可能被弱化，高校的社会主义办学方向就可能会偏离。

高校思想政治教育治理是个系统工程，涵盖管党治党、办学治校各个方面。政治监督不是常规工作监督，也不是业务监督，而是蕴含重要的政治地位和丰富内涵。高校政治监督"在党内监督中居于根本和统领地位，以习近平新时代中国特色社会主义思想为根本指导，以坚持和加强党的全面领导为目标方向，以监督全党增强'四个意识'、坚定'四个自信'、做到'两个维护'为根本要求，以党章党规党纪和宪法法律尤其是政治纪律为依据和标尺，重点监督党组织和党员遵守和执行党的路线方针政策，以及党中央重大决策部署等情况"②。

加强政治建设、突出政治监督就是不断提升高校思想政治教育治理能力的过程。在领导方式上，党起到了"总揽全局、协调各方"的作用，通过健全党委领导下的校长负责制，实现管党治党与办学治校的有效协同。

---

① 陈宝生：《高校必须坚持正确政治方向》，《求是》2017年第3期。
② 中国纪检监察学院课题组：《政治监督的内涵要义与实现路径》，《中国纪检监察》2020年第5期。

在顶层设计上，通过各级党组织贯彻落实党的路线方针政策，源源不断地把中国特色社会主义制度优势转化为高校治理效能，从而持续提高高校治理的有效性。在运行机制上，通过不断完善民主集中制，健全议事决策制度，促进决策、管理的民主化、规范化、科学化、公开化；通过不断完善制度建设机制，及时巩固既有制度与经验成果，提高依法治校水平；通过有效整合资源、协调高校内部各方利益诉求，凝聚发展力量，以不断发展的绩效提升党的权威和政治信念，赢取学校各方对治理理念的政治认同、思想认同和情感认同。如果缺乏强有力的政治监督，高校党的建设就很容易流于形式，党的领导力和执行力就会被严重削弱，就会导致组织软弱涣散、纪律松弛，干部选拔任用风气不正、导向错误，党组织缺乏凝聚力、战斗力、创造力，党员失去先进性、纯洁性，形式主义官僚主义盛行，党员干部不担当不作为，校园政治生态恶化，腐败频发，等等，必将大大降低高校治理的有效性，引发高校思想政治教育治理危机，最终削弱党对高校全面领导的政治基础。

第一，突出政治监督要聚焦"两个维护"。习近平总书记指出："强化政治监督保障制度执行，增强'两个维护'的政治自觉。"① "两个维护"是指坚决维护习近平总书记党中央的核心、全党的核心地位，坚决维护党中央权威和集中统一领导。党的十八大以来，习近平总书记在领导党和国家事业发展进程中，在审视和把握错综复杂的国内外发展大势中，在带领全党全国各族人民奋进新时代的伟大实践中，战略判断高瞻远瞩，政治领导娴熟高超，人民立场鲜明坚定，历史担当自觉强烈，充分证明不愧为党中央的核心、全党的核心，得到全党全国人民衷心拥护。拥护核心、跟随核心、捍卫核心，就是服从大局、维护大局，就是全党最大的政治。坚持党中央权威和集中统一领导，是马克思主义政党的重大建党原则，是我国革命、建设、改革的重要经验，是党的政治建设的首要任务。对我们这样一个有着9600多万党员、在拥有近14亿人口的发展中大国长期执政的大党来说，如果党中央没有权威，党的理论和路线方针政策可以随意不执行，党就会

---

① 《习近平在十九届中央纪委四次全会上的讲话》，《人民日报》2020年1月14日。

第十章　高校思想政治教育治理能力的运行保障

变成一盘散沙,党的领导就成为一句空话。维护党中央权威和集中统一领导,是贯彻执行民主集中制的内在要求,是关系党、民族、国家前途命运的原则性问题,是根本的政治纪律和政治规矩。

第二,突出政治监督要加强高校思想政治工作监督力度,确保实现立德树人根本任务。高校思想政治教育治理体系和治理能力现代化的进程,实际上就是落实我国高等教育立德树人根本任务的过程。突出思想政治工作政治监督,理应把落实立德树人作为监督重点,贯穿高校治理全过程。习近平总书记指出:"思想政治工作是学校各项工作的生命线,各级党委、各级教育主管部门、学校党组织都必须紧紧抓在手上。"① 做好思想政治工作是社会主义高校极其重要的政治任务,同样也是高校纪检监察机构政治监督极其重要的工作内容。纪检监察机构要履职尽责,担当作为,加大监督检查力度,突出监督重点,切实担负起监督的政治责任。对高校思想政治理论课的政治监督,要着重监督思政课教师讲授马克思主义基础理论、马克思主义中国化理论的科学性、正确性,特别是要将习近平新时代中国特色社会主义思想进教材、进课堂、进头脑,进一步增强思想性、针对性、实效性,进一步发挥课程思政育人的合力作用,在向学生"授业""解惑"的同时更要做好"传道",培养学生的优秀品格。要清醒认识和研判世界百年未有之大变局加速演变下错综复杂的国际环境,以及当前高校意识形态工作的多元性、复杂性和严峻性,将意识形态工作作为极端重要的工作,不折不扣加以落实。对否定党的领导、否定我国社会主义制度、否定改革开放的言行,对歪曲、丑化、否定中国特色社会主义的言行,对歪曲、丑化、否定党的历史、中华人民共和国历史、人民军队历史的言行,对歪曲、丑化、否定党的领袖和英雄模范的言行,对一切违背、歪曲、否定党的基本路线的言行,必须旗帜鲜明地反对和抵制。

第三,突出政治监督要充分发挥二级院系党组织战斗堡垒作用,强化基层党建工作。各二级院系党组织要深刻贯彻落实党中央各项决策部署和上级党组织的要求,站稳政治立场,坚定"四个自信""四个意识",做好

---

① 《习近平全国教育大会上强调　坚持中国特色社会主义教育发展道路中培养德智体美劳全面发展的社会主义建设者和接班人》,《人民日报》2018年9月11日。

"两个维护"。在具体执行规章制度层面,要严格执行基层党组织的各项决策、制度、体制等,突出党政联席会的民主化、科学性。对于重大事项决策、重要干部任免、重要项目安排、大额资金的使用(简称"三重一大")必须经集体讨论再作出决定。坚持党务公开制度,对于应公开事项必须及时依法公开,增强工作的透明度,自觉接受群众监督。严格执行党建工作责任制,建立有效的工作机制,认真落实党总支书记全面从严治党和党风廉政建设第一责任人职责、班子成员"一岗双责"。坚持党建工作与教学科研、学科建设等业务工作"同频共振",做到同步规划、同步实施、同步检查、同步整改。加强支部建设,认真落实《中国共产党支部工作条例(试行)》,突出政治教育,把政治标准作为发展党员的第一标准,落实支部书记"双带头人"制度,党支部书记由政治觉悟高、工作能力强的高层次专业人才担任,以党建带动业务工作,以教学科研的实际成效推动党建工作。

二、强化日常监督压实领导干部主体责任

高校思想政治教育工作监督重在落实、难在落实。我们"要把高校思想政治工作摆在更加突出的位置,完善工作机制,加强日常指导,定期开展督导"[①]。高校日常监督是高校内部为实现一定目标而对权力运行的一种制约,涉及多元监督主体和监督对象。高校日常监督是常态化保障高校思想政治教育治理能力提升的内生动力,直接关系到上级决策部署是否有效、领导干部主体责任是否压实等问题。

从上级决策部署是否有效维度来看:高校的根本任务是立德树人,衡量各项工作的根本标准是立德树人的成效,必须构建全员、全方位、全过程育人的工作体系。各单位、各部门、所有教职工都应该按照这样的要求,结合工作实际,认真加以落实。但在实际工作中,我们发现一些高校在治理过程中任务分工和目标分解不够明确科学,最终导致执行偏差、工作脱节。这些高校的部门职责中没有明确日常监督的要求,存在一种认知即:高校

---

① 《始终坚持社会主义办学方向 切实加强和改进高校思想政治工作——教育部党组学习传达全国高校思想政治工作会议精神》,中华人民共和国教育部:http://www.moe.edu.cn/jyb_xwfb/gzdt_gzdt/moe_1485/201612/t20161208_291311.htm。

教师无论是专任教师还是行政教师，普遍觉悟高、素质高、有诚信，他们对布置的任务都能很好地完成，不需要日常监督。监督多了容易造成信任危机。在这样的认知导引下，具体到落实过程中，就会遇到各种各样的突发情况，碰到各种各样的困难，尤其是存在一些教职工思想观念跟不上工作的要求，影响到工作任务落实效果。所以，高校要通过监督检查和细致的思想政治工作，让监督主体和监督对象都能弄清楚为什么做、怎么做、做到什么程度等基本问题，共同找出问题症结，一起分析问题成因，更新思想观念，及时整改到位，确保上级决策部署的有效落实。

从领导干部主体责任是否压实维度来看：政治监督的监督主体是高校党委。"办好我国高等教育，必须坚持党的领导，牢牢掌握党对高校工作的领导权，使高校成为坚持党的领导的坚强阵地。"①一方面，强化高校日常监督必须紧紧依靠党对高校的全面领导，同时要确保高校党委在思想政治工作的引领不偏航，始终做到把方向、谋大局、作决策、促改革、保落实。另一方面，强化日常监督要在党委领导下，确保各级领导干部各尽其责。要按照中共中央办公厅印发的《党委（党组）落实全面从严治党主体责任规定》，"增强'两个维护'的政治自觉，强化守土有责、守土担责、守土尽责的政治担当，扭住责任制这个'牛鼻子'，抓住党委（党组）这个关键主体。""结合实际制定责任清单，具体明确党委及其书记和领导班子其他成员承担的全面从严治党责任。制定责任清单，应当坚持简便易行、务实管用。"②在实践工作中，一些高校从校党委、党委书记、班子成员3个层面细化主体责任清单，把办学方向、立德树人、意识形态、师德师风、教学科研、人才培养等高校治理核心要素纳入其中，细化政治监督层次，起到层层压实主体责任的良好效应，营造出全面从严治党的良好氛围，值得借鉴。

三、健全监督体系构建齐抓共管监督格局

高校运行保障监督是一种政治行为，同时又是一种制度体系和治理能

---

① 《把思想政治工作贯穿教育教学全过程　开创我国高等教育事业发展新局面》，《人民日报》2016年12月9日。

② 《中办印发党委（党组）落实全面从严治党主体责任规定》，《人民日报》2020年3月14日。

力。"建设现代政治监督制度体系,提高政治监督制度执行能力,是监察监督体制改革的基本方向。"① 监督主体多元化,监督方式多样化,是高校的特点和优势,高校思想政治教育治理到哪里,全面从严治党就到哪里,党的运行保障监督跟进到哪里。高校思想政治教育"大思政"格局的构建,离不开高校监督体系的强力保障。

健全监督体系构建齐抓共管监督格局,有利于增强监督的全面性。坚持系统思维,统筹推进监督体系要求各高校在规划计划阶段,要明确各监督主体职责定位,发挥监督主体各自所长,实现各监督主体在统一方案下进行有目的、有计划、有范围的系统监督,实现各层级、各板块监督对象纵横全覆盖。在实施阶段,强化资源整合,共享监督力量,共同开展监督工作,综合运用听取汇报、调查问卷、民主测评、人员访谈、查阅文件、走访调研等多重方式,消灭监督的"死角"和"盲区",实现监督内容的全覆盖。高校党委监督是第一位、全方位的监督,党委书记要牢固树立监督是本职、不监督是失职的理念,切实加强对校长、其他班子成员履职、用权情况的监督。纪委监督是专责监督,要做到党委重大决策部署到哪里,监督检查就跟进到哪里。部门监督是职能监督,要发挥专业优势,抓好分管领域的监督检查,要主动而不被动,到位而不缺位。建立全过程、全方位的监督信息共享的运作机制,能够避免多头检查、重复检查的情况反复发生。

健全监督体系构建齐抓共管监督格局,有利于增强监督的连续性。以往实践中出现过只注重事后监督,不注重事前事中监督的情形。当前,健全监督体系更侧重于事前监督、事中监督和事后监督的三者结合,将职能部门监督、专责监督和综合监督深度融合。通过民主科学决策、明确目标任务,建立完善各项制度、标准和程序,预防风险和问题的发生,发挥事前监督的导向作用;通过明确责任和行为规范,全面实施过程监督,及时发现问题、化解风险、避免损失,发挥事中监督纠偏作用。通过检查各项行为是否按预期方式发生,评价结果是否符合预期目标,追究相关人员的

---

① 何增科:《中国政治监督40年来的变迁、成绩与问题》,《中国人民大学学报》2018年第4期。

第十章　高校思想政治教育治理能力的运行保障

责任,发挥事后监督的警示作用。

具体来说,高校党委要全面做好巡视、巡察、审计、检查等各种监督的"后半篇文章",细化整改方案,强化整改责任,组织开展"回头看",抓好补缺补漏、举一反三、整改提升等工作,严防纸上整改、前清后乱,要努力推动高校内部治理不断现代化、更加科学化。进一步深化校内巡察,灵活开展常规巡察、专项巡察、巡察整改"回头看",提高巡察实效。用好纪律检查建议书或监察建议书,强力推动巡视、巡察、审计、检查发现的重点问题的整改,不断巩固和扩大监督的成果。此外,正风肃纪反腐,是高校全面从严治党的永恒主题,是推动高校思想政治教育治理能力现代化的重要保障。象牙塔并非净土,高校也并非清水衙门,教职工也非空心稻草人,校园廉政风险点依然很多,腐败案件依然易发多发,高校正风肃纪反腐永远在路上,只有进行时,没有完成时,需全力推进、全面开展。

总之,健全监督体系构建齐抓共管监督格局,正如教育部党组在学习传达全国高校思想政治工作会议精神时强调,要坚持"一面旗帜管总",坚持"两个责任保证",坚持"两大群体并进",坚持"两个培养整体推进",坚持"三级联动",坚持"教师教材两个关键重点把关"。① 高校思想政治工作立德树人的根本任务和铸魂育人的本质属性决定了高校党委在高校思想政治工作的责任定位。思想政治工作是党的教育方针在高校得以落实的组织体系、载体手段和有力保障,是全面强化社会主义意识形态在高校领导权话语权的关键所在,承担着重大政治责任。因此,形成高校监督体系的协同联动、齐抓共管的监督格局,已成为提升高校思想政治教育治理能力的重要抓手和关键着力点。

---

① 《始终坚持社会主义办学方向　切实加强和改进高校思想政治工作——教育部党组学习传达全国高校思想政治工作会议精神》,中华人民共和国教育部:http://www.moe.edu.cn/jyb_xwfb/gzdt_gzdt/moe_1485/201612/t20161208_291311.htm。

参考文献

一、著作类

[1]《马克思恩格斯选集（第一至第四卷）》，人民出版社2012年版。

[2]《马克思恩格斯文集（第一至第十卷）》，人民出版社2009年版。

[3]《列宁选集（第一至第四卷）》，人民出版社2012年版。

[4]《列宁全集（第五十五卷）》，人民出版社2017年版。

[5]《毛泽东选集（第一至第四卷）》，人民出版社1991年版。

[6]《毛泽东文集（第一至第二卷）》，人民出版社1993年版。

[7]《毛泽东文集（第三至第五卷）》，人民出版社1996年版。

[8]《毛泽东文集（第六至第八卷）》，人民出版社1999年版。

[9]《邓小平文选（第一至第二卷）》，人民出版社1994年版。

[10]《邓小平文选（第三卷）》，人民出版社1993年版。

[11]《江泽民文选（第一至第三卷）》，人民出版社2006年版。

[12]《胡锦涛文选（第一至第三卷）》，人民出版社2016年版。

[13]《习近平谈治国理政（第一卷）》，外文出版社2018年版。

[14]《习近平谈治国理政（第二卷）》，外文出版社2017年版。

[15]《习近平谈治国理政（第三卷）》，外文出版社2020年版。

[16]《十八大以来重要文献选编（上）》，中央文献出版社2014版。

[17]《十八大以来重要文献选编（中）》，中央文献出版社2016版。

[18]《十八大以来重要文献选编（下）》，中央文献出版社2018版。

[19]《十九大以来重要文献选编（上）》，中央文献出版社2019版。

[20]习近平：《干在实处 走在前列——推进浙江新发展的思考与实践》，中共中央党校出版社2006年版。

[21]习近平：《决胜全面建成小康社会 夺取新时代中国特色社会主义伟大胜利——在中国共产党第十九次全国代表大会上的报告》，人民出版社2017年版。

[22]习近平：《青年要自觉践行社会主义核心价值观——在北京大学师生座谈会上的讲话》，人民出版社2014年版。

[23]习近平：《论党的宣传思想工作》，中央文献出版社2020版。

［24］《习近平新时代中国特色社会主义思想学习纲要》，学习出版社、人民出版社2019年版。

［25］习近平：《在全国组织工作会议上的讲话》，人民出版社2018年版。

［26］习近平：《在哲学社会科学工作座谈会上的讲话》，人民出版社2016年版。

［27］《习近平总书记系列重要讲话读本》，人民出版社2016年版。

［28］习近平：《思政课是落实立德树人根本任务的关键课程》，人民出版社2020年版。

［29］《党的十九大报告辅导读本》，人民出版社2017年版。

［30］教育部课题组：《深入学习习近平关于教育的重要论述》，人民出版社2019版。

［31］陈万柏：《思想政治教育载体论》，湖北人民出版社2003年版。

［32］陈万柏、张耀灿：《思想政治教育学原理》，高等教育出版社2007年版。

［33］冯刚：《探索思想政治教育发展的内生动力》，人民出版社2017年版。

［34］冯刚：《改革开放以来高校思想政治教育发展史》，人民出版社2018年版。

［35］冯刚：《改革开放40年高校思想政治教育编年史（1978—2018）》，北京师范大学出版社2019年版。

［36］陈燕：《思想政治教育社会治理功能研究》，中央编译出版社2019年版。

［37］冯刚：《思想政治教育研究热点年度发布·2019》，团结出版社2020年版。

［38］冯刚、彭庆红、余双好、白显良：《新时代高校思想政治教育学原理》，人民出版社2021年版。

［39］冯刚：《高校思想政治教育工作质量评价研究》，人民出版社2020年版。

［40］冯刚、彭庆红等：《新时代高校思想政治教育的原则和方法》，人民出版社2021年版。

［41］冯刚、高山：《新时代高校思想政治教育治理论》，中国社会科学出版社2021年版。

［42］黄健荣等：《公共管理新论》，社会科学文献出版社2005年版。

［43］黄晓晔：《思想政治教育与基层社会治理》，东南大学出版社2018年版。

［44］李友梅：《中国社会治理转型：1978—2018》，社会科学文献出版社2018年版。

［45］《普通高校思想政治教育课程文献选编（1949—2003）》，中国人民大学出版社2003年版。

［46］邱伟光、张耀灿：《思想政治教育学原理》，高等教育出版社1999年版。

［47］沈壮海、余双好：《学校德育问题研究》，大象出版社2010年版。

［48］张耀灿等：《现代思想政治教育学》，人民出版社2006年版。

［49］郑永廷：《思想政治教育方法论》，高等教育出版社1999年版。

［50］《思想政治教育学原理（第二版）》，高等教育出版社2018年版。

［51］宋劲松：《社会治理创新论域中思想政治教育软治理研究》，河海大学出版社2018年版。

［52］孙其昂、叶方兴：《思想政治教育社会学的理论探索》，河海大学出版社2016年版。

［53］《现代汉语词典》，商务印书馆2017年版。

［54］杨东平：《2035：迈向教育治理现代化》，人民出版社2019年版。

［55］俞可平：《治理与善治》，社会科学出版社2000年版。

［56］俞可平：《中共的治理与适应：比较的视野》，中央编译出版社2015年版。

［57］郑永廷：《思想政治教育学原理》（第二版），高等教育出版社2018年版。

二、期刊类

［58］蔡如军，金林南：《试论现代社会的思想政治教育治理》，《思想理论教育》2018年第1期。

［59］曹威威：《高校思想政治教育工作质量评价模式建构研究》，《思想教育研究》2018年第9期。

［60］冯刚：《思想政治理论课与日常思想政治教育协同育人的理论思考》，《学校党建与思想教育》2017年第21期。

［61］陈晶：《"效力"盲区VS尺度偏颇——浅析多元情绪下舆情处置的能力困境》，《传媒评论》2019年第5期。

［62］陈永福、陈少平、魏金明：《高校危机管理视阈下的网络舆情引导与处置机制研究》，《思想教育研究》2011年第11期。

［63］陈志勇：《网络空间治理背景下的高校网络思想政治教育应对》，《思想教育研究》2018年第12期。

［64］陈志勇：《自媒体环境下高校社会主义意识形态话语体系建构》，《思想理论教育导刊》2019年第12期。

［65］成黎明：《论高校综合改革≠……》《大学教育科学》2016年第2期。

［66］程天君、陈南：《中国教育现代化的百年书写》，《教育研究》2020年第1期。

［67］褚宏启：《关于教育治理的几个关键问题》，《人民教育》2014年第22期。

［68］褚宏启：《教育治理：以共治求善治》，《教育研究》2014年第10期。

［69］代玉启：《思想政治教育参与社会治理的路径优化》，《思想理论教育》2017年第6期。

［70］邓海龙、徐国亮:《国家治理现代化视域下思想政治教育效能的理论意涵与提升路径》,《思想教育研究》2020 年第 4 期。

［71］董媛媛、刘海贵:《网络媒体环境下网络舆情引导和管理机制》,《西南民族大学学报（人文社科版）》2012 年第 8 期。

［72］冯刚:《改革开放以来高校思想政治教育政策设计与发展展望》,《国家教育行政学院学报》2018 年第 9 期。

［73］冯刚:《改革开放以来高校思想政治教育质量评价的回顾与思考》,《教学与研究》2018 年第 3 期。

［74］冯刚、陈飞:《新时代高校立德树人的治理架构与实施路径》,《思想教育研究》2020 年第 7 期。

［75］冯刚、成黎明:《治理视域下高校思想政治工作体系构建的逻辑与路径》,《思想理论教育》2020 年第 8 期。

［76］冯刚、邢斐:《在国家治理现代化中坚持集体主义导向》,《思想教育研究》,2021 年第 3 期。

［77］冯刚、严帅:《新时代大学生思想政治教育工作质量评价的方法和路径》,《国家教育行政学院学报》2019 年第 5 期。

［78］冯颜利:《系统掌握新时代的科学思想方法与工作方法》,《马克思主义研究》2019 年第 7 期。

［79］付安玲:《社会治理视域下思想政治教育的价值及其实现》,《思想教育研究》2015 年第 10 期。

［80］顾明远:《试论教育现代化的基本特征》,《教育研究》2012 年第 9 期。

［81］韩兆柱、翟文康:《西方公共治理前沿理论述评》,《甘肃行政学院学报》2016 年第 4 期。

［82］黄艳:《新中国成立 70 年来高校思想政治理论课政策发展特征探析》,《大学教育科学》2020 年第 2 期。

［83］金鑫:《思想政治教育的社会治理功能》,《人民论坛》2012 年第 29 期。

［84］靳诺:《中国特色新型高校智库的建设和发展》,《中国高等教育》2019 年第 20 期。

［85］李辉:《新时期高校思想政治工作"三个规律"的内在逻辑》,《中国高校社会科学》2017 年第 3 期。

［86］李立国:《大学治理的内涵与体系建设》,《大学教育科学》2015 年第 1 期。

［87］李彦磊:《公共治理思想在高校思想政治教育中的运用》,《人民论坛》2015 年第 29 期。

［88］刘俊峰:《高校思想政治教育工作质量评价的几个关系》,《思想教育研究》2018年第5期。

［89］严帅:《思想政治教育质量评价研究的新特点与新趋势》,《思想教育研究》2018年第2期。

［90］张智:《新时代高校思想政治教育工作第三方评价机制研究》,《学校党建与思想教育》2020年第13期。

三、报纸类

［91］《在知识分子、劳动模范、青年代表座谈会上的讲话》,《人民日报》2016年4月30日。

［92］《在哲学社会科学工作座谈会上的讲话》,《人民日报》2016年5月18日。

［93］《习近平在全国高校思想政治工作会议上强调 把思想政治工作贯穿教育教学全过程 开创我国高等教育事业发展新局面》,《人民日报》2016年12月9日。

［94］《中共中央国务院印发〈关于加强和改进新形势下高校思想政治工作的意见〉》,《人民日报》2017年2月28日。

［95］《决胜全面建成小康社会 夺取新时代中国特色社会主义伟大胜利——在中国共产党第十九次全国代表大会上的报告》,《人民日报》2017年10月28日。

［96］《习近平在北京大学考察时强调 抓住培养社会主义建设者和接班人根本任务 努力建设中国特色世界一流大学》,《人民日报》2018年5月3日。

［97］《习近平在全国教育大会上强调 坚持中国特色社会主义教育发展道路 培养德智体美劳全面发展的社会主义建设者和接班人》,《人民日报》2018年9月11日。

［98］《习近平主持召开学校思想政治理论课教师座谈会强调 用新时代中国特色社会主义思想铸魂育人贯彻党的教育方针落实立德树人根本任务》,《人民日报》2019年3月19日。

［99］《中共中央关于坚持和完善中国特色社会主义制度 推进国家治理体系和治理能力现代化若干重大问题的决定》,《人民日报》2019年11月6日。

［100］《在庆祝中国共产党成立100周年大会上的讲话》,《人民日报》2021年7月2日。

后 记

党的十九届四中全会审议通过的《中共中央关于坚持和完善中国特色社会主义制度推进国家治理体系和治理能力现代化若干重大问题的决定》，总结了国家制度和国家治理体系的优势，强调要加强制度理论研究和宣传教育，指出"加强和改进学校思想政治教育，建立全员、全程、全方位育人体制机制"。高校思想政治教育要适应和契合国家治理现代化的总体要求。同时，《深化新时代教育评价改革总体方案》指出要"把思想政治工作作为学校各项工作的生命线紧紧抓在手上，贯穿学校教育管理全过程"，为高校思想政治教育治理提供了质量标准和评价依据。在治理现代化、教育现代化和教育评价改革多重背景下，高校思想政治教育治理的基础理论、重点内容、动力系统、评价方式需要进一步深化研究。为系统构建高校思想政治教育治理体系和治理能力的学理和实践体系，由北京师范大学思想政治工作研究院院长冯刚教授担任总主编，邀请高校思想政治教育领域的理论与实践专家，共同编撰了高校思想政治教育治理系列丛书。冯刚、吴满意、张小飞、吴增礼、徐先艳、严帅、王振等负责丛书总体策划和框架设计，丛书包括《高校思想政治教育治理引论》《高校思想政治教育治理能力研究》《高校思想政治教育数据治理研究》《高校思想政治教育治理生态研究》《高校思想政治教育治理评价研究》共五册。

其中，《高校思想政治教育治理能力研究》由张小飞、李琳、刘嘉圣负责全书框架设计，作者分别是：导论（张小飞）、第一章（王玺）、第二章（帅建祥、罗文双）、第三章（李琳）、第四章（向楠）、第五章（段俊霞）、第六章（李树学）、第七章（刘嘉圣）、第八章（邢斐）、第九章（刘晓玲）、

第十章（张青）。张小飞、李琳、刘晓玲等负责统稿。王凯宗、罗思杨、徐硕、黄渊林、周巍、赵晨璇等负责相关文献整理。

  本书在撰写过程中，参考了经典著作、政策文献以及大量专家学者的研究论著和学术论文，在文中采用脚注方式进行了表明，同时将相关参考资料附在书后，在此深表感谢！因全书涵盖思想政治教育以及相关学科的理论研究、经验总结、比较分析、案例分析等多领域内容，限于时间、精力和篇幅，恳请专家同行和广大读者对本书的不足予以批评指导。

作 者

2022 年 6 月